国家出版基金项目
NATIONAL PUBLICATION FOUNDATION

《尚書》學文獻集成·朝鮮卷

錢宗武 主編

16

鳳凰出版社

第十六册目録

洪範羽翼

卷之七……二九四

《尚書》學文獻集成·朝鮮卷　第十六册

洪範羽翼

禹汝楙　著

王春華
傅永聚
于聯凱　整理

卷之五

三曰木

《説文》曰：『木，冒也。冒地而生，東方之行。』杜預註：『木，火母。』《元命包》：木之爲言，觸氣動躍也。其字，八推十爲木，八者陰合，十者陽數。木者水者陽精生於陰。故，木之母也。《淮南子》：木樹根於土，天地之性也。兩木相磨而燃，自然之勢也。《書》：『厥木惟喬。』高。『厥木惟條。』長。『揚州厥貢惟木。』若顛木之有甹蘖。《盤庚》。惟木從繩則正。《悦命》。

《詩》：『南有樛木，葛藟纍之。』后妃逮下。『南有喬木，不可休思。』文王之化，自近而遠。『譬彼壞木，疾用無枝。』宜臼被廢。『荏染柔木，』行。君子樹之。』言大夫傷於讒。『毋教猱升木，如塗塗附。』《角弓》。王好讒佞，宗族相怨。『伐木丁丁，伐木許許，伐木於坂。』曹植表：『下思《伐木》友生之義。』《淮南子》：舉大木者呼邪許。『伐木掎矣。』《小弁》。『無木不萎。』《谷風》。『顛沛之揭，枝葉未有害，本實先拔。』《蕩》。『温温恭人，如集于木。』《小宛》。《易》：天三生木，巽爲木，刳木爲舟，剡木爲楫。《周禮》：『仲冬斬陽木。生山南。仲夏斬陰木。生山北。』《易》：鴻漸于木。臀困于株木。《揚子》：請問木漸，曰：『止於下而漸於上者，其木也哉。』《左》：秦穆謂蹇叔曰：『爾墓之木拱矣。』季隗謂公子曰：『予就木矣。』斵木爲杵。懸木爲弧〔一〕。剡木爲矢。天皇木德。太昊木德。子曰：『五行用事，先起於木，木東方萬物之初皆出焉，是故王者則之，而首以木德王天下。』《家語》。《索隱》：木德，春令，故《易》稱：『帝出乎震。』《月令》：『孟春，其帝太昊。』

天生神木，天生珍材。《吴越春秋》：勾踐使木工三千人，伐榮楯以獻吴。工人憂思，作《木客吟》。一夜，天生神木一雙，大二十圍，長五十尋，陽爲文梓，陰爲楩楠。嬰以白璧，鏤以黄金。唐德宗欲修神龍寺，裴延齡奏同州有木數千株。上曰：『開元、天寶求美材於近畿，猶不可得。今安得有之？』對曰：『天生珍材，固待聖人。』

國材盡於棺椁，山木伐於斧斤。《韓子》：齊國好厚葬，材木盡於棺椁。桓公告晏子，曰：『材木盡則無以爲守備。』《孟子》曰：『牛山之木嘗美矣。斧斤伐之，可以爲美乎？』所

〔一〕今按：『懸』，《十三經注疏》本作『弦』。

以放其良心者，亦猶斧斤之於木也。以時入山，以致其性。』《孟子》：『斧斤以時入山林，材木不可勝用也。木不可勝用，喪事無憾，王道之始也。』

柳《種樹傳》橐駝曰：『非能使木壽且孳也，以能順木之天以致其性焉耳。凡植木之性：其本欲舒，其培欲平，其土欲故，其築欲密。勿動勿慮，去不復顧。其蒔也若子。其置也若去，則其天者全而其性得矣。』問者喜，曰：『吾問養樹，得養人術。』

伐木益兵，斬木爲兵。《左》：城濮之役，晋侯伐木益兵。賈誼論陳涉：『甕牖繩樞之子，斬木爲兵。』

蘇家爲梁，隰子伐木。蘇洵《木假山記》曰：『予家有三峰。蘖而不傷，拱而不夭，任爲棟梁而不伐，風拔水漂而不破拆不腐。然余之愛之，則非徒愛其似山，而又有所感焉。非徒感之，而又有所敬焉。』山谷詩曰：『木以才而斫。』《木之彬彬》序曰：倏黄犢子有致遠才，一怒其臂，死於隆車之轍，曾不隰子之伐木耶！田常與隰子登臺四望齊邑。南向而蔽於隰子之喬木，成子不言，隰子伐木。相室曰：『變之亟也。成子將成大事，惡人知其微。今不伐木，未深忌也。知人之所不言，其忌深矣。木之彬彬，非取異於人。可宫室則斬則伐，可籩豆則捋則擷。非以其材故耶。』吾嘗觀於人矣。

瀛洲影木，野山若木。瀛洲影木，一葉百影，花如列星，萬年一實。灰野之山有木，名曰若木。日所出處。《淮南子》。

木訥近仁，木心不直。《論》：『木訥近仁。』程子曰：『木者，質樸。木心不直，脉理皆邪。』君心不直，言行皆邪。梁木其壞乎！春木之芚兮。『工師得大木則王喜。匠人斫而小之則王怒。』《孟子》。譬任賢不如任匠。

聖人用人猶匠之用木。子思曰：聖人用人〔一〕，猶匠之用木，取其所長，棄其所短。韓：『大木爲梁，細木爲桷。』柳：『視木之能舉，揮其杖。』《記》：『善待問者如攻堅木。』韓：『木在山，匠石過之而不睨。』《孟》：『方寸之木，可使高於岑樓。』喻不揣本而齊末。仲尼曰：『鳥能擇木，木豈能擇鳥。』《左》：『鳥不〔二〕擇木。』困□。□：栖者擇木。不迫。晋李充曰：『窮猿投林，豈暇擇木？』史。楚國亡猿，禍延林木。《管子》曰：『工之製木也，大爲柱梁，小爲楫楔。』〔三〕□□……□

銜木償怨，食實不死。炎帝之女溺死東海，常銜西山木石，以填東海。鄱陽山中有木客，秦時造阿房者，食木實，得不死。

〔一〕今按：『用人』，《資治通鑒》作『之官人』。
〔二〕今按：『不』，《十三經注疏》本作『則』。
〔三〕今按：『工之制木也，大爲柱梁，小爲楫楔』，見《淮南子·主術訓》。

徙三丈木與五十金。商鞅。温公曰：『不敢忘信以畜其民。』杜甫詩：『形骸元土木。』山谷詩：『無異蟲蠹木。』鄒陽曰：『枯木朽株，樹功而不忘。』駱賓王啓曰：『蟠木之姿，誰爲容於左右？』《左》：山有木，工則度之。賓有禮，主則行〔一〕之。越人《山有木兮木有枝歌》曰：『心悦君兮君不知。』《韓詩》：木之就規矩，在梓匠輪輿。

樹《周禮·閭師》：凡庶民，不樹者無椁

樹，木總名也。《抱朴子》：『山中樹，能語者，非樹語也。』其精名曰『雲陽』，山中午日稱仙人者，老樹也。

唐宗愛樹，士及譽之。魯季有樹，宣子譽之。唐太宗止樹下，愛之。宇文士及從而譽之。上正色曰：『魏徵嘗勸我遠佞人。意疑是汝，今果不謬。』《左·昭公二年》：韓宣子來聘，宴于季氏。有嘉樹焉。宣子譽之，武子曰：『宿敢不封植〔二〕此樹。』遂賦《甘棠》。

〔一〕今按：『行』，《十三經注疏》本作『擇』。
〔二〕今按：『植』，《十三經注疏》本作『殖』。

顧凱之之樹，爲憲之而植耳。王晋國之封，至魏國而成矣。顧憲之爲吏部郎，祖凱之嘗爲吏部郎庭植〔一〕嘉樹，曰：『吾爲憲之植耳。』果然。晋國事見槐門。

宋樹何罪，桓氏伐之。社樹無情，宣子伐之：孔子適宋，與弟子習禮大樹下。桓魋伐拔其樹。阮宣子伐社樹。有人止之，宣子曰：『社而爲樹，伐樹則社亡。樹而爲社，伐樹則社移。』《世説》。

大樹將軍，鸞樹佳子。光武部分吏卒願屬大樹將軍。庾信賦：『將軍一去，大樹飄零。』杜甫詩：『無由睹雄略，大樹日蕭蕭。』李德裕戒曰：『以平泉一樹與人者，非佳子弟也。』

茅容坐樹，恭也。孫臏斫樹，壯也：遇雨避樹下，容獨危坐。郭泰異之，遂勸令學，生質之美有如此者。孫臏乃斫大樹，白而書之曰：『龐涓死此樹下。』

玉樹，株樹。王勃序：『非謝家之寶樹。』謝玄爲叔父安所器重，曰：『玉樹荒〔二〕階庭。』王勃與兄勉、勮，號『三株樹』。李白詩：『蒼蒼三珠樹，冥目焉能攀。』

〔一〕今按：『郎庭植』，《太平御覽》作『於庭列植』。
〔二〕今按：『荒』，中華書局本《晋書・謝安傳》作『生』。

須彌山之樹，祈淪國之樹。須彌山有閻浮樹，月過影入月中。祈淪國一樹千尋，若憩此木，皆不死。《拾遺記》。

桃都樹之鳴鷄，草堂樹之聞蟬。桃都山有桃樹，樹枝相去三千里。上有天鷄，日出照樹，則天鷄鳴，而天下鷄鳴。杜詩：『倚江楠樹草堂前，古老相傳二百年。滄波老樹性所愛，五月仿佛聞寒蟬。』

種樹，償樹。孔子葬，弟子各以其國種之於塋。任彦升文：『参差孔樹，毫髮〔一〕成拱。』唐王義方召人償庭中樹，復召主人曰：『此嘉樹，得無欠償乎？』又與之錢。史。

大風拔，同日死。漢桓帝元嘉元年，微行至梁胤府舍。是日，大風拔樹，楊秉曰：『臣聞瑞由德至，災應事生。』田横死於尸鄉，嗚呼！島樹同日死。

杜詩《贈哥舒》：『日月低秦樹。』收復。又：『伏枕思瓊樹。』

江淹詩：『願一見顔色，不異瓊樹枝。』

杜牧詩：『遠樹疑羅帳。樹陰香作帳。更識將軍樹，悲風日暮多。』之問弟之悌右林將軍。

〔一〕今按：『髮』，《昭明文選》作『末』。

天寒召伯樹。　犻〔一〕樹花發自分明。武衛將軍自喻。

　　樹木瑞。《河中府連理木頌》韓。司空咸字平，尹蒲之七年，木連理生于河之東邑。野夫來告，且曰：『吾不知古，殆氣之交暢也。』頌曰：『木何爲兮此梓，洵厥美兮在吾王。願封植兮永固，俾斯人兮不忘。』開元二年。

　　洛常，平露。　洛常，樹名。在肅慎氏之國中，國有聖帝，則生平露，樹名。世治則生，世亂則死。

　　桐生陽，苗貫桑。　召康公《卷阿》詩：『梧桐生矣，于彼朝陽。』陸農師曰：『桐性便隰地，不生於岡。』《詩傳》曰：『梧桐不生高〔二〕岡，太平而後生朝陽。』成王時，三苗貫桑而生。越裳氏，重三譯而來。

　　異木何益於人，理木豈足爲治。　大曆十四年，德宗曰：『瑞〔三〕草異木，何益於人？』貞觀二年，詔非大瑞不得奏聞。上曰：『後魏之世，吏焚連理木。豈足爲至治乎！』《孝經·援神契》：王者德草木，則木連理。

〔一〕今按：『犻』即『獨』。
〔二〕今按：『高』，《十三經注疏》本作『山』。
〔三〕今按：『瑞』，四部叢刊本《資治通鑑》作『怪』。

嗣聖梨花，永徽桑條。嗣聖十一年八月，太后出梨花一枝以示宰相，皆以爲瑞。同平章事杜景儉曰：『草木黄落，此更發榮，陰陽不時，咎在臣等。』因拜謝。太后曰：『即真宰相也。』胡氏曰：『卉木有小華於秋冬之交者，非瑞也，亦非異也。景儉失之矣。必以梨不應花而花，爲陰陽失時，孰與婦人不應帝而帝之，爲天地易位乎。幸能正言，曷若盡言，而淺言之，姑以盜世俗之小名，何足稱也。』景龍二年，伽〔一〕葉志忠奏：『神堯未受命，天下歌《桃李子》。皇后韋后。未受命，天下歌《桑條韋》。永徽末，里歌有《桑條韋》也。註：《女條韋》樂。謹上《桑條韋歌》十二篇，請編之樂府。』富安爲慶，太平勿示：唐文宗開成二年，杜悰曰：『草木之瑞，何時無之。願陛下專以百姓富安爲國慶。』上善之。禁諸道言祥瑞。宋澧州柿木文有『太平』字，歐陽脩請勿宣示中外。

上林僵柳，舍東葆桑。漢元鳳中，上林有僵柳復起，蠶〔二〕食其葉，曰：『公孫病已立。』書法，宣帝之祥也。劉備舍東有桑，童童如車蓋。備曰：『吾當乘此羽葆蓋車。』

瑞柳，瑞花。唐中書省古柳枯死，德宗自梁還，復榮茂，人謂瑞柳。瑞香花，樹高三尺，

〔一〕今按：『伽』，四部叢刊本《資治通鑒》作『迦』。
〔二〕今按：『蠶』，四部叢刊本《資治通鑒》作『蟲』。

花紫香烈。宋朝出廬山，雪裏開花。張子湖《瑞花詞》：『臘後春前別一般，梅花枯淡水仙寒。』二松成蓋亦木之祥也。見松門。左思賦：『德連木理。』有德則木連理，劉琨表：連理之木，以爲休徵者，蓋有百數。德至草木，則木連理。

又得奇木，其枝旁出。終軍從武帝，又得奇木，幸雍祀五時，其枝旁出，輒復合於木上。軍曰：『衆枝内附，示無外也。』上甚異之，改元元狩。後越地匈奴率衆來降。

樹木妖。《説文》：草木之怪謂之妖。《國語》：孔子曰：『木石之怪曰夔、魍、魎。』

木斷自屬，樹斷復立。京房《易傳》：『棄正作淫，厥妖木斷自屬。』《前漢・五行志》：『有社樹，吏伐斷之而復立。』

桑穀生，桃李華，亳有祥桑穀。伊陟曰：『妖不勝德。』太茂修先王之政，明養老之禮，問疾吊喪。三日而祥喪枯死。』〔一〕《外紀》。漢惠帝冬，桃李華、棗實。書法，桃李華，異之。棗實，異矣。吕后八年秋，桃李華。文帝六年，桃李華。

木冰，木稼。《左・成公十六年》：雨木冰。劉歆以爲：上陽施不下通，下陰施不上達，故雨。而木爲之冰。木稼凝達官怕。

〔一〕今按：『太茂』『喪』，雲南美術出版社（張居正原著、劉徽評）《帝鑒圖説》分別作『太戊』『桑』。

樹木之封，桃李之實。永徽二年十一月，陰霧凝凍，封樹木，數日不解。劉向以爲木少〔一〕陽。人將有害，則陰氣脅木先寒，故得雨而冰也。亦謂之樹介。介，兵象也。《本紀》。賀善曰：『桃李秋實，外戚女寵之陰盛故也。』見桃李門。大風拔木，大風拔樹。

松柏檜

松，木名。脂淪入地，千歲爲茯苓。《淮南子》：『千歲松下有茯苓，上有兔絲。』《本草》：『松脂：一名松膏，一名松肪。松花，名松黄。』《博物志》：『松脂入地中，千歲爲茯苓。茯苓千年化爲琥珀。琥珀一名江珠，今太山有茯苓而無琥珀。益州出琥珀而無茯苓。』《書·禹貢》：『青州厥貢松。』蒼，官松也。柏，木名。太谷倒生之柏與天齊其長，與地等其久。《書·禹貢》：『荆州厥貢柏。』《園林記》：『柏曰蒼官，萬木向陽，惟柏西向，故字從白，禀金之正氣。』檜，木名。柏葉松身，亦名圓柏，性耐寒，材可爲舟。《爾雅》。樅，松葉柏

〔一〕今按：『少』原作『小』，據中華書局《新唐書》卷三四志二四改。

身。檜，柏葉松身。《詩》：『徂來之松，新甫之柏。』《閟宮》。『陟彼景山，松柏桓桓〔一〕。』《殷武》。『淇水滺滺，檜楫松舟。』如松柏之茂，無不爾或承。言舊葉將落，新葉已生。相繼而茂也。『帝省其山，松柏斯兑。』上帝也。《皇矣》。『如松茂矣。』『山有橋松』。《論》：『歲寒然後知松柏之後凋也。』受命於地，惟松柏獨也正。

《記》：『松柏，貫四時不改柯易葉。』東坡：松柏生於山林，其始也困於蓬蒿，厄於牛羊；其終也貫四時而不改者閱千歲，其天定也。

《左》：子太叔曰：『部婁無松柏。』註：部婁，小阜，松柏，大木喻小國異於大國。《説苑》：士茁曰：『松柏之地，其土不肥。』

《詩》：『蔦與女蘿，施于松柏。』宴兄弟親戚。顧悦與簡文同年，早白。曰：『松柏之姿，經霜猶茂。』《世説》。齊王建遂降，處之松柏之間而死。齊人歌之曰：『松耶，柏耶，住建共者客耶！』李義山詩《漢武》：誰料蘇卿老歸國，茂陵松柏雨蕭蕭。』

李白《叩子陵》：『松柏本孤直，難爲桃李顏。』閔良佐比胡康侯：『大冬嚴雪，松柏挺然。』杜詩：『武侯祠堂不可忘，中有松柏參天長。』陸機賦：『信松茂而柏悦。』《楚辭》：『飲

〔一〕今按：『桓桓』，《十三經注疏》作『丸丸』。

石泉兮蔭松柏。』左思《蜀都賦》：『松柏蓊鬱於山峰。』《左・襄公廿九年》：鄭人子羽曰：『松柏之下，其草不殖。』楚君弱，令尹强，物不兩盛。杜詩：『松柏邙山路。』子美先墓。《荀子》：桃李蒨燦於一時，時至而後殺，至於松柏經隆冬而不凋，蒙霜雪而不變，可謂得其真矣。

《史》：『松柏爲百草長也，而守宫闕。』亭亭山上松。青青陵下柏。青青陵上松，亭亭高山柏。劉越石《歌》曰：『南山石嵬嵬，松柏何摧摧。上拔拂青雲，中心十數圍。』《詩》：『松桷有舄。松桷有梴。』

松柏

松柏文陵，松柏社主。張文伯曰：『吾寧死見文陵松柏。』宣武帝墓。哀公問社於宰我。宰我對曰：『夏后氏以松，殷人以柏。』

林出木醴，上食其實：陳後主禎明二年，松柏林，冬月出木醴，後主以爲甘露之瑞，俗呼爲雀餳。《建康實録》。漢成帝時，獵者于終南山見一人，無衣服，身生黑毛。問之，言是秦之宫人。賊至王出降，入山食松柏葉。《抱朴子》。漢末大亂，宫人小黄門上墓樹上避兵，食松柏實，遂不復飢。體生長毛。魏武聞而牧養，還食穀，齒落頭白。《異苑》。

東平松柏，千載松柏。漢宣帝東平王，發歸國，思京師，薨後葬東平。冢上松柏皆西靡。《家墓記》。《玉策》：千載松柏樹，望如偃蓋。其中有物，如青牛青羊，人服皆萬歲。松柏之膏，可以延年：《漢武内傳》：藥有松柏之膏，可以延年。葱巒錦柏，漂樧〔一〕龍松。寒河星柘，屼雲之梓。始皇東得。

松

梓化爲松，松變爲牛。周太姒夢，周梓化爲松。《太公兵法》。嵩嶽有松，或百歲，千歲，精變爲青牛。或爲伏龜，採食其實得長生。《嵩高山記》。

升長松之磴，問宜松之社。《穆天子傳》：天子升長松之磴。《論語》：見上。

太山松之言，岩寺松之詩。始皇二十八年登封太山，大風雨雷電。路傍五松，蔭翳數畝，封爲五大夫。忽聞松上人言曰：『無道德，無仁義，而天下亡命受命。何以封？』左右咸聞，始皇不樂。《獨異志》。金人代宗時，伐香岩寺木造舟。木中有文成詩云：『栽松種柏興唐日，解板成舟破宋時。可惜香岩千載樹，等閑零落歲寒枝。』《浙州縣志》。

香岩寺之松文，沈氏墳之松蓋。見上。洪邁紹興間，與弟适遵讀書外家。沈氏白茅山墳廬，是歲墓有二松結毬成蓋。既而兄弟舉博學宏詞，亦木之祥也。《毗陵志》。

〔一〕今按：『樧』，《拾遺記》作『檖』。

一客環飲，七人相從。南康怪松，刺史每令畫工〔一〕寫松，數株必桦。後因一客與妓環飲其下，經日松死。《酉陽》。羅浮奉宸橋南，有古松七株。鄒葆光有道術，宣和中召至凝神殿，有七人從之。倏不見，上問爲誰，對曰：『此七人者，古松也。』《羅浮志》。大者一號大將軍，一號小將軍。伊陽黑松山大松有二株，一號大將軍，一號小將軍。大者圍絹三匹，小者圍絹一匹。政和間，求明堂柱。有人告大松不可取，小松可取也。乃命告者以官已伐之，亦不可出，小者尋死。《陶朱新録》。

金松賦，朱衣夢。李德裕《金松賦·序》：『枝似怪松，葉如瞿〔二〕麥。翠葉金貫，燦然有光。訪其名，曰「金松」。訊其所來，曰得于天台。求得一本，列于平泉。』鍾輻作松竺，手植一松。夢朱衣吏曰：『松圍三尺，吾子登第。』後三十年，松圍果三尺。《摭言》。

孔雀三鬣，作禮恭頭。松凡言兩粒五粒，粒當言鬣。段成式堂前有五鬣松。仇士良水磑亭有兩鬣七鬣者，俗謂兩鬣七鬣松。《酉陽》。天台釋行滿，檻外有巨松，橫枝之上寄生小樹。每滿出坐，嫋嫋向側，時謂此樹作禮恭頭。《高僧傳》。

〔一〕今按：『畫工』，底本作『畫工』。

〔二〕今按：『瞿』，底本作『矍』，據上海古籍出版社《全唐文》改。

麈尾松，魚甲松。石門北岩松，離離如駢麈尾，號麈尾松。《廬山記》。洛中有魚甲松。《酉陽》。千載樹。見上。萬年松。麻城西北。

三年爲石，五尺爲榦。僕骨。康于河，斷松投之，三年化爲石，其色青，謂之康干石。有松文。翊真觀在南昌府，二松相去五尺，合爲一榦，號曰：『義松。』山川紀異。

嵇叔夜之『岩岩若孤松』，李元禮之『謖謖如勁松』。山公曰：『嵇叔夜之爲人也，岩岩若孤松之獨立。』世目李元禮『謖謖如勁松下風』。《世説》。

大興年之僵，咸和年之集。大興二年，大霖雨，巨松僵，拔浮于滹沱。石勒下令曰：『將皇天欲孤繕修宫宇也。』咸和六年，大霖雨，巨木百餘萬根，集于堂陽。勒大悦曰：『天意欲吾營鄴都耳。』《戴記》。

森森如千丈松之用，峩峩若千丈松之崩。庾顗見和嶠，嘆曰：『森如千丈松，施之大厦，有棟梁之用。』《晋書》。有人哭和長與，曰：『峩峩若千丈松崩。』《世説》。蔣山晋刺史罷還，種松一百株。宋刺史罷還，栽松三百株。《金陵地記》。

蔭百丈之松，比千丈之松。符子與玄子登於太山上，蔭百丈之松，蕭蕭然神王于〔一〕一

〔一〕今按：『于』，《太平御覽》作『乎』。

丘矣。《符子》。　齊世有辛毗〔一〕者，清幹之士。　嘲劉逖云：君輩辭藻，譬若朝菌。　豈比吾徒比千丈松樹，常有風霜，不可凋悴矣。上。

學服松脂，欲求松脂。　王愛州在鄴學服松脂，腸塞而死。《顔氏家訓》。　五代郑遨聞華山有五粒松脂，因徙華陰，欲求之。《一行傳》。

形似小栗，味如胡桃。　海松子形似小栗，肥甘香美，出林邑。《南方草物狀》。　松樹大連抱，有五粒子，形如桃仁而稍小，味如胡桃。《大曆顧愔記》。

吾爲松菊主人，自號七松處士。　韋表微授監察御史，不樂，曰：『吾爲松菊主人，不愧陶淵明云。』鄭薰再知禮部，既老，自號七松處士，可對五柳先生。

蒼髯叟，髯御史。　東晋法潛隱剡山，或問勝友者誰，松曰：『蒼髯叟也。』《高僧傳》。　東坡詩：『慚愧冒寒髯御史。』

樹二松而日哦，然松明而理績。　唐崔斯立爲藍田縣丞，樹二松，日哦其間。韓。　妻對槁砧，然松明而理績。杜自叙。

天陵偃蓋之松，中岳插筆之松。　天陵偃蓋之松與天齊其久，與地等其厚。　杜甫《憑韋

〔一〕　今按：『辛毗』，上海古籍出版社（北齊顔之推撰，王利器集解）《顔氏家訓集解》作『席毗』。

少府覓松樹子栽》詩：『落落出群非櫸柳，青青不朽豈楊梅。欲存老蓋千年意，爲覓霜根數寸栽。』是也。中岳頂上，松幹如插筆，柯似枯茬，皮或剥落。僧指云：『此是岳神爲珪禪師夜移，天將曉，鬼兵惧，倒植之而去。』《舊聞》。

輪囷逼側，盤錯奇怪。有道人自天台來，示予《怪松圖》。盤根于岩穴之内，輪囷逼側而上，身大四圍，礧砢然，高不四五尺，蹙縮然。幹不假枝，枝不假葉，有若龍攣虎跛、壯士固縛之狀。陸龜蒙《怪松圖》。於潛牧嶺上，有古松一本，盤錯奇怪。有兄弟鬩墻，欲訟於有司，夜行憩其下。遲明辨色相視，乃伯仲也，遂各悔咎息争而還，因名松爲『木長官』。

松爲長官松，代麈尾。見上。張譏字直言，後主幸鍾山開山寺召侍臣坐松林下，敕召譏。時索麈尾。後主敕取松枝，手以屬譏，曰：『可代麈尾。』〔一〕《陳書》。

摩頂松，祈雨松。玄藏法師往西域，手摩靈岩寺松枝曰：『吾西去求佛教，汝可西長。吾歸，即東向。』既去，其枝年年西指。一年忽東向，果還。至今謂之摩頂松。《大唐新語》。不空三藏塔前多老松，歲旱伐枝爲龍骨以祈雨，意其樹必有靈也。《酉陽》。東平王之葬，奈千

〔一〕今按：『開山寺』『侍臣』，中華書局《陳書·儒林傳》分别作『開善寺』『從臣』。

載之西靡。見上。西去師之歸，忽一年之東。向見上。

不意培塿之爲林，會看茅山之作隱。郎餘令授霍王元軌參軍。從父知年，亦爲王友。元軌曰：『郎家二賢皆入府，不意培塿而松爲林也。』奉朝陶洪景掛冠神武，隱茅山，聞松風起舞。

孫綽《天台山賦》：『蔭落落之長松。』陶潛《歸去來辭》：『撫孤松而盤桓。』『松月夜窗虛』：南山孟浩然。『白露一庭松』：香山白居士。黄山谷：『青松出澗壑，十里聞風聲。上有百尺絲，下有千歲苓。』『蒼蒼雲松，落落綺皓。』李白。『松齋日月長。』樂天《題山人之野居》。『貌將松共瘦。』樂天《題閣下之廳事》。。松裏安亭松作門，看書松下坐松根，閑來偶倚松陰睡，淅瀝松聲繞夢魂。半依岩岫倚雲端，獨立亭亭冒歲寒。一事頗爲清節累。秦時曾受大夫官。杜甫詩：蜀主：古墓杉松巢水鶴。許渾詩：『松葉正秋琴韵響。』松餻，松汁也，艾納，松皮也。其烟回聚，清白可愛。《廣志》。松爲人君。夢見松者見人君也。《宋書》。

柏

萊公雙柏，孔子二十四柏。萊公植雙柏於庭，民比甘棠。見縣令。孔子廟柏二十四株，漢晋莫敢犯。

江夏王之伐，兖州史之裁。孔子舊庭有柏二十四株，經歷漢晋，其大連抱有二株先折倒，士人崇敬，莫之敢犯。江夏王義恭遣人伐取，父老嘆息。《宋書》。兖州曲阜縣文宣廟門内殿□曲〔一〕。有柏葉松身之樹，相傳夫子手植。俗傳千年木，療心痛。人多竊割削之，亦有取爲笏者。色紫而甚光澤。見聞記。先聖廟前，數株古柏。淄華〔二〕爲兖州軍食貧窮。華遂命伐之，裁爲簡册，刻爲器皿以行餉之。《傳載》。

老子堂柏之二枝，秦鳳路柏之一枝。隋文帝時，王劭上書云：陳留老子祠有枯柏。傳云老子將度世，云：『待枯柏生東南枝，回指，當有聖人出，吾道復行。』至齊，枯柏從下生枝，東南上指。夜有三童子歌曰：『老子廟前古枯樹，東南枝如傘，聖主從此去。』及陛下牧亳州〔三〕，親至祠樹之下，自是柏枝回抱，枯枝漸指西北。《北史》。真源縣老子堂前有雙柏。左階之柏久枯，隋煬帝大業十三年，生一枝，聳幹三丈。唐武宗二年，更生一枝，直上五尺。《述征記》。元豐間，秦鳳路圖形便上師行營憩之次，質幹不枯，枝葉無存。裕陵披圖，御筆點枝間，嘆其閱歲之久也。後郡奏秦柏一枝再榮。當時以謂天人降筆所加，回枯起死，便同雨露之施。《紀聞》。

〔一〕今按：『文宣廟門内殿□曲』，《封氏聞見記》作『文宣廟門内並殿西南』。

〔二〕今按：『淄華』，中華書局（中華書局上海編輯所編）《大唐傳載》作『潘華』。

〔三〕今按：『如傘』『陛下』，中華書局《北史·王慧龍傳》分别作『如傘』『至尊』。

御史臺柏，孔明廟柏。御史臺兩條柏，李元同、張仁褘植。杜易簡贊：『爰有庭柏，徙植清臺，廚條霜勁，蠶葉風開。始逢鵲喜，終見烏來。』杜詩：『孔明廟前有老柏，柯如青銅根如石。霜皮溜雨四十圍，黛色參天二千尺。君臣已與時際會，樹木猶爲人愛惜。雲來氣接巫峽長，月出寒通雪山白。』『崔嵬枝幹郊原古，窈窕丹青户牖空。落落盤踞雖得地，冥冥孤高多烈風。扶持自是神明力，政是元同造化功。大厦如傾要梁扶，萬牛迴首丘山重。不露文章世已驚，未辭剪伐誰能送。苦心豈免容螻蟻，香葉終經宿鸞鳳。志士幽人莫怨嗟，古來才大難爲用。』又：『承相祠堂何處尋，錦官城外柏森森。』

嵩山古柏，泰山廟柏。嵩山古柏五株，下一石刻曰：『漢武帝封大將軍。』泰山南廟種柏千株，大者十五六圍，相傳漢武所種。《泰山記》。

御史列柏，吏部伐柏：朱博府中，列柏有鳥數十栖其上。唐韋陟爲吏部尚書，伐廟柏，坐不相教，貶州刺史。

柏葉食，柏葉酒。赤須食柏葉，齒落復生。左思賦『赤須蟬蛻而附麗』是也。麗，美赤松子也。《列仙傳》。崔實《月令》：元日進柏葉酒。柏是仙藥，進酒以少年爲先。庾信詩：『元日辟惡酒，柏葉隨銘至。』是也。杜《人日》詩又曰：『樽前柏葉休隨酒。』

涕淚枯柏，隱處多柏。晋王裒痛父儀非命，廬於廟側，攀柏悲號，涕淚着樹，樹爲之枯。

九岩山，後漢龍丘萇隱處也。山多龍鬚柏，望之五采出。

廟柏生枿，寢柏生花。侯景陷臺城，都下王侯庶姓廟樹咸見殘毁，惟文宣太后廟柏樹獨鬱茂。及景簒，修南郊路，僞都官尚書吕季略説景令伐此樹以立三橋。始斫南面千餘株，再宿悉枿生，便長數尺。時既冬月，翠茂如春。識者以爲昔僵柳復起，乃表漢宣之興。今廟柏重生，必彰陜西之瑞。《梁書》。梁武陵王紀以侯景之亂，僭號于蜀。妖怪不一，内寢柏殿柱繞節生花，其莖十有六，靃靡可愛，狀似荷花。識者曰：『王敦袄花，非佳事也。』後果爲元帝所誅。《南史》。

柏以死物，柏以畏魍。秦穆公時，陳倉人掘地得物，若羊非羊，若猪非猪。僮子曰：『常生地下，食死人腦，若欲殺之，以柏東南枝指之則死矣。』《宋·符瑞志》。『《周禮》：「方相氏入壙禁魍像。」魍像好食死者肝腦，魍像畏虎與柏。』《風俗通》。

柏樹見血，柏樹並枝。太山廟中柏皆二十餘圍。赤眉嘗斫一樹，見血而止。今斧瘡猶在。《從征記》。霸城王整之姊，嫁爲衛敬瑜妻。年十六而敬瑜亡，父母欲嫁，截耳爲誓。手爲亡婿種樹數百株，墓前柏樹忽成連理。女爲詩曰：『墓前一株樹，根連復並枝。妾心能感木，頹城何足奇。』《南史》。

珠子柏，柳柏賦。李德裕平泉有珠子柏，實如珠子。《談録》。李德裕《柳柏賦》謂其：

『風姿濯濯，宛若荑楊，而冒霜停雪，四時不改。』《英華》。

鐵鈎埋柏下，笛聲出柏中。桑道茂居有二柏，曰：『木盛則土衰，土衰則人病。』乃以鐵數十鈎埋其下，曰：『便有發其地而死者。』太和中，温造居之，發其鐵而造死。余靖慶曆中知桂州。月盈之夕，輒有笛聲見。其聲出一大柏樹中，伐以爲枕，聲如期而發。季弟解視，但見木文正如人在月下吟笛之像。以膠合之，不復有聲。《遯齋閑覽》。

柏寢，柏棺。景公與晏子登柏寢之臺而還望其國，曰：『後世將孰有此？』晏子對曰：『其田成氏乎？』《韓詩外傳》。李小君見武帝，上有銅器。小君曰：『此器齊桓公陳於柏寢。』案其刻，果齊桓公器。顔師古曰：『以柏木爲寢室於臺之上。』博陵崔涵死十二年而復生，曰：『作柏木棺。』京師聞此，柏木踊貴。《洛陽藍記》。

乾陵之柏，綀溪之柏。乾陵之柏，其文多爲菩薩雲氣、人物鳥獸。有盜一株，可直萬錢。《本草》。唐博士崔石云：綀溪多異柏，及暮枝〔一〕，葉歛，俗呼合掌柏。《酉陽》。

漢陽縣井柏，大别山寺柏。漢陽縣柏泉寺有大井，世傳大禹植柏於大别山，柏根至井底，今柏根尚存。大别山陽大平興國寺前亦古柏，俗傳禹治水時所植者。《紀異》。

〔一〕今按：『枝』，《太平廣記》作『秋』。

華山生柏，白山多柏。華山生文柏。《地理志》。白於之山，其土多柏。《山經》。

梁泉紫柏，龍山紫柏。梁泉有紫柏，坂龍女山有紫柏。

樹影不移，柏根尚存。高祖在繈褓之時，母置放柏樹之陰，往餉毗。及餉回，日斜而樹影不移。柏根至井底，今柏根尚存。見上。

蜀殿綺材，柏林蔭藹。日就殿綺柏爲材。《成都記》。柏谷，谷名。柏林蔭藹，窮日幽暗。《述征記》。

左花則右實，右花則左實。宋高宗時，高麗進陰陽柏兩株，以賜王綌，種于永懷寺左右。每歲左花則右實，右花則左實。

《詩》：『泛彼柏舟，亦泛其流。』婦人不得於夫，以柏舟自比。張衡賦：『柏舟悄悄吝不飛。』『泛彼柏舟，在彼河側。』共姜作此自誓。潘岳賦：『蹈共姜兮明誓，咏《柏舟》兮清歌。』杜甫《空囊》詩：『翠柏苦猶食。』《玄元廟》詩：『翠柏深留景。』不凋。張濯《題舜廟》詩：『向晚風吹庭下柏，猶依琴曲咏南薰。』包拯合淝人，守本郡，不屈法。詩曰：『直柏終爲棟，衡剛不作鈎。』《病柏》：『有柏生崇岡，童童狀車蓋。神明倚正直，古老多再拜。豈知千年後，中路顔色改。』『丹鳳領九雛，哀鳴翔其外。鴟鴞志意滿，養子穿穴内。』喻崔旰殺郭英乂。

檜

孔墓蒼然，宋殿横礙。孔子墓有檜，蒼然如龍形。相傳孔子手植也。宋真宗寢殿側有古檜，秀葉不群，名『御愛檜』。然横礙殿檐，真宗意欲去之。一夕風雷轉摺其枝，時以爲瑞。《話腴》。

檜花蜜，檜雁翅。亳州泰清宫至多，檜花開時，蜜蜂飛集其間，蜜極香而味微苦，謂之檜花蜜。《筆記》。李德裕平泉有雁翅檜，婆娑如鴻雁之翅。《談録》。

白公檜，御愛檜。白樂天爲蘇州守，恩信及民，敬而愛之。嘗植檜數本于郡圃。後人目之爲『白公檜』，以况甘棠焉。《紀聞》。秀茂〔一〕不群，名『御愛檜』。見上。

圓陰三丈，廣袤六丈。亳州法相寺矮檜，高纔數尺。唐大中年，李待價《石記》：『圓陰三丈。廣袤五六丈，爲郡之珍玩。』目其寺曰『矬栝』。《澠水至談》。

坡《咏檜》詩：『根到九泉無曲處，世間猶有蟄龍知。』王珪言：『陛下飛龍禦天，軾欲求之地下之蟄龍，非不臣而何？』上曰：『彼自咏檜，何與朕事？』劉克莊啓：『偶然題檜，遂云偶意於蟄龍。』

〔一〕 今按：『茂』，原作『葉』，據四庫全書宋陳鬱《藏一話腴》内編卷下改。

朱潭《遊明仙壇》：『松檜吟深一逕微。』

豫章 豫章，木名

豫章之爲木也，生七年而後知可。昔漢武寶鼎二年，立豫章宫於昆明池中，作豫章木殿。《述異記》。豫章宫，豫章郡。見上。

豫章城之南門曰松陽門，門内有樟樹，高七丈五尺，大二十五圍。枝葉扶蘇，垂蔭數畝。应劭《漢官儀》曰：『樹生庭中，故以爲郡矣。』

豊蔚如初，豫章常生。應劭曰：『此樹嘗枯，一朝更茂。』逮晋永嘉中，豊蔚如初，咸以中宗之禪〔一〕也。《禮・斗威儀》曰：『君政訟平，豫章常爲生。』

豫章擢秀於祖邑，豫章垂下於封溪。大興中，元皇果興大業於南。故郭景純《南郊賦》云『豫樟擢秀於祖邑』是也。以宣王祖爲豫章故也。《水經》。新塗縣封溪有聶友所用梓〔二〕

〔一〕今按：『禪』，《水經注》作『祥』。

〔二〕今按：『梓』，《太平御覽》作『樟』。

木殘柯者，遂生爲樹，今猶存其木合抱。始倒植之，今枝條皆垂下。《豫章記》。

左思《吴都賦》：木則楓、柙、豫、章。擢本千尋，垂蔭萬畝，攢柯挐莖，重葩掩葉。挐：亂。輪囷虯蟠，𡑞壜鱗接。輪囷：屈曲。𡑞壜：重疊。《書·禹貢》：『揚州厥貢惟木。』楩楠、豫章之屬。土積成山，則豫章生焉。學積成性，則富貴至焉。《説苑》。嵇康論：譬猶豫章生七年，然後乃覺耳。註：豫章初生與林木同類，至七年柯條乃覺殊也。養生之理，初與衆人同道，道成可覺殊也。『豫章雖小，已有棟梁之器。』《袁粲傳》。杜詩：『豫章翻風白日動。』比王郎。『千章夏木青』。大材曰章。

楩楠楩，木名。楠，木名

石楠亦木名。成都水寧觀有四石楠，皆千歲木，陰庇車百兩。云仙人蘧君所植。『楩楠爲衆材之最，是物之貴也。』《任子》。

杜詩《楠木風雨所拔》：『倚江楠樹草堂前，故老相傳二百年。誅茅卜居總爲此，五月仿佛聞寒蟬。東南飄風動地至，江翻石走流雲氣。幹排雷雨猶力争，根斷泉源豈天意。滄波老樹性所愛，浦上童童一青蓋。野客頻留懼雪霜，行人不過聽竽籟。虎倒龍顛委榛棘，淚痕血點垂胸臆。我有新詩何處吟，草堂自此無顔色。』又：『楠樹色冥，江过一蓋青。』《枯楠》：『梗楠枯峥嶸，慘澹生無意。上枝摩皇天，下根蟠厚地。巨圍雷霆坼，萬孔蟲蟻萃。凍雨落流膠，衝風奪佳氣。白鵠遂不來，天鷄爲愁思。猶含棟梁具，無復霄漢志。良工古昔少，識者空涕淚。種榆水中央，成長何容易。截承金露盤，裊裊不自畏。』裊裊，弱貌，比小人任大必顛。又：『論材愧杞楠。』

左思《蜀都賦》：梗楠幽藹於谷底。擢脩榦，竦長條，肩飛雲，拂輕霄。義和假，陽烏回道於峻枝，翼乎高標。

《吴都賦》：『楠榴之木。』《書・禹貢》：『揚州厥貢惟木。』木，梗楠豫章之屬。作《木客吟》：『天生神木一雙，陰爲梗楠。』見木。

杞梓

《詩義疏》：梓，楸之疏理白色而生子者。陸佃云：『材莫良於梓。』杞梓二木名，皆良材。俗呼梓爲木王。蓋木莫良於梓，故《書》以『梓材』名篇，《禮》以『梓人』名匠。《埤雅》。君乘火而王，其政和平。梓爲常生。《禮・斗威儀》。碧山多梓，鷄山美梓。《山經》。一物四名。椅，梓也。賈侍中説：椅即椅木，可作琴。梓，楸也。檟，楸也。《説文》。

白色有角者爲梓，或名角楸，又名子楸。黄色無子者爲柳楸，世人呼爲荆黄楸。《齊民要術》。棘實曰棗，梓實曰豫章，桑實曰椹，柘實曰佳。《古今註》。越人多種豫章，梓即豫章也。《十道志》。宋有荆氏者，宜楸、柏、桑。求祖侯之杙者斬之；求禪房者斬之；求高名之麗者斬之。此材之患也。《莊子》。

周庭樹梓，漢庭生梓。太姒夢太子發取周庭之梓，樹於商闕間，化爲松、柏、柞、棫。《周書》。夢子夫庭中生梓樹數株。《漢武故事》。

天生神木，屋出梓葉：作《木客吟》：天生神木一雙，陽爲文梓。見木。元帝初元四年，皇后曾祖濟南東平陵王伯墓門梓柱卒生枝葉，上出屋。劉向以爲王氏貴盛將向漢室之象也。〔一〕王莽簒位，自説之曰：『初元四年，莽生之歲也，當漢世火德之厄，而有此祥興於高祖考之門。門爲開道，梓猶子也，言王氏當有賢子開通祖統，起於柱石大臣之位，受命而王之符也。』

〔一〕　今按：『曾祖』『向』，中華書局《漢書·五行志》分別作『曾祖父』『代』。

青牛，旄頭。秦文公造長安宫，面四百里，南至終南山。有梓樹，大數百圍。蔭宫中，公惡而伐之。輒大風雨，夜有鬼問梓樹，樹曰：『豈奈吾何？』鬼曰：『若使三百人，披頭，以絲繞樹，豈不貶汝？』人言于王，王依此伐，中有青牛，逐入澧水。《云中記》。〔一〕 樹化爲牛，騎不勝。髻解披髮，牛畏入水，故秦置旄頭，旗使先驅。《列異傳》。

門前生梓，室上生梓。九岩山，後漢龍丘萇隱處也。徐伯珍移居之，門前生梓樹，一年合抱。《南齊書》。應慎字仲華，東平相，事後母至孝。有梓樹生於廳事室上，徙置府庭，繁茂長大，人以爲孝感之應。《東觀記》。梁陸倕，尋陽太守。章曰：『不能使府庭生梓，橫閣誦經，俯窺朱輜，仰瞻繒冕。』晏《類要》。

梓生墓上，梓生冢上。見上。韓馮爲宋康王舍人，妻何氏美。王築青陵臺，何氏自縊，韓馮亦死。兩冢相望，梓生二冢上，根交于下，枝連其上。子思曰：『杞梓連抱而有數尺之朽，良工不棄。』

《易・姤》：『九五，以杞包瓜，含章，有隕自天。』處高體大而包物者，杞也。美實之在下者，瓜也。《詩》：『將仲子兮，無折我樹杞。』柳屬。『樹之榛栗，椅桐梓漆，爰伐琴瑟。』『南

〔一〕 今按：『貶』『云中記』，《太平御覽》分别作『敗』『郭氏玄中記』。

山有杞。』一名枸骨。『隰有杞桋。』『南山有枸。』枸，枳枸。『北山有楰。』楰，鼠梓。『陟彼北山，言采〔一〕其杞。』『維桑與梓，必恭敬止。湛湛露斯，在彼杞棘。』天子宴諸侯。《左·昭公十二年》：南蒯之將叛也，鄉人歌之曰：『我有圃，生之杞乎！』在費欲亂，如杞生圃，非宜也。杞，枸杞。淮北滎南河濟之間千樹楸，與千户侯等。《漢書》。中山有楸户，掌楸木者。《述異記》。《襄公廿五年》：聲子曰：『如杞梓、皮革，自楚往也。雖楚有材，晋實用之。』《九章》：『望長楸而太息。』室屋之間，有此木，則餘材皆不復。震葉可飼豕，肥碩三倍。《雅翼》。楸，梓屬，柏葉松身。《食貨志》：『山居千章之楸。』《夢華録》：『京師立秋，賣楸葉，婦女兒童剪成花様戴之。』高：『兔苑落梧楸。』韓：畢命依松楸。谷：飛雹落紋楸。杜：玉子紋楸一路饒。

枸杞

一名苦杞，一名杞根。《詩義疏》。或名天精，或名却老。《抱朴子》。青精子，却老枝。地骨皮，仙人杖，地輔枸，羊乳，却暑。

〔一〕 今按：『采』，《十三經注疏》本作『采』。

掘根而飛，飲水故壽。朱孺子幼事道士王元正，居大若岩。一日汲於溪，見二花犬，逐之，入枸杞叢下。掘地，根形如二犬，烹而食之，身輕，飛峰上。俗呼其峰，爲童子峰。《仙傳》。蜀青城山老人村，有見五世孫者。經多枸杞，根如龍蛇，飲其水，故壽。《詩》：『翩翩者鵻，集于苞杞。』杞，枸檵。《本草》名：『西王母杖。』

榆 姑榆即榆

《運斗樞》：玉衡星散爲榆。無姑，其實夷。註：無姑之榆也，所謂蕪荑。《爾雅》。蕪荑。《本草》：『一名無姑。』『蕪荑在地，赤心者善。』《范子》。參合陂之生榆，參合陂之有榆。魏桓帝曾中蠱，嘔吐之地仍生榆。參合陂無榆樹，故後人異之。《魏書》。道武皇帝，諱珪。七月七日，生于參合陂北。明年，有榆生于藏胞之坎，後遂成林。上。

種榆爲籬，榆木成林。鄭澤爲魏郡太守，百姓乏材木，乃課種榆爲籬。《魏志》。大河在金城，梁泉出南山。梁暉，梁冀後。冀誅，入姜，土荒民亂。出頓此山，無水，以所執榆鞭豎地，暉以青羊拆山，神泉涌出，榆木成林。〔一〕《水經》。

見庭下之大榆，然猶枯蠹；信方士之虚語，豈學神仙。劉子駿信方士虚言，爲神仙可學。余見其庭下大榆樹，久而剥折，指謂曰：『彼樹無情，然猶枯蠹。人雖欲愛養，何能使之不衰。』桓譚《新論》。

好食榆葉爲踏榆賊。河間邢杲反。先是河南人嘗笑河北人，衆逾十萬，好食榆葉。故齊人號之爲『踏榆賊』。爲元天穆討平之。《魏傳》。踏音闒，歠也。徐曰：『謂若犬以口取食也。』

植濟南之榆，栽漢中之漆。应璩。剥榆皮于秋塞，掘鼸鼠〔二〕於寒山。庾信《啓》。豆令人重，榆令人眠，愚智所知也。嵇康《論》。食枌榆則眠不欲覺。上。榆爲人君，德至仁也。夢採榆葉，受賜恩也。夢居樹上，得貴官也。夢其葉滋茂，祁禄荐也。《夢書》。

〔一〕今按：『姜』『拆』，據四庫全書御定子史精華卷一百十二靈異部三《徵應》所引《水經注》分别作『羌』『祈』。
〔二〕今按：『鼠』，《藝文類聚》作『燕』。

槐

槐木者，虛星之精。《春秋題辭》。守宮槐，葉晝聶宵炕。註：晝聶合，而夜炕布者，名守宮槐。《爾雅》。槐之生也，入香〔一〕春五日而兔目，十日而鼠耳，更旬而始規，二旬而葉成。《淮南子》。

面槐，樹槐。《周禮》：朝士面三槐，三公位焉。槐，懷也，言懷來人也。《元命包》：樹槐，聽訟其下。槐之言歸也，情見歸實也。

堂舍槐枝，省門槐音：相國李石，河中永樂有宅。庭槐一本，三枝，直堂舍屋脊，一枝不及。兄弟三人，石、程登宰，福歷七鎮使相。《玉泉子》。唐尚書省南門古槐，夜聞絲竹之音。省中有入相者，謂之『音聲木〔二〕』。

周之樹槐，齊之守槐。武王問太公曰：『神木甚衆，何以待之？』太公曰：『請樹槐於門，有益者入，無益者距。』《金匱》。齊景公有所愛槐，令吏守之。令曰：『犯槐者刑，傷之者

〔一〕今按：『香』，《藝文類聚》作『季』。
〔二〕今按：『音聲木』，中華書局（宋錢易撰，黄壽成點校）《南部新書·甲》作『音聲樹』。

死。』有犯之者，令加罪焉。其女告晏子曰：『妾聞明君不爲草木傷禽獸，不爲野草傷禾苗，不爲禽獸傷人民。今君以樹木之故罪妾父。恐鄰國謂君愛樹而賤人也。』晏子言之公，令罷守槐之役，出犯槐之囚，廢傷槐之法。《晏子》。

觸槐，紡槐。《左·宣公三年〔一〕》：晋宣子驟諫靈公，使鉏麑賊之。晨往，寢門闢矣。盛服將朝。尚早，坐而假寐。麑嘆曰：『不忘恭敬，民之主也。賊民之主不忠。棄君之命不信。』觸槐而死。《晋語》：董叔將取於范氏，曰：『欲爲繫援焉。』他日，董祈愬於范獻子，曰：『不吾敬也。』范子執而紡於庭之槐。

槐子，槐花。方書：老鼠，老槐皆虚星精，故鼠能夜視。久服槐子，可夜讀書。長安舉子，六月後落第，謂之『過夏』。借浄坊廟院作文，謂之『夏課』。白詩：『槐花滿院氣。』韓詩：槐黄舉子忙。

王庭槐陰，北岸槐樹。晋國王公文武忠孝，蓋嘗手植三槐於庭，曰：『吾子孫必有爲三公者。』已而其子魏國文正公旦相真宗皇帝於景德、祥符之間。銘曰：『嗚呼休哉！魏公之德，與槐俱萌。封植之功，必世乃成。既相真宗，四方砥平。歸視其家，槐陰滿庭。吾儕小

〔一〕 今按：『宣公三年』，《十三經注疏》本作『宣公二年』。

人，朝不謀夕。相時射利，皇恤厥德。庶幾僥倖，不種而穫。不有君子，其何能國？王城之東，晋公所廬，鬱鬱三槐，惟德之符。嗚呼休哉！』東坡《三槐堂銘》甘泉谷北岸有槐樹，今謂玉樹，三百年木也。古語云：此樹即《甘泉賦》所謂『翠玉樹之青葱也』。

哦庭槐，賦宫槐。博陵崔斯立爲藍田縣丞，庭有老槐四行，日哦其間。韓《記》。韓詩：縣古槐根瘦。酒泉宫之西北隅有槐樹生焉，李玄盛著《槐樹賦》以寄情，蓋嘆僻陋方，立功非所也。

殷仲堪之嘆，廣陵王之夢：大司馬府有老槐樹，殷仲堪對而嘆曰：『此樹婆娑，生意盡矣。』《晋書》。駱賓王《咏蟬序》：『雖生意可知，同殷仲文之枯樹。聽訟斯在，即周召伯之甘棠。』廣陵王元淵夢著衮衣倚槐樹而立。楊元慎曰：『廣陵死矣。槐字木旁鬼。』見夢。

服槐實，坐槐陰。庾肩吾常服槐實，年七十餘，目看細字。《梁書》。以十月上巳取子服之，好顔色，長生通神。《草木方》。高穎字昭玄，領新都太監。每坐槐樹下以聽事。後以樹多不依行列，有司請伐之。上特令勿去，以示後人。《隋書》。

吾所倚何樹？嘉隱云松樹；吾所倚何樹？嘉隱曰槐樹：賈嘉隱年七歲，以神童召見。徐世勣戲曰：『吾所倚何樹？』嘉隱云：『松樹。』徐曰：『此槐也。何言松？』嘉隱云：『以公配木，何得非松？』長孫無忌復問：『吾所倚何樹？』嘉隱曰：『槐樹。』長孫曰：『汝不能復矯對。』嘉隱云：『何煩矯對，但取鬼木。』《嘉話》。

宅南槐樹，兩京槐樹。淳于棼宅南有槐，夢中倏忽，若度一世。有二大蟻，乃槐安王，直上南枝，即南柯郡也。見夢。貞元中，度支欲取兩京槐樹爲薪，更栽小樹。先下符牒。渭南縣尉張造牒曰：『召伯所憩，尚勿剪除。先皇舊遊，豈宜斩伐？』乃止。《唐書》。

一槐再葉，一槐數條。長慶中，虢州刺史蕭佑奏：湖城縣百城憫鄷，五代同居，家内一槐木，再枝葉。〔一〕《唐書》。長安持國寺門前有一槐樹數條。舍監買一株，乃别理解之。每片一天王，塔戟成就。《酉陽》。

槐枝滋茂，槐枝叢生：長安孫家堂室甚古，堂前一柱，忽生槐枝。期年之後，漸漸滋茂。不久，經處岩廊，人以爲應三槐之朕。《玉堂閑話》。吕蒙正方應舉，僦舍建隆觀。床前槐枝叢生，高二三尺，蒙茸合抱。是年登第，十年作相。《燕閑録》。

一日榮悴，一日青白。晋陽都城北角有槐，一日之間，三榮三悴。《雜記》。熙寧中吴仲庶知成都，一日文明所前大槐枝葉皆出烟色，青白如焚香。楊楨之云：『《陰符》構：火生於木，初發必克。』疑有士卒作難而不成者，後戍卒議難者皆獲。《筆録》。

〔一〕今按：『蕭佑』『憫鄷』，《太平御覽》分别作『蕭祐』『閻鄷』。

夏州有一株，忠州有一株。西夏無一槐，唯夏州有一株，欲要槐葉，移牒取。《酉陽》。白居易云：忠州有槐一株，自忠之南更無槐。《傳載》。

庾曰此槐癭是雌樹生，裴曰此郎中是雌甲辰。裴度在相位日，有人寄槐癭一枝，欲削爲枕。郎中庾咸，世稱博物。庾曰：『此槐癭是雌樹生者，恐不堪用。』裴曰：『郎中甲子多少？』庾曰：『某與令公同是甲辰生。』公笑曰：『郎中便是雌甲辰。』

一里種一樹，十里種三樹，百里種五樹。韋孝寬爲雍州刺史，先是路側一里置以土堠，經雨頹毁，每須修之。孝寬敕部内當堠處，置槐樹。既免修復，又得庇陰。文帝於是令諸州一里種一樹，十里種三樹，百里種五樹。《後周書》。不有遂枯於居喪，誰知復榮於闋服。見人子之孝。

楊柳

楊，赤莖柳。

《爾雅》：楊，蒲柳、楊柳之揚起者。柳，楊之下垂者。柔脆之木也。《通志》：柳曰『天棘』、『杞柳』，亦曰『澤柳』。《説文》：楊，蒲柳也。檉，河柳也。柳，小楊也。柽，柳綫、柳條也。色赤，葉大，好生河邊。天將雨，先起應之，是地氣上行也，故名爲雨師。順插爲柳，倒插爲楊。《易·大過》：『九二，枯楊生稊，老夫得其女妻。』與初密比。楊者，陽氣易感之物，陽過而與初，老夫得女妻之象。李白詩：『枯楊枯楊爾生稊，我獨七十而孤栖。』齊牧犢子。『九五，枯楊生華，老婦得其士夫。』下無應助，上比極陰。象曰：『枯楊生華，何可久也。老婦士夫，亦可醜也。』《詩》：『東門之楊，其葉牂牂。東門之楊，其葉肺肺。』男女期會，負約不至。『泛泛楊舟，載沉載浮。』燕飲賓客。『泛泛楊舟，紼纚維之。』天子答魚藻。『北山有楊，其桎其梮。』櫝也。

隰有楊，巽爲楊。秦人誇美荀九家〔一〕。杜《麗人行》：刺楊氏。『楊花雪落覆白蘋。』李白《折楊》：『垂楊拂緑水，摇艷東風年。花明玉關雪，葉暖金窗烟。美人結長想，對此心凄然。攀條折春色，遠寄龍庭前。』魏王以田需爲相，惠子曰：『子善事左右，今夫樹楊，横之則生，折而樹之又生。然十人樹楊，一人拔之，則未生楊矣。子雖自樹于王，而欲去之者衆，必危矣。』《春秋後語》。《詩》：『折柳樊蒲，狂夫瞿瞿。』刺其君興居無節。『菀彼柳斯，鳴蜩嘒嘒。』《小弁》。『有菀者柳，不尚息焉。有菀者柳，不尚愒焉。』王者暴虐，諸侯不朝。事實。

〔一〕 今按：『荀九家』，《十三經注疏》本作『秦仲也』。

隋堤柳，章臺柳。隋煬帝御河畔築道，樹柳一千三百里。《隋書》。『煬帝行宫渭〔一〕水濱，數株殘柳不勝春。晚來風起花如雪，飛入宫墻不見人。』韓翃妓柳氏，歸置都下，三歲不迓。詩云：『章臺柳，章臺柳，昔日青青今在否。縱使長條似舊垂，也應攀折他人手。』答曰：『楊柳枝，芳菲節，所恨年年贈離别。一葉隨風忽報秋，縱使君來豈堪折。』柳氏後爲番將所劫，許俊乃挾柳氏以至。《異聞録》。

仲甫補闕，由基射葉。辛仲甫知彭州，種柳兩行，路人謂『補闕柳』。養由基去柳葉百步射之，百發百中。史。

三眠三起，五柳先生。漢苑中柳，狀如人形，號曰『人柳』。一日三眠三起。《三輔故事》。先生不知何許人，亦不詳其姓字，宅邊有五柳樹，因以爲號焉。贊曰：黔婁有言：『不戚戚於貧賤，不汲汲於富貴。』極其言兹若人之疇乎？酣觴賦詩，以樂其志，無懷氏之民歟？葛天氏之民歟？詩曰：『虚栽五株柳。』門前老樹枝條短。『學得先生懶折腰。』古詩：『五柳春風自一家。』

振武柳，章臺柳。范希朝遷振武節度，單于城池舊少樹。希朝于他處市柳子種之，俄

〔一〕今按：『渭』，《全唐詩》劉禹錫《楊柳枝詞・煬帝行宫汴水濱》作『汴』。

樹成林，居民賴之。《舊唐》。張敞爲京兆尹，罷朝，走馬章臺。街有柳，終唐時號章臺柳。

編柳爲簡以寫經，有柳甚茂而激水。孫敬到洛，在太學小屋安母，然後入學。編柳爲簡以寫經，懸頭于梁。《先賢傳》。嵇康性巧能鍛。家有一柳甚茂，激水以環，夏月居下。《晋書》。

柳下惠之號柳，柳枝娘之折柳。展禽之家有柳樹，身行惠德，因號柳下惠。《淮南註》。柳枝娘，洛中里娘也。聞誦義山《燕臺》詩，乃折柳結帶贈義山，乞詩。《麗情集》。

曾極之詩，傅子平之詩，建康有鳳州柳，鳳州出手柳酒，女手纖白，生柳翠色。公康多醞，曾極詩：『蜀主函封遣使時，芳根原自鳳州移。柔荑醽醁今安在，唯有青絲拂地垂。』蜀主求種方輿勝覽，鳳州三出手，柳酒也。淳熙初，太守傅子平詩：『珍珠不見小槽紅，遐想柔荑嫩剥葱。惟有萬條羅帶緑，年年依舊舞春風。』《鳳縣志》。

緑城堤之植柳，睿思殿之種柳。緑城堤上，悉植細柳，緑條散風，清陰交洒。《荆州記》。孟伯饒説宋用臣種柳，睿思殿用常柳五株合爲一，取麻縷繫，牛尿深栽之。一年有三年力。《日記》。

王恭春月之柳，顧悦蒲柳之姿。王恭字孝伯，有人嘆其形茂者，云：『濯濯如春月柳。』《世説》。顧悦與簡文同年，而髪蚤白，簡文曰：『卿何以先白？』對曰：『蒲柳之姿，望秋先零。松柏之質，經霜彌茂。』上。豈如河畔牛星，隔歲止聞一過，不比苑中〔一〕人柳，終朝剩得三眠。《江之嫣賦》見上。

桓温嘆種柳，陶侃課種柳。桓温北征，經金城，見琅琊時種柳皆已十圍，攀枝數條，泫然流涕。劉義慶記。陶侃領江州刺史，嘗課諸营種柳。都尉夏施盗拔西門柳爲己所種。侃後駐車施門，問：『此是西門柳，何故盗種此？』施怖謝罪。《晋中興書》。

柳化爲松，柳以爲葉。凉張天錫之嗣車也，柳化爲松，火出泥中。顧愷之癡信小術。桓玄以一葉柳紿之，曰：『此蟬瞖葉也。』〔二〕《世説》。

北館種柳，釣臺移柳：王敬則使魏，北館種楊柳。後員外郎虞長曜北使。還，敬則問：『我昔種楊柳，今却大小。』長曜曰：『虜中以爲甘棠。』《南齊》。庾信賦：『釣臺移柳，非玉關之可望。』杜甫詩：『移柳更能存。』

愛殿前之柳，指所前之柳。劉悛之爲益州刺史，獻蜀柳數株，枝條甚長。武帝植靈和殿前，常玩咨嗟曰：『此楊柳風流可愛，似張緒當年時。』《南史》、《齊書》。劉瓛兄弟三人共處

〔一〕今按：『苑中』，底本作『禁中』，據《歷代詞賦總滙》唐代卷第三册（馬積高萬光治主編）湖南文藝出版社二〇一四年版改。

〔二〕今按：『紿』『瞖』，《藝文類聚》分别作『詒』『翳』。

蓬屋一間。習業不廢，聚徒教授。丹陽尹袁粲指所事前故柳謂瓛曰：『人謂此是劉尹時樹，每想高風。〔一〕今復見清德，可謂不衰矣。』瓛，琰之曾孫。琰，晋時爲丹陽尹。《南史》。

此樹交讓，三柳俱摧。睦惠曉〔二〕與張融並宅，其間有池，池上二株楊柳。何點嘆曰：『此池便是醴泉，此樹便是交讓。』柳機與族人昂俱歷顯要。機、昂並爲顯要，楊素時爲納言。因上賜宴，素戲機曰：『二柳俱摧，孤楊獨聳。』《隋書》。

王敬則之柳，既比甘棠。虞城令之柳，亦比甘棠。見上。李錫天寶中爲虞城令。蠡丘館東有三柳焉。公往來憩之，飲水則去。行路勿剪，比于甘棠。鄉人由樹而書頌四十有六篇。《李集·去思頌》。

畫柳以進，對柳輒容。乾元中，虢州刺史王奇光奏：閺鄉縣女媧墳，天寶十三載，大雨晦冥，忽失所在。至夜，河中雷雨，曉見其墳涌出，上有三柳樹，下有巨石，柳各高十餘丈。畫圖進。上示百官。《舊唐》。韋虚心，維子，初爲郎，蒔柳于庭，及虚心兄弟居郎省對之，輒斂容。

〔一〕今按：『所』『故』，中華書局《南史·劉瓛傳》分别作『聽』『古』。
〔二〕今按：『睦惠曉』，《太平御覽》作『陸惠曉』。

夢中見柳，宅中遇柳。柳宗元夢見柳樹仆地。見占夢。盧虔於古宅中，遇柳將軍者，乃一枯柳樹。《宣室志》。

狄焕之柳，高熲之柳。狄焕字子炎，梁公後也。寄于南岳，以林泉自適。《題柳》云：『天南與天北，此處影婆娑。翠色折不盡，離情生更多。雨餘籠霸岸，烟暝夾隋河。自有佳名在，秦松系得麼。』雅言。

柳樹高百尺，此家出貴人。渤海公高熲，孩孺時家有柳樹，高百許尺，亭亭如車蓋。里中人父老曰：『此家當出貴人。』《隋書》。

樵人唱大昌，聲闋呼柳青。峽中樵人常唱大昌歌以吊柳青。每聲闋即呼柳青。柳調爲御史，僕射楊素見調曰：『柳條通體弱，獨摇不須風。』調曰：『調信無取〔一〕，不當爲侍御。調信無取，不當發此言。』

小杜《柳》：『日落水流西復東，春光不盡柳何窮。巫娥廟裏低含雨，宋玉宅过斜對風。莫將榆莢空争翠，深感杏花相映紅。灞上漢南千萬樹，幾人遊宦别離中。』李君虞《江过柳》：『嫋嫋古城邊，青青一樹烟。若爲絲不斷，留取繫郎船。』王維《大明宫》：『千條弱柳

〔一〕今按：『調信無取』，中華書局《隋書・柳機傳附族兄昂子調傳》作『調信有取』。

垂青瑣。』《渭城雨》：『客舍青青柳色新。』杜《小至》：『岸容待臘將舒柳。』《十二月一日》：『輕輕柳絮點人衣。』柳絮落水，經宿則爲浮萍。《瑣碎録》。南蠻訶陵以柳花爲酒，李先主以國用不足，税柳花爲絮者，伶人獻詞云：『惟願普天多瑞慶，柳條結絮鵝卵生。』《聞見録》。杜《麗人行》：『楊花雪落覆白蘋。』《謾興》：糝逕楊花鋪白氈。《送路六》：生憎柳絮白於綿。腸斷春江，顛狂柳絮隨風舞。小人見欺。《别柳枝句夢得和云》：『春盡絮飛留不得，隨風好去落誰家。』又，《戲答樂天》：『柳老春深日又斜，任他飛向别人家。誰能更學孩童戲，尋逐春風捉柳花。』陳禾詩：『柳送腰支日幾回，更教飛絮舞樓臺。顛狂忽作高千尺，風力微時穩下來。』直陵之山水多柳，平丘山爰有楊柳。《山經》。

《詩》：『昔我往矣，楊柳依依。』韓成封《楊柳枝》：『枝鬭纖腰葉鬭眉。春來無處不成絲。』灞陵原上多離别，少有長條拂地垂。』王貞白《折楊柳》：宫詞。『枝枝交影鎖千門，嫩色曾沾雨露恩。』杜：『隔户楊柳弱嫋嫋，恰似十五女兒腰。』堯夫咏楊柳之『風氣象洒落，有吟風弄月之趣。』林駉《至論》。

梅

花名，果名。梅，杏類也。樹及葉皆如杏而黑。煮而曝乾爲蒜〔一〕，置羹臛齏中。又可含以香口。《詩義疏》。上林苑有朱梅，紫葉梅，紫萼梅，同心梅，麗枝梅，燕梅，猴梅。《西京雜記》。許洛中，有江梅，椒萼梅，紅萼梅，千葉黄香梅。《舊聞》。紅梅清艷兩絶，昔獨盛於姑蘇。晏殊移植西岡第中。一日，貴遊賂園吏得一枝分接。由是都下有二本。《總龜》。故蜀别苑，有兩大梅夭矯如龍，人謂梅龍。《老學學談》。洪亭村下有梅回村，舊云梅槐合生成樹，是以名之。今音訛，謂之梅回。《江陵記》。范石湖作《梅譜》，凡九十餘種。《書·説命》：『若作和羹，爾惟鹽梅。』《詩》：『摽有梅，其實七兮！摽有梅，其實三兮！摽有梅，頃筐塈之。』懼其嫁不及時。『終南何有，有條有梅。』秦人美君。『墓門有梅，有鴞萃止。夫也不良，歌以訊之。』《陳風》。『山有嘉卉，侯栗侯梅。』遭亂、自傷。『鳲鳩在桑，其子在梅。』用心均平。

卧檐下，咏花下。武帝女壽陽公主人日卧含章檐下，梅花落額上，成五出之花。後人

〔一〕今按：『蒜』，中華書局《初學記》卷二六引陸璣《毛詩草木疏》作『蘇』。

效之，爲梅妝花。陳與義〔一〕《水墨梅》詩：『含章檐下春風面，造化功成秋兔毫。』是也。何遜在揚州，有梅花一株，吟咏其下。杜甫《和裴迪送客逢梅》詩：『東閣官梅動詩興，還如何遜在揚州。此時對雪遥相憶，送客逢花可自由。幸不折來傷歲暮，若爲看去亂春愁。江邊一樹垂垂發，朝夕催人自白頭。』

一白照萬緑，買將三十本。龍廣漢事父母至孝。六月一日，其母生辰。方宴，忽見北窗梅花一枝盛開，人以爲孝感所致。張菊齋贈詩：『南風吹南枝，一白照萬緑。誰知歲寒心，孟宗材下竹。』大庾嶺上有佛塔廟。有婦人云：『妾幼年侍父任英州司寇，既代歸，父以大庾本有梅嶺之名而反無梅，遂植三十株于道之右。因題詩于壁。今隨夫之任端溪，復至此寺，前詩已污漫矣。因再書之，云：「英江今日掌刑回，上得梅山不見梅。輟俸買將三十本，清香留與雪中開。」』《倦遊録》。杜甫《寄楊桂州》：『梅花萬里外。』楊譚大庾嶺。陳禾《梅花》詩：『昔歲曾行〔二〕大庾嶺。』

會稽山，大梅山。會稽山夏禹廟中有梅梁，忽一春而生枝葉。《述異記》。大梅山漢梅

〔一〕今按：『陳與義』，底本作『陳禾』，據中華書局《全宋詩》卷三八陳與義《和張規臣水墨梅五絶》改。

〔二〕今按：『行』，陳與義《梅花》作『遊』。

子，真舊隱也。山頂有大梅木，其上則伐爲禹廟之梁；其下則爲他山堰之梁。《圖經》。

一枝遺梁王，酸梅解士卒。梅溪有梅樹。越使諸發執一枝梅，遺梁王。梁王之臣韓子謂左右曰：『惡有以一枝梅，遺列國之君者乎？』《説苑》。魏武行役，失道，軍皆渴，乃令曰：『前有大梅林，饒子，甘酸，可以解渴。』士卒聞之，口皆出水，乘此得及前原。《世説》。

趙王園梅，李主亭梅。邯鄲宮基有趙王果園，梅至冬而花，春得食。《述異記》。李後主於宮中作紅羅亭，四面栽江梅，作艷曲歌之。韓熙載和之云：『桃李不須誇爛熳，時已失已輸了春風一半，淮南矣。』

蕭仿買梅，韓偓題梅。蕭仿爲嶺南節度使，仿性公廉，家人疾病，醫工治藥須烏梅。左右取於公厨，仿知而令還之，促買於市。《舊唐》。韓偓出内庭詩：『玉爲通體尋常見，香號返魂容易回。』其題云：『嶺南梅花，一歲再發。』《密記》。

東坡詩：『返魂香入嶺頭梅。』《和楊濟梅花》：『誰信幽香是返魂。』

宋廣平之賦《梅花》，范宣子之賦《摽梅》。宋廣平之沉下僚也，蘇味道爲使者，廣平投以《梅花賦》，自是列於聞人之目。《左·襄公八年》：晉范宣子來聘，公享之。宣子賦《摽有梅》，季武子曰：『誰敢哉！』取其汲汲相赴，誰不從命。

梅下種藥，江南寄梅。蘇耽後園梅樹下種藥，可治百病。《先賢傳》。陸凱與范曄善，自江南寄梅花一枝，詩曰：『折花逢驛使，寄與隴頭人。江南無所有，聊贈一枝春。』《荊州記》。

啖梅，射梅。范信至能啖梅，人嘗置一斛奩，信留食之。須臾而盡。《語林》。柳惲嘗與瑯琊王瞻博射，嫌其皮闊，乃摘梅帖烏珠之上，發必命中。《南史》。

淡妝美人，梅下婦人。隋開皇中，趙師雄遷羅浮。一日暮見美人，淡妝素服，頃有一緑衣童，頃醉寢。起視在梅下，上有翠羽。《龍城録》。蜀郡有紅梅，一日梅開。有兩婦人憑闌倚笑。郡侯啓鑰闃，不見人。東壁詩〔一〕曰：『南枝向暖北枝寒，一種春風有兩班。憑仗高樓莫吹笛，大家留取倚闌幹。』《摭遺》。觀梅枝而知乾坤者，信矣。伊川。李嶠表：參翊亮之謀，尚和梅鼎。杜甫詩：《多病執熱奉懷李尚書》〔二〕：『思霑道暍黄梅雨。』《至後》：『梅花欲開不自覺。』『巡檐索共梅花笑，冷蘂疏枝半不禁。』陰風過嶺梅。紅綻雨肥梅。未將梅蘂驚愁眼。江縣紅梅已放春。』

蟡梅，紅梅。『智瓊額黄且勿誇，回眼視此風前葩。』《幽怪録》：橘中有四叟，一叟曰：君輸我智瓊額黄十二枚。《集仙録》：法超夢神女，自稱天上玉女，姓成公，字智瓊，北齊宫

〔一〕今按：『東壁詩』，《詩話總龜》作『早梅詩』。

〔二〕今按：《多病執熱奉懷李尚書》原作《夏熱》，據《全唐詩》杜甫詩改。

人。以鉛黄塗額，號佛妝。誰將醉裏春風面，换却平生玉雪身。

水墨梅：陳與義。『病見昏花已數年，只應梅蘂故依然。誰教他作陳玄面，眼亂初逢未敢憐。』世道變態。

烏梅，楊梅。煮之即熟，食之治邪。横公魚，長七八尺，形如鯉而目赤，晝在湖中，夜化爲人。刺之不入，煮之不死。烏梅二七煮之，即熟，食之治邪病。《神異經》。楊梅，其子如彈丸，正赤，五月中熟，熟時如梅，味甘甜酸。《異物志》。葉如龍眼樹，冬青，一名杬。音求。海州〔一〕有白色者，甘而絶大。《北户録》。

德祖設果，王虚三實。楊脩字德祖，九歲聡慧。孔文舉〔二〕詣其父，其父不在，乃呼脩。脩爲設果，果有楊梅，融曰：『此君家之果耶？』脩曰：『未聞孔雀是夫子之家禽。』郭子。齊王虚之庭中楊梅，隆冬三實，時人咸以爲孝感所致。《南史》。龍，廣漢之一白，南風。見上。齊王虚之，三實冬月。見上。

新安守之即停，會稽守之哀獻。任昉爲新安太守，郡有楊梅，舊爲太守所採，昉以冒險

〔一〕今按：『海州』，集成圖書公司（明雲間陸氏原編）《古今説海寅集》第三編引《北户録》作『潘州』。
〔二〕今按：『孔文舉』，《太平御覽》作『孔君平』。

多毒物故，即時停之〔一〕。《梁書》。王薿字豊，父守會稽，童貫方用事，苦脚氣。或云：楊梅仁可療是疾。豊父裒五十石以獻之。後擢待制。《揮麈録》。

揚州楊梅塢。南山近瑞峰，老嫗姓金，楊梅甚盛，俗稱楊梅塢。所謂『金婆楊梅』是也。《古迹事實》。

桃　桃者，五木之精，仙木也。《典術》

桃，木名。花紅，實可食。李接桃而本强者其實毛。《化書》。桃實已乾，着木上經冬不落者，名桃梟；又名桃奴。《本草》。

桃始華，桃曰膽。《易·通卦驗》：『驚蟄，大壯。初九，桃始華。不華，倉庫多火。』《禮記·內則》：『「桃曰膽之」註：桃多毛，拭治，令青滑如膽。』

桃棓，桃殳。羿死于桃棓。棓，大杖，以桃木爲之，以擊殺羿。由是以來鬼畏桃。《淮南》。齊桓遇一丈夫，帶着桃殳。桓公曰：『是何名？』丈夫曰：『是名二桃。桃之爲言亡

〔一〕今按：『之』，《太平御覽》作『絶』。

也。日日愼桃，何患之有？故亡國之社，以戒諸侯。庶人之戒，在於桃殳。』公悅其言，與之共載。來年正月，庶人皆佩。《韓詩外傳》。

青華之桃，碧桃之實。扶桑東磅磄山，有桃樹千圍，其華青黑，百歲一實。《拾遺記》。尹喜從老子西遊，大真王母，共食碧桃之實。《內傳》。

果有六而桃爲下，桃之垂而莫之援。孔子御坐於哀公。公賜之桃與黍。仲尼先飯黍而後啖桃。左右掩口而笑，公曰：『黍者，非飯之也，以雪桃也。』對曰：『黍者，五穀之長也。祭先王爲上盛。果蓏有六，而桃爲下，祭先王不得入廟。丘之門也，君子以賤雪貴，不聞以貴雪賤。』《韓詩外傳》。子產相鄭十八年，刑三人，殺二人。桃李之垂於行者，莫之援也。錐刀之遺於道者，莫之舉也。《吕覽》。

二桃殺士，半桃啖君。公孫接、田開强、古冶子事齊景公，勇而無禮。晏子曰：『此危國之器也，不若去之。』因請公使人饋之二桃，曰：『三子，何不計功而食？』公孫接、田開强各言功，援桃而起。古冶子又言其功，曰：『二子何不反桃？』抽劍而起。二子曰：『吾取桃不讓，是貪也。然而不死，無勇也。』皆反其桃，挈領而死。冶子曰：『二子死之，冶獨生之，不仁；耻人以言而夸其聲，不義；恨乎所行，不死，無勇。』亦反其桃，挈領而死。《晏子春秋》。諸葛亮《梁甫吟》：『步出齊城門，遥望蕩陰里。里中有三墳，纍纍正相似。問是誰家冢，田强古冶氏。一朝被讒言，二桃殺三士。誰能有此謀，相國齊晏子。』李白：『力排南山三壯士，齊相殺之費二桃。』彌子瑕有寵於君。與君遊於果園，食桃而甘，不盡，以其半啖君，君曰：『愛哉！忘其口味，以啖寡人。』及彌子色衰愛弛，得罪于君，君曰：『是固嘗啖我以餘桃。』故彌子之行未變于初也，而以前之所以見賢，而後獲罪者，愛憎之變也。《韓非·說難》。

自今以來擇人而樹，從今已後不復樹德。陽虎得罪于衛，北見簡子曰：『自今以來，不復樹人矣。』簡子曰：『樹桃李者，夏得休息，秋得食焉。樹蒺藜者，夏不得休息，秋得刺焉。今子之所樹者，蒺藜也。自今以來，擇人而樹，毋已樹而擇之。』《說苑》。子質謂簡主曰：『從今已後，而〔一〕不復樹德於人矣。』《韓詩外傳》。

天下桃李悉在公門，不佞相公一株桃李。崔頤書門有將相，宜樹桃李。或謂狄仁傑：『天下桃李，悉在公門。』王冷然書：『拾遺、補闕，容〔二〕有種乎！僕不佞，亦相公一株桃李也。』《摭言》。

盜御桃而剖腹亡，一桃而即覺。秦吏趙凱以私恨告國民吴朝生盜食宗廟御桃。王

〔一〕今按：『而』，四部叢刊初編本《韓詩外傳》作『吾』。

〔二〕今按：『容』，古典文學出版社（五代王定保著）《唐摭言》作『寧』。

曰：『剖其腹，出其桃。』史記惡而書之曰：『食桃之肉，當有遺核，王不知此而剖人腹以求桃，非禮也。』《鍾離意别傳》。

智伯庖人亡，一篋而即知之。韓魏將反，而不能知。邯鄲子陽園亡一桃，而即覺之。其自亡也，而不能知，斯皆鋭情於小，而忘大者也。《劉子》。

桃湯灑屋，桃樹經庭。王莽畏漢高神靈，乃令虎賁斫高廟，桃湯、赤鞭灑屋。《梅子》。譙郡夏侯文規亡，後還家。經庭桃樹，曰：『此桃我昔所種。』婦曰：『亡者畏桃，君何不畏？』曰：『東南枝長二尺八寸向日者憎之。』《甄異傳》。

擘手奪桃，斫樹折華。惠帝征成都，王軍敗。日中未進食，左右賫秋桃十枚，便以獻帝。食三枚，石超使人擘手奪三枚。《四王啓事》。武歷陽女嫁阮宣，武絶〔一〕忌。家有一桃，華葉灼耀。宣嘆美之，即便大怒，斫樹折華。《妒記》。

桓崖之桃，桃花之園。桓崖有奴桃，桓玄求之不得。曰：『德之休明，肅慎貢其楛矢。如其不爾，籬壁間物，亦不可得也。』《世説》。貞觀四年春，上宴於桃花園。群臣畢從，學士李嶠等各獻桃花詩。獻詩者舞蹈，稱萬歲。上敕太常簡二十篇入樂府，號曰《桃花行》。《景

〔一〕今按：『絶』，《太平御覽》作『妒』。

龍記》。

金桃置苑囿，花枝插寶冠：貞觀十一年，康國獻金桃、銀桃，詔令置於苑囿。《舊唐》。御苑有千葉桃花，帝親摘一枝，插於妃子寶冠，曰：『此個花尤能助嬌態。』《天寶遺事》。

此花消恨，食桃不康。明皇禁中千葉桃開，日與貴妃宴于花下。帝曰：『不獨萱草忘憂，此花亦能消恨。』上。莊宗年邁多疾。馮道曰：『臣願陛下寢膳之間動留調衛。』道指御前果實曰：『如食桃不康，翊日見桃而思戒可也。如食李不康，翊日見李而思戒可也。』史。

季春夜忽有十餘人，明府處乞栽一百根。天寶中處士崔元微，季春夜忽有十餘人，有緑裳者曰『姓楊』，指一人曰『李氏』，又一人曰『陶氏』，又小女曰『石醋』。處士命酒。各歌以送紅衣人。送酒歌曰：『縫衣披拂淡染臙脂路盈盈一朵輕。自恨紅顔留不住，莫怨春風道薄情。』入苑中乃桃花精也。《博異記》。杜甫《蕭明府實處不見桃栽》〔一〕：『奉乞桃栽一百根，春前爲送浣花村。河陽縣裏雖無數，濯錦江邊未滿園。』潘岳爲河陽令，種桃比禁苑，號河陽一縣花郎。士元詩『還思潘令縣中花』是也。

桃園弑君，桃園結義。晉靈公不君，宣子驟諫，靈公伏甲，將攻之。趙穿攻靈公於桃

〔一〕今按：『蕭明府實處不見桃栽』當作『蕭八明府堤（一作「實」）處覓桃栽』，見《全唐詩》。

桃李冬華，桃李秋實。呂氏元秋，文帝六冬，桃李華。書法，桃李華，異之，異矣。建始園。《左》。漢與吴桃園結義。

四秋，桃李實。

桃符，桃梗。元日立桃板於門上。畫神荼鬱壘元日置門户。《山海經》。土偶人語桃符曰：『今子東園之桃，削子爲人，假以丹彩，以當門户之厲。』《戰國策》。

桃湯，桃祓。元日服桃湯，桃者五行之精，厭邪氣，制百鬼。古之諸侯，吊於其國，令巫祝先以桃茢祓除不祥，然後進吊。葦苕。《左・襄公廿九年》：『公在楚。楚人使公親襚。乃使巫以桃茢先祓殯。』是也。

禹錫十年之詩，崔護來歲之詩。劉禹錫元和十四年至京，戲贈看花諸君子詩，曰：『紫陌紅塵拂面來，無人不道看花回。玄都觀裏桃千樹，總是劉郎去後栽。』玄都觀喻朝廷。再謫十四年重遊玄都，桃花蕩然無復一樹。詩曰：『百畝庭中半是苔，桃花净盡菜花開。桃花菜花喻前後新進。種桃道士歸何處，前度劉郎今又來。道士喻宰相。』劉克莊啓，實則咏桃，乃曰：『含譏於燕麥。』崔護清明獨遊城南，有一女子以盂水。至來歲清明，再遊門鎖。詩曰：『去年今日此門中，人面桃花相映紅。人面不知何處去，桃花依舊笑春風。』

食桃，投桃。有三老相遇問年，一曰：『吾師食蟠桃，棄核崑崙之下，今與崑崙齊矣。』

漢武七月七日於承華殿，齊。青鳥西來，王母至，遺漢武七桃。食之甘美，帝留核欲種，母曰：『三千年一結實，何可待之。』南窗下有人窺看母，曰：『是我鄰家小兒東方朔，三偷桃。昔爲太上仙官，但務遊戲，謫在人間。』上殺諸道士，王母遣使曰：『求仙而信邪，欲見人而殺戮，吾與帝絶矣。』又致三桃，曰：『食此，可得極壽』《故事》。

金山獲二桃，恒山獻三核。漢初，張芒女麗英入金精山，獲二桃，升天而去。《勝覽》。漢明時，恒山獻三桃核，霜下結花，隆暑方熟，使植霜林園。《拾遺記》。

永平年之天台，太元中之武陵。漢明永平五年，剡縣劉晨、阮肇共入天台山，遥望山上有一桃，各啖數桃而不飢。《幽冥録》。晋太元中，武陵人忽逢桃花林，見漁父云：『先世避秦難，來此。』《桃源記》。李白詩：『一往桃花源，千春隔流水。』韓愈詩：『神仙有無何杳茫，桃源之説誠荒唐。世俗寧知僞與真，至今傳者武陵人。』是也。

磨核，擲核。王琮爲王屋令，念《黄庭經》六千遍，入洞室遇東極真人。與桃核大如數斗，云：磨服之，愈疾延年。石曼卿通判海州，山峻，以泥裹桃核擲嶺上，二歲花如錦綉。華林園有勾鼻桃，華林園有仙人桃，華林園有冬桃，食之解劳。《酉陽》。廬山瀑出桃葉，闊爲五寸。《北户録》。徐凝于海鹽縣沙上，得核可貯一升。《北户録》。杜陟於九疑山溪中得核，正容一升。《酉陽》。僧言：有人施二桃，大如飯碗。史論也。僧遇道流，授一桃，大如二升。懷一也。唐武宗術士王瓊，冬月發桃英。《劉談録》。蜀孟杲舍人劉光祚，臘月進桃核云：『得於陳摶。』賜帛五十匹。《後蜀紀事》。吐谷渾桃如石瓮，大食國桃重二斤，積石山之桃實，大如十斛籠。《玄中記》。度索山之桃樹，盤屈三千里。《十洲記》。桃服之不死，偏桃呼爲婆淡。《神農經》。郎中解忠順使安西，以蘿蔔插之而生。《北户録》。

獻黄桃，有白桃。貞觀廿一年，康國獻黄桃，大如鵝卵，亦謂金桃。《通典》。昔人于天目，見林間有白桃。入手如冰，忽又變紅，其熱如湯，藏囊下山，惟木葉存。《杭州志》。

夫人咒者兩枝，有人祈之六顆。樊夫人與劉剛俱學〔一〕道術。中庭有兩大桃，夫妻各咒其一。夫人咒者兩枝桃走出籬外。《神仙傳》。仙桃出蘇耽仙壇，有人至心祈之，輒落壇上。或至五六顆，赤黄色。晏子曰：『賜人主前者，瓜桃不削。』《晏子》。

《詩》：『桃之夭夭，灼灼其華。桃之夭夭，有蕡其實。桃之夭夭，其葉蓁蓁。』文王之化，自家而國。男女以正昏，因以時。《大學》引《詩》：『宜其家人而後可以教國人。』『何彼襛矣，花如桃李。』王姬下嫁。『投我以木桃，報之以瓊瑶。』男女贈答。《述異記》：『桃之大者，謂之木桃。』《詩》云『投我以木桃』是也。『園有桃，其實之殽。』憂國元政。

〔一〕今按：『學』，《藝文類聚》作『有』。

杜詩：『王母獻宫桃。』《上高侍郎》。高蟾：『天上碧桃和露種。』李義山詩：『玉都[一]偷得怜方朔。』李長吉詩：『桃花亂落如紅雨。』杜牧之詩：『紫洞香風吹碧桃。』李白：『桃花流水杳然去。』

曹唐：『流水桃花滿澗香。』『桃花流水依然在。』『尋得桃源好避秦。』『源花費獨尋。』『不分桃花紅勝錦。』『輕薄桃花逐水流。』『桃花細逐楊花落。』『短短桃花臨水岸。』『野桃無語笑春風。』杜。

李

木名，花白，實可食。《運斗樞》：玉衡星散爲李。『五沃之土，其梅其杏，其桃其李。』《管子》。《詩》：『何彼穠矣，花如桃李。』王姬下嫁。『投我以木李，報之以瓊玖。』男女贈答。『丘中有李，彼留之子。』婦望其私。『北山有李。』燕饗。『報之以李。』武公自警。陈仲子井上有李，螬食實者過半矣。匍匐往將食之。《孟》。吕后成帝之秋實，惠帝文帝之冬華。吕后元秋，建始

[一] 今按：『玉都』，《全唐詩》李商隱《茂陵》作『玉桃』。

四秋，漢惠文帝六冬。書法，桃李華，異之，異矣。

魏文帝之安陽李，齊武帝之同心李。安陽殿前，天降朱李八枚。大而甘者，既其種也。《述異記》。改芳林園爲仙都苑，有合歡杏，同心李。《花木録》。鼠精李，龍血李，王侍中家鼠穴生李。《好事録》。崔奉國家李肉好，無核。識者曰：『天罰乖龍，割其耳，血墮地，生此李。』

指李，夢李：老子母到李樹下生，而指李曰：『以此爲我姓。』劉之詩夢二人姓李乞命。明年仲夏有遺二鯉，放之。見鯉。

員丘紅李，鍾山大李。仙之上藥，有員丘紅李。《漢武内傳》。李少君謂漢武帝曰：『螟海之棗大如瓜。鍾山之李大如瓶。』上。

桃李成蹊，李下無蹊：《李陵傳》：諺曰：『桃李不言，下自成蹊。』李知遠爲吏部尚書，人語曰：『李下無蹊徑。』杜《呈群公》詩：『陰陰桃李蹊。』

琳國玉葉李，上林青綺李。琳國玉葉李，五千歲一熟。韓終嘗食，號韓終李。帝坐神明臺，設琳國李，一名趙李，今之麥李。

玉母遺，群臣獻。玉母遺帝上清五門之李。《黄帝内傳》。武帝上林苑，遠方群臣，獻紫李，緑李，朱李，黄李，青綺李，青房李，同心李，車下李，倉枝李，食枝李，顔回李，姜李，燕李，蠻李，侯李。《西京雜記》。

許州李，廬山李。許州有小李子，即獻帝所植。《述異記》。袁本初時，神號度索君，曰：『昔廬山共食白李，未久已三千年。』《列異傳》。『丹山玄雲之李。』《王褒內傳》。

定山朱仲之李。《述異記》：『房陵定山有朱仲李。』潘岳《閑居賦》：『房陵朱仲之李。』李尤《果賦》：『三十六園之朱李。』陸士衡《果賦》『中山之縹李』是也。

黄中李，嘉慶李。王母居龍月城，城中産黄中李。花，實上皆有『黄中』二字。《集真記》。東都嘉慶坊有李，甘鮮，故稱嘉慶李。今人但言嘉慶子。《西京記》。

渤海九都李，瀨鄉紅縹李。《北狄・渤海傳》：有九都之李。《唐志》。瀨鄉老子祠有紅縹李，一李二色。

華林春李，山中縹李。華林春李，冬華春熟。《鄴中記》。山中有縹李，大如拳者，呼拳李。李尤《果賦》『如拳之李』是也。黄建李，青皮李，馬肝李。冬李，十一月熟。《廣志》。『河沂黄建，房陵縹青。』傅玄賦。

南居細李，崑山玉李。南居細李，四月先熟。《風土記》。五原蔡綖，欺家人云：『崑崙山有玉李，玉瓜，玉桃。』《抱朴子》。

安丘之李，至德之李。安丘病毒，聞李香，開目見雙赤李，自墮掌中。安丘食之，所苦盡除。《高士傳》。唐肅宗至德二年，返轅詣扶風，令釋元皎於鳳翔開元寺置御藥師場。忽於法會内生一學李樹，有四十九莖。元皎等表賀。帝喜曰：『此大瑞應。』答敕云：『瑞李繁滋，國之興兆。生在伽藍之内，足知覺樹之榮。感此休祥，與師同慶。』

李枝上聳，楊化爲李。興元元年，亳州大空寺李樹種來十四年，纔長一丈八寸。今春枝忽上聳，高六尺，周園似蓋，九丈餘。〔一〕《舊唐》。南唐李昪，受徐温之禪也。白雀見于庭，江西楊化爲李，洪州李生連理，詔還李姓，國號還唐。《江南别録》。

鑽核賣李，持斧伐李。王安豊家有好李，恐人得種，鑽核賣之。《世説》。和嶠性儉，家有好李。王武子求之，與不過數十。武子因其上直，率少年能食者，持斧詣園，噉畢，伐之。送一枝與和公，問曰：『何如君李？』和笑之而已。《世説》。嶠諸弟往園食李，而皆計核責錢。故嶠婦弟王濟伐之也。《語林》。

道李不動，緑李爲首。王戎年七歲，道邊李樹有子折枝，諸兒竞取。王戎不動，曰：『樹在道傍而多子，此必苦李也。』《世説》。李直方常第果品，若貢士者。以緑李爲首，楞梨爲二，榴桃爲三，柑爲四，蒲桃爲五。或薦荔枝，曰：『寄舉之首。』問栗曰何如，曰：『不出

〔一〕今按：『一丈八寸』『九丈餘』，中華書局《舊唐書·五行志》分别作『一丈八尺』『九尺餘』。

八九。』始范曄以諸香品時輩，侯味虚撰《百官》，皆此類也。〔一〕《國史補》。

金李，李樹。杜陵有金李，大者謂夏李；小者呼鼠李。武德中，獻李樹，盤屈如龍。《舊唐》。李白詩：『我李百萬葉。』杜甫詩：『仙李盤根大。』

柰

柰，果名。日給之華，與柰相似也。柰結實而日給零落，虚僞之言與真實相似也。虚僞敗而真實成。杜恕《篤論》。林檎似赤柰子，亦名黑檎，亦名來檎，言味則來檎也。《廣志》。此有三種：長者爲柰，圓者林檎，夏熟。小者味澀爲梣，秋熟。《本草》。

崑崙山有冬柰，虎丘山有一柰。冬生，子碧色，須玉井之水洗之，方可食。《拾遺記》。虎丘山下有虎丘，春秋二柰。山疏。《閑居賦》曰『二柰曜丹白之色』是也。

張掖有白柰，酒泉有赤柰。《廣志》。

〔一〕 今按：『品』『榴桃』『候味虚撰《百官》』，中華書局（宋王讜撰，周勛初校證）《唐語林校證》（唐宋史料筆記叢刊）分别作『賓』『櫻桃』『侯味虚撰《百官本草》』。

鍾山紫柰，圓丘紫柰。夏禹詣鍾山，啖紫柰。《真誥》。仙藥之次者，有圓丘紫柰。《漢武内傳》。握蘭園之金精，摘圓丘之紫柰。《故事》。

華陽之柰，補鄉之柰。常白諸仙人云：『昔在華陽下，食白柰，美。憶之未久，忽已三千歲矣。』上公云：『所謂補鄉之柰，可以除災厲。』《洞仙傳》。

上林白柰，凉州白柰。上林苑有白柰，紫柰，緑柰。《西京雜記》。白柰出凉州野猪澤，大如兔頭。《西陽》。

紫柰，神柰。紫柰大如卵，甜如蜜，核紫，花青，有汁如漆。《洞冥記》。漢末，楊氏園中産神柰三株。《述異記》。

即夕殿中一奩之賜，熟時宫裏七斤之貽。即夕殿中宣詔，賜臣冬柰一奩。柰以夏熟，今則冬至。物以非時爲珍，恩以絶口爲厚。《曹植表》。白馬寺柰林葡萄異於常處，柰實重七斤，葡萄偉于棗。至熟時，帝或賜宫人。《伽藍記》。

承光寺美柰，靈岩寺聖柰。承光寺柰味甚美，冠於京師。上。靈岩寺每七月十五日，溪穴流出聖柰，大如盞。《洽聞記》。

貞觀中之得此樹，永徽中之得此樹。貞觀中，頓丘人黄河渚上，得一樹栽子大如指，持歸，樹〔一〕之三年，結子，味狀如柰，又似林檎。每年進之，號曰朱柰。《僉載》。永徽中，魏郡王方言拾得此樹，以獻果刺史紀王慎。王貢於高宗，以爲朱果，又名五色林檎，上賜王方言文林郎，亦號此果爲文林果。俗云『頻婆果』。《洽聞記》。

紫柰，素柰。夫人姓魏，名華存，性樂神仙。季冬夜半，有四真人降，夫人設三玄紫柰。《續仙傳》。紫微夫人詩云：『俯漱雲瓶津，仰掇碧柰花。濯足玉天池，鼓枻牽牛河。』《真誥》。成帝杜皇后崩。先是，三吴女子相與簪白花，望之如素柰。傳言天公織女死，爲之着服。至是后崩。《晋書》。紹興五年，寧德皇后訃音從北方來。陳之茂疏云：『十年罹難，終弗返於蒼梧。萬國銜冤，徒盡簪于白柰。』

王祥抱柰，楊愔坐柰。王祥後母庭中有柰樹。始着子，使祥守視，晝驅鳥雀，夜警蟲鼠。時雨忽至，祥抱樹至曙，母見之惻然〔二〕。《孝子傳》。楊愔字遵彦，幼年學庭前有柰樹，實落于地，群兒咸争之。其季父暐，大用嗟異。顧謂賓客曰：『此兒恬裕，有我家風。』《典略》。

〔一〕 今按：『樹』，上海書店影印《廣群芳譜》卷五十七《朝野僉載》作『蒔』。

〔二〕 今按：『警』『忽』，《藝文類聚》分别作『驚』『總』。

杏

杏，花木，果名。杏者，東方歲星之精也。《典術》。滎陽有白杏，鄴中有赤杏。《廣志》。海杏，綜杏：湖中范蠡宅，有海杏大如拳。《地志》。瀨鄉老子祠有綜〔一〕杏。《述異記》。上林苑文杏，天台山冬杏。上林苑有文杏。林有文彩。《西京雜記》。相如《長門賦》『飾文杏以爲梁』是也。上林苑有蓬萊杏。東海郡都尉于吉所獻。一珠花雜五色，六出，云是仙人所食。《西京雜記》。蓬萊杏，仙人杏。見上。號仙人杏。《述異記》。天台有杏花，六出而五色。杏園在南海仙人種杏處。漢時，有人遇風泊此洲五六月，食杏，故免死云。洲中有冬杏，王充《果賦》：『冬實之杏。』晉郭太儀《果賦》『杏或冬而實』是也。《述異記》。漢帝杏，董奉杏。濟南郡有分流山，山上多杏，大如梨，黄如橘，謂之漢帝杏，亦曰金杏。《西陽》。董奉字君異，居廬山，爲人治病。重病得愈者，令種杏五株；輕病得愈者，爲栽杏一株。數年之中十數萬株，鬱然成林。奉於林中買杏者，但自取之。一器穀得一器杏，

〔一〕今按：『綜』，《太平御覽》作『縹』。

穀往少而取杏多，即有三四頭虎逐之。悉以杏所得穀賑救貧窮。《神仙傳》。北嶺上有樹百株，今猶稱董先生杏林。《潯陽記》。

三玄紫杏，一龕白漿。仙人有南岳三玄紫杏。《夫人傳》。裴沆渴甚，白衣老人指一土龕：『此中有少漿。』裴視龕中有杏核如笠，有漿，漿色正白，力舉飲之，不復飢渴，味如杏酪。老人曰：『且以酒色爲戒也。』《酉陽》。

嵩山多杏，靈山多杏。嵩山東北箕〔一〕山多杏，至五月爛然黄茂。自中國喪亂，百姓飢饉，皆資爲命。人人充飽而杏不盡。《嵩山記》。靈山之下，其木多杏。《山經》。

杏多實，杏盛花。杏多實不蟲者，來年秋禾善。五木者，五穀之先。欲知五穀，但視五木，擇其木盛者，來年多種之，萬不失一，故五果分五行，所以表五穀也。師曠《占術》。三月杏花盛，可灾白沙輕土之田。《月令》。杏花如何可輕白沙。上。

魏郡杏，孔墓杏。魏郡好杏。《何晏論》。孔子墓有杏，相傳孔子手植也。

杏壇，杏園。《莊子》：杏壇篇：孔子講道於此。王勃序：莊壇文杏，即架椽欒。其銘曰：『杏古壇疏。』是也。苗台符十六，張讀十七，同年。《杏園宴》詩曰：『一雙前

〔一〕今按：『箕』，《藝文類聚》作『牛』。

進士，兩個阿孩兒。』是也。唐進士杏園會謂之探花宴。李嶠表：『假優閑之秩，雖入杏壇。』王禹偁登第詩：『青雲隨步登華榻，紅雪飄香入杏園。』《上高侍郎》：『日邊紅杏倚雲栽。』白樂天《杏園招錢員外同醉》：『半落春風半在枝。』『杏花消息雨聲中。』『杏花疏影裏。』陳禾〔一〕。

銀杏

銀杏一名鴨脚，因葉相似也。《格物論》。

李文和之移植，龔御史之此枝。京師舊無鴨脚，李文和自南方來，移植於私第，因而着子〔二〕。《詩話》。汴人龔猗以殿中侍御史扈高宗南渡，道經崑山貞義里，銀杏一株插地。祝曰：『若此枝得活，吾於是居。』其枝長茂，遂成大樹。如癭如乳者，凡七十餘，相傳爲其子孫嗣世之數。《崑山志》。

〔一〕今按：『陳禾』當作『陳與義』。
〔二〕今按：『子』，《詩話總龜·前集》作『子』。

膍臍，脚杏。唐鄭光�櫹飲，把酒曰：『某改令，身土〔一〕取果子名，云：膍臍。』薛保遜還令云『脚杏』。《盧氏雜説》。

桂 桂，江南衆木之長

《説文》：桂，江南木，百藥之長。《吕覽》：花之美者，招魂之桂。〔二〕《山經》：『招摇之山，其上多桂。』葉似枇杷，長二尺餘，廣數寸，味辛，白花，學生山峰，冬夏常青，間無草木。

桂林八樹。在賁隅東。八樹成林，言其大也。白石之山，望之如雪。金鵝之所集，八桂之所植。《臨海記》。天台山有八桂嶺。《天台山賦》：『八桂森挺以凌霜。』漢武帝謂東方朔曰：『孔子顔淵之道德何勝？』朔曰：『顔淵如桂馨一山，孔子如春風，至則萬物生。』《翰林雜事》。

緑桂之膏，紫桂之實。王母與燕昭王遊於燧林之下，取緑桂之膏，燃以照夜。忽有飛

〔一〕今按：『土』，《太平廣記》作『上』。

〔二〕今按：『花之美者招魂之桂』，諸子集成本《吕氏春秋·本味》作『和之美者，招摇之桂』。

蛾銜火，狀如丹雀，來拂於桂膏之上。《拾遺記》。闇河之北，紫桂成林，其實如棗，群仙餌焉。韓終《採藥》詩曰：『闇河之桂，實大如棗，得而食之，後天而老。』上。以桂爲餌，以桂爲柱。魯人有好釣者，以桂爲餌，黄金爲鉤。《闕子》。漢武昆明池淩波殿七間，以桂爲柱，風來自香。《洞冥記》。

獻桂蠹，拂桂枝。漢文帝復使陸賈使南越，尉佗因使者獻桂蠹一器。應劭曰：『桂樹蝎蟲也。』師古曰：『此蟲食桂，故味辛，而漬之以蠹食之也。』蘇林曰：『漢舊嘗以獻陵廟，載以赤轂小卓。』〔一〕《南越傳》。漢武帝西王母昇壽靈壇，至壇之四面，列種軟條青桂。風至，桂枝自拂階上游塵。《洞冥記》。

譬如桂樹，譬如桂枝。客問陳季方：『太丘有何功德，而荷天下重名？』季方曰：『譬如桂樹生太山之阿，上爲甘露所沾，下爲淵泉所潤，當斯之時，桂樹焉知太山之高，淵泉之深？』《世説》。郤詵遷雍州刺史，武帝於東堂問曰：『卿自以爲何如？』對曰：『臣舉賢良對策爲天下第一，猶桂林之一枝，崑山之片玉。』上。樂天詩：『折桂名慚郤。』子美詩：『折桂早年知。』又，『禮闈曾擢桂。』樊川詩：『兩枝仙桂一時芳。』

〔一〕今按：『蠹食』『卓』，中華書局《漢書·南粤王傳》注分别作『蜜食』『車』。

宣帝桂臺，武帝桂樹。漢宣帝元鳳二年，於淋池之南起桂臺，以望雲氣。《拾遺記》。齊武帝時，湘州送樹以植芳林院中。《本草》。

陸羽寄花，神女守桂。顔真卿爲湖州刺史，與袁高遊杼山。陸羽折青桂花見寄，顔謝以詩云：『群子遊杼山，山寒桂花白。緑萸含素萼，採摘自逋客。忽枉岩中詩，芳香潤金石。全高南越蠹，豈謝東堂策。會愜名山期，從君恣幽覿。』太山北有桂樹七十株，天神青腰玉女三千人守之。其實赤如橘，人食之一年，仙宫迎之。常有九色飛鳳、寶光珠雀鳴集於此。《迎度經》。〔一〕

林邑之桂，天竺之桂。林邑城外，香桂成林。桂父，縣人也，服桂得道。《水經》。左思賦『桂父練形而易色』是也。『天竺桂，生西湖園。』《圖經》。左思賦：『丹桂灌叢。』吴地多桂木叢生曰灌。杜甫詩：『丹桂風霜急。』有感。

月中之種，山北之桂。杭州靈隱山多桂，寺僧曰：『月中種也。』至今中秋夜，往往子墜。招賢寺僧植桂，郡守白公號紫陽花。《新書》。岱輿山北有玉梁千〔二〕丈，旁有丹桂、紫

〔一〕今按：『宫』『迎度經』，上海書店《廣群芳譜》分别作『官』『天地運度經』。
〔二〕今按：『千』，《廣群芳譜》作『十』。

桂、白桂，直上百尋，可爲舟航，謂之『文桂之舟』。

李德裕之平泉庄，陳侍御之敬善寺，有剡溪之紅桂，永嘉之紫桂，鍾山之月桂，曲阿之山桂，剡中之真紅桂，東陽之牡桂。《一品集》。龍門敬善寺有紅桂。伊川訪之，莫致。陳侍御偶得數株，移植郊園，乃知敬善所有，是蜀道菌草，徒得嘉名。

金主咏耆卿之詞，卉木動萬里之心；唐主召徐鍇而問，桂屑取數斗而布。柳耆卿《望海潮》詞有：『三秋桂子，十里荷花。』金主亮詩：『立馬吴山第一峰。』謝處厚詩：『誰把杭州曲子謳，荷花十里桂三秋。那知卉木無情物，牽動長江萬里愁。』

南唐後主嘗召徐鍇至清暑閣，閣前兩草薙去復生。鍇曰：『《吕氏春秋》云：「桂枝之無雜木。」味辛故也。』後主令取桂屑數斗，均布，經宿草盡死。《談苑》。

王維《别崔九》：『城隅一分手，幾日還相見。山中有桂花，莫待花如霰。』

『問春桂：桃李正芳華，年光隨處滿，何事獨無花？春桂答：春花詎能久？風霜摇落時，獨秀君知否？』

淮南《招隱》：『桂樹叢生兮山之幽。』

杜甫《贈崔評事公輔》詩：『颯飄鄧山桂，低徊風雨枝。』譬美才而困邊官。《寄楊桂州》詩：『五嶺皆炎熱，宜人獨桂林。』

月桂高五百丈，有一人常斫之。人姓吴名剛，學仙有過，謫令伐樹。李建封《月桂》詩〔一〕：『根非生下土，葉不墜秋風。每向圓時足，還隨缺處空。影高群木外，香滿一輪中。』

八月十五夜桂子落。駱賓王詩〔二〕：『桂子月中落，天香雲外飄。』白樂天《題天竺》詩：『天香桂子落紛紛。』李白詩：『仙人垂兩足，桂樹作團團。』杜甫詩：『斫却月中桂，清光應更多。』

梨 梨，果名

淮北滎南河濟之間千樹梨，其人皆與千户侯等。《漢書》。《内則》：『相梨曰攢之。』鑽，治蟲處。沈瑀建德令教民種梨。

真定之梨，真元之梨。左思賦：『真定之梨。』真定御梨，大若拳甘若蜜，脆若菱，可以

〔一〕今按：『李建封《月桂》詩』，現皆以爲『張喬《試月中桂詩》』。
〔二〕今按：『駱賓王詩』現皆以爲『宋之問詩』。

解煩釋渴〔一〕。《魏文詔》。真定郡何晏論『真定好梨』。《真誥》：『交梨花〔二〕棗，飛騰仙藥。』胸中荆棘不除，交梨火棗不生。荆棘喻物欲，梨棗喻真元。

梨三尺，梨一枝。南方有三尺梨。嗣聖十一年，武后出梨花一枝。見木瑞。

紫梨，玉梨。老子西遊，太真王母共食碧梨紫梨。《尹喜内傳》。上林苑有紫梨，芳梨，大谷梨，細葉梨，縹蔕梨，金柯梨，瀚海梨，東王梨，紫條梨。〔三〕青玉梨。《西京雜記》。

玄光之藥，紫條之梨。太上之藥，果有玄光梨。《内傳》。

曹操傷梨，介象種梨。曹操至洛陽，起建始殿。使工蘇越從美梨，掘之，根傷血出。操視而惡之，以爲不祥，還遂寢疾。《曹瞞傳》。介象爲，吴主所徵，在武昌。求去，不許。象言病，帝以美梨一奩賜之。須臾，象死。帝殯而埋之。其日到建業，以所賜梨付守苑吏種之。後吏以狀聞，即發象棺視之，惟一符耳。《神仙傳》。

洛陽張公之梨，新豐箭谷之梨。山陽巨野梨，梁園睢陽梨。齊郡臨淄梨，廣都梨。巨鹿豪梨，重六斤。上黨椁梨。小而加甘。新豐箭谷梨，陽城秋梨，夏梨。《廣志》。

〔一〕今按：『菱』『渴』，《藝文類聚》分别作『淩』『飴』。

〔二〕今按：『花』，中華書局（陶弘景撰）《真誥》作『火』。

〔三〕今按：『縹蔕梨』，『金柯梨』，四庫全書子部二八七引《西京雜記》作『縹葉梨』，『金葉梨』。

味出靈關之陰，旨珍玉津之澨，豈徒真定歸美，大谷慚滋。謝朓《賜紫梨啓》。

睢陽東苑，子園三尺，新豊箭谷，枝懸六斤。庾肩吾啓。　潘岳賦：『張公大谷梨。』見上。《洛都賦》：『梨則大谷冬紫，張公秋黄。』

曾参梨，哀仲梨。　曾参事後母，妻蒸梨不熟，出之。　桓南郡人見人不快，輒嗔云：『若〔一〕得哀家梨，當復不蒸食不？』《世説》。　舊説秣陵有哀仲家梨甚美，大如升，入口即消釋。

分梨，獻梨。　道安公講僧常數百，習鑿齒常餉十梨。　安公便於座中，手自剖分。《世説》。　吕光時，燉煌太守宋歆獻同心之梨。《凉州記》。

責民八百之梨，梨爲百果之長：　王玄謨經滑臺，一匹布責民八百梨，以此倍失人心。《宋書》。　張敷小名查，父邵小名梨。　宋文帝嘗戲之曰：『查何如梨？』答曰：『梨爲百果之長，查何可比！』《南史》。　張敷從彭城還，傅亮下船與别，張不起，授手着舫户外。　傅遂不執手，熟視張面云：『查故是梨中不臧者。』便去。《俗説》。

〔一〕　今按：『若』，中華書局《諸子集成》《世説新語・輕詆》作『君』。

種消梨，高聰梨。宋廢帝泰始〔一〕既失彭城，江南始盛傳種消梨。先無此樹，争欲種植。識者曰：『當有姓蕭而來者。』後齊受禪。《南齊志》。魏高聰以高肇之黨，彈廢於家。惟修園果，世称高聰梨。《北史》。

栖鳳梨，植杖梨。河中府貢鳳栖梨。《地理志〔二〕》。唐三藏遊西域，行梨州，植梨杖云：『他日州治在此。』後果遷如其言。其後梨成株，高五丈，圍九尺。宋天聖間，州治火，人取其枝，接他條。

燒梨以賜李泌，選梨而進武宗。肅宗嘗夜坐，召穎王等三弟，同於地爐罽氈上。坐時李泌絶粒。上自燒二梨以賜。穎王恃恩固求，上不與，賜以他果。穎王曰：『先生年幾許，顔色似童兒。』信王曰：『夜抱九仙骨，朝披一品衣。』一王曰：『不食千鍾粟，唯飡兩顆梨。』既而請上，上曰：『天生此間氣，助我化無爲。』《鄴侯家傳》。武宗五年，患心熱之疾。青城山邢道士，以赤城山青芝、太白溪紫花梨，合青丹二粒愈之。邢去後，帝疾作詔，求紫花梨。時恒州節度王達尚壽春公主，公主即會昌女弟。聞真定李今有一株，公主手選進之。記室

〔一〕今按：『泰始』底本作『太始』。
〔二〕今按：『地理志』底本作『地里志』。

李遵來作《進梨》表：『紫花開處，擅美春林。縹蔕懸時，回光秋浦。離離玉淵，甘不待嘗。落落珠圓，脆難勝口。』縣宰李尚嘗以守樹不謹，風折一枝，降爲冀州典午。《耳目記》。

一實如卵，五臟斧斤。李昇本徐氏，爲安吉令。家有梨樹，結一實如卵。因會鄰里，將共食。即席剖之，赤蛇在實中，走其母榻下，其母孕知誥。《吴越史》。李建勳罷相，出鎮豫章。一日遊田間，公連食數梨，賓僚有曰：『梨號五臟斧斤，不宜多食。』老叟嘆曰：『《鶡冠子》：五臟斧斤，乃别離之離，非謂梨也。』《湘山野録》。

塗山北有紫輕梨，大如斗。紫梨千年一花，冬月乃實。《洞冥記》。報德寺有含肖梨，重六斤。《伽藍記》。

『青田梨名曰官梨，子有未知味者，落地即融灑〔一〕也。』《永嘉記》。

融峰梨，其子大如斗，無有得味者。摽時但見汁也。《洽聞記》。

樂遊之梨，眴〔二〕山之梨，渤海果。《齊都賦》。

侯穆吟詩，孔融取小。侯穆有詩名，數少年共飲梨花下，穆長揖就坐，衆皆哂之。穆吟

〔一〕今按：『融灑』，《太平御覽》作『融釋』。
〔二〕今按：『眴』，《太平御覽》作『晌』。

云：『共飲梨花下，梨花插滿頭。清香來玉樹，白蟻泛金甌。妝靚青娥妒，光凝粉蝶羞。年年寒食夜，吟繞不勝愁。』孔融年四歲，與諸兄食梨，輒取其小。人問其故，對曰：『我小兒，法當取小者。』《文士傳》。

杜《張隱居》：『張梨不外求。』《玄元廟》：『紅梨迥得霜。』

白：杭俗釀酒，號梨花春。『青旗沽酒趁梨花。』《長恨歌》：『梨花一枝春帶雨。』

棗

棗，果名，羊棗也。狗牙，牛頭，鷄心，羊矢，獮猴、細腰。《廣志》。壺棗。邊，要棗。樲，酸棗。洗，大棗。晰，無實棗。《爾雅》。《詩・七月》：『八月剥棗。』《記・内則》：『棗曰新之。』拭治棗索。《孟子》：曾晰嗜羊棗，而曾子不忍食羊棗。公孫丑曰：『膾炙與羊棗孰美！何爲食膾炙而不食羊棗？』孟子曰：『膾炙所同也，羊棗所獨也。』羊棗實小，黑而圓。又謂之羊矢棗。《左・莊公廿四年》：御孫曰：『女贄不過榛、栗、棗，脩，以告虔也。』註：棗取其早起也。《晏子春秋》：景公曰：『東海水赤，棗不實，何也？』晏子曰：『秦穆公黄布裹蒸棗，至海而濯其布，故赤。蒸棗，故不實。』景公曰佯問，晏子曰佯對。

陰岐棗，玉門棗。穆王東巡大騎之谷。西王母進陰岐黑棗，實長一寸〔一〕，百年一實。《拾遺記》。老子西遊，太真王母共食玉門之棗，其實如瓶。《尹喜内傳》。冥海之棗，真元之棗。李小君言：『冥海之棗大如瓜。』史。荆棘不除，火棗不生。見荆。玉門棗，安期棗。七夕王母當下，爲帝設玉門之棗。見上。李少君曰：『臣遊海上，安期生食臣棗。』〔二〕

安邑棗，永樂棗。安邑千樹棗，與千户侯等。永樂有無核棗，道士侯道華獨得之。《神仙傳》。

王質之食，孟節之含。王質觀二童子棋，與一物如棗核，食之不飢。孟節漢末得仙道含棗核，可至五年、十年。

千年棗，冬月棗。大食國有千年棗。葛玄冬爲客，設生棗。上林苑：弱枝棗，棠棗，青華棗，梬棗，赤心棗，西王棗。

鶻莽，密莽。磨鄰人食鶻莽。鶻莽，波斯棗也。《西域傳》。波斯棗，呼爲密莽〔三〕樹，子長

〔一〕今按：『一寸』，《拾遺記》作『二尺』。
〔二〕今按：『臣』，《藝文類聚》作『巨』。
〔三〕今按：『密莽』，《太平廣記》作『窟莽』。

二尺，黄白色。《西陽》。赤松子云：北方大棗味有殊，既可益氣又安軀。《神異經》。河中府貢龍骨棗。有水菱棗。《圖經》。簡文《咏棗》：『風摇羊角樹，日映鷄心枝。已聞安邑美，永茂玉門垂。』

仲思棗，蘇氏棗。信都獻仲思棗四百枚，長四、五寸。北齊時山人仲思得此棗，因名。《大業拾遺》。永樂縣出棗，世傳得棗無核者可度世。蘇氏女食之，不食五穀，不知所終。《北夢瑣言》。

滄洲碧棗，草中一囊。元藏機大業元年爲海使判官，遇風壞船，達于洲島。州人曰：『此乃滄洲。碧棗、丹栗皆大如梨。』《杜陽編》。太原王仲德遭亂避胡，絶粒二日，草中卧。忽有人扶頭，呼云：『可起啖棗。』便寤，瞥見小兒即隱，乃有一囊乾棗在前，啖之便起。《幽冥録》。

沙門惠猶夢讀詩，曰：『陌南酸棗樹，名爲六奇木。遣人以伐取，載還柱馬屋。』《異苑》。石虎園魏果園有王母棗，四時不凋，九月生花，十二月乃熟，三子一尺。《鄴中記》。有仙人棗，一曰王母棗，長五寸，核細如鈹。

海棗，五年一實。細棗，萬年一實。晋太康五年，林邑獻百枚王母，握核以獻帝，因名曰『握核棗』。《洞冥録》。上林獻棗：上以杖擊檻，呼朔曰：『叱來！叱來！篋中何物？』朔曰：『呼朔者，上也。以杖擊檻者，兩木，林也。曰來來者，棗也。叱叱者，四十九也。』上大笑，賜帛十匹。《方朔傳》。『棗下何攢攢，榮華各有時。棗欲初赤時，人從四邊來，棗適今日賜，誰當仰觀之。』《古咄唶歌》。『咏桃園之夭夭，歌棗下之纂纂。歌曰：棗下纂纂，朱實離離。宛其死矣，化爲枯枝。人生不能行樂，何以虛諡爲？』潘岳《笙賦》。『弱刺引羅衣，朱𧄼凌還𧄼。且歡洛浦辭，無羡安期遠。』『棗下何纂纂。』簡文帝詞。

易州之棗，荆州之棗。幽州棗：宣帝時，幽州刺史李宣尚范陽公主。公主憶長安。易州築一城象長安，城中有棗樹，花而不實，皆向西南而引，俗謂思鄉棗。《寰宇記》。荆州〔一〕城東，周世宗之祖庄也。門側有井，上有一大棗。世宗時，柯葉茂盛。恭帝既禪，棗遂枯死。明道中，枯枿〔二〕復生一枝，井中如覆錦綉。柴氏惧，塞井伐木。明年，詔求五代帝王之後，柴氏被甄叙入官者三十餘人。《括異志》。

任城食棗，李郁食棗。魏文帝忌弟任城王，以毒着諸棗蔕中，自選可食者而進，王弗悟，遂雜進之。既中毒，太后索水。帝豫敕左右毀器〔三〕。太后徒跣趨井，無以汲。須臾，

〔一〕今按：『荆州』，中華書局（宋張師正）《括異志》作『邢州』。
〔二〕今按：『枿』，《括異志》作『井』。
〔三〕今按：『着』『豫』，中華書局《諸子集成》《世説新語·尤悔》分別作『置』『預』。

卒。《世説》。李郁夢食巨棗，呼魂之象。見夢。

棗椎斧而實，齒居晋而黄。正月一日日出時，反斧斑駁椎之，名『嫁棗』。不椎則花無實，子易零落也。《齊民要術》。嵇康《養生論》：『齒居晋而黄。』晋地多棗，人常置之懷袖中，若越人之啖檳榔。甘傷肺〔一〕，故齒黄也。范曄《序》：棗膏昏亂，以比楊玄保也。儷語曰『性實棗昏』是也。

元之夏棗，漢之冬棗。元成宗十年四月，雨雹，桑棗皆隕〔二〕。漢惠帝冬，棗實。書法，冬棗異之，異矣。

杜《呈吴郎》：『堂前剥棗任西鄰。』『棗花至小能成實。』〔三〕

〔一〕今按：『肺』，□□《叢書集成三編》本《堅瓠續集》作『脾』。
〔二〕今按：『隕』，吉林人民出版社（明宋濂等撰）《元史》作『損』。
〔三〕前一句爲杜甫《又呈吴郎》中的詩句。『剥』通『撲』。後一句爲宋代詩人王溥《咏牡丹棗花至小能成實》中的詩句。

栗 栗，果名

《詩》：『樹之榛栗。』『隰有栗。』徙楚丘，答蟋蟀。『山有嘉卉，侯栗侯梅。』遭亂自傷。『東門之栗，有踐家室。』淫者之居。《論》：哀公問社。宰我對曰：『周人以栗，曰使民戰栗。』子曰：『成事不説，遂事不諫，既往不救〔一〕。』《記·内則》：『栗曰攢之〔二〕，選也。』韓國上栗，大如鷄子。桂陽叢生，栗大如柿。《詩義疏》。

狙公之與栗，沈氏之種栗。宋有狙公，先誑之曰：『與若茅，朝三而暮四，足乎？』群狙皆起而怒。『與若茅，朝四而暮三，足乎？』群狙皆笑而喜。物之以能，皆由此也。鄙相籠茅栗也。《列子》。杜詩：『歲拾橡栗隨狙公。』沈瑀爲建德令，教民種栗。

梁王泰之不取，劉秀之之入焉。梁王泰年數歲，祖母散栗於床，群兒競之。泰獨不取，曰：『當自得賜。』《世説》。劉穆之爲丹陽尹，與子弟宴。柱有一穿，穆之曰：『以栗穿柱入

〔一〕今按：『救』，《十三經注疏》本作『咎』。

〔二〕今按：『攢之』，《十三經注疏》本作『撰之』。

者，得此郡。』秀之入焉。果然。上。

其人千户，女贄榛栗。燕秦千樹栗，與千户侯等。《漢書》。《左·莊公廿四年》：御孫曰：『女贄榛栗，以告虔也。』註：栗取戰栗也。

固安之栗，天台之栗。左思《魏都賦》：『固安之栗。』固安，郡也。王可交居松江，泛江，見七人。與二栗如棗，長二寸，食盡，令去。問樵者何地，即天台也。可交，絶粒，往四明山。左思《蜀都賦》：『榛栗罅發。』陶潛《責子》詩：『但覓梨與栗。』

箕山之栗，中山之栗。伊尹，何晏。

中山好栗，鄴中巨栗。盧毓論：『中山好栗，地産不以爲珍〔一〕。』鄴中巨栗，其殼可以爲杯。《鄴中記》。

侯栗，瑰栗。嶧陽之栗，曹龍所獻。《西京雜記》。李德裕猴栗，謝玄卿鳳冠栗。南山多栗，葛山多栗。《山經》。梁州獻栗，經〔二〕寸半。越中有栗，大如拳。關中鷄子之栗。《廣志》。諸暨如拳之栗。《地理志》。馬韓出大栗如梨。《四夷傳》。東夷出大栗如梨《魏志》。東方之甜

〔一〕今按：『地産不以爲珍』，《太平御覽》作『地産不爲無珍』。
〔二〕今按：『經』，《藝文類聚》作『徑』。

栗，北燕之巨栗。

沈約侍宴，蕭琛伏筵。沈約侍宴，豫州獻栗，徑寸半。問：『栗事多少？』與約各疏所知，約少帝三事。出謂人曰：『此公護短前，不讓即羞死。』帝以其言不遜，欲抵其罪。徐勉固諫得止。〔一〕《梁書》。蕭琛嘗預御筵，醉伏。上以棗投琛，琛取栗擲帝，中面，曰：『陛下投臣以赤心，臣敢報之以戰栗。』

杜詩：《朱山人》：『園收芋栗不全貧。』《寄鄭李》：『穰多栗過拳。』《至東屯》：『山家蒸栗飯。』晉王羕栗飯，呼爲河東飯。《崔氏草堂》：『盤剥白鴉谷口栗。』

榛尖如小栗，似栗而小

《詩》：『樹之榛栗。』『山有榛。』楚丘。《簡兮》。『其子在榛。』『止于榛。』《鳲鳩》《青蠅》。《左·莊公廿四年》：御孫曰：『女贄榛栗，以告虔也。』註：榛聲近虔，取其虔於事也。《詩》：『瞻彼旱麓，榛楛濟濟。』咏文王德。戰國多荆榛，否道剪荆榛。平亂。

〔一〕今按：『知』『得』，中華書局《梁書》分别作『憶』『乃』。

橘柚柑《周禮・考工記》：凡取幹之道，橘次之

《運斗樞》：旋樞星化〔一〕爲橘。橘，果名。小曰橘，大曰柚。味之美者，有雲夢之橘、柚。柑，橘屬。《晏子》：『江南爲橘，江北爲枳。』《書・禹貢》：揚州『厥包橘柚錫貢。』必待錫命而後貢，非歲貢之常也。杜甫《禹廟》詩『荒庭無〔二〕橘柚』是也。《周禮》：『橘逾淮而北爲枳，此地氣然也。』

千户侯，千頭奴。江陵千樹橘，與千户侯等。李衡千樹橘，號千頭木奴。

白橘，金橘。穆王會王母於瑶池，食白橘、碧藕。《仙傳》。西都人初不識金橘，温成皇后好食之。由是價重。

懷橘，取橘。陸績年五歲，袁紹出橘。績懷三枚，拜而墮地曰：『欲歸遺母。』紹奇之。《吴志》。宋吴願數歲，中庭橘熟，子孫競取。願獨不取，家人異之。

〔一〕今按：『化』，《太平御覽》作『散』。
〔二〕今按：『無』，《全唐詩》杜甫《禹廟》作『垂』。

食橘不剖，食橘納直。晏子使楚，進橘，置削。晏子并食不割。王曰：『橘當去剖。』對曰：『賜人主前者，橘柚不剖。』《晏子》。唐柳玭節度嶺南，廨中橘熟。既食橘，納其直於官。史。

晏子之對楚王，趙主之笑陽貨。晏子使楚，坐定而縛一人至。問何爲，曰：『齊人坐盗。』晏子對曰：『橘生於淮北則爲枳，其葉都似，其實不同。水土異也。今民生於齊，不盗。入楚，則盗。』《晏子》。陽虎去齊，走趙。虎曰：『虎不善樹人。』主俯而笑曰：『夫樹橘柚者，食之則甘，嗅之則香。樹枳棘者，成而刺人。故君子慎所樹。』《韓子》。

渡淮爲枳，藏豆不變。吴楚之國有大木焉。其名爲櫾，碧樹而冬生，實丹而味酸。食其皮汁，已憤厥之疾。齊州珍之。渡淮而北，化爲枳焉。地氣然也。金橘産于江西，都人初不甚貴。後因温成皇后好食之，由是價重京師。欲久留此，藏果于緑豆中，經時不變。橘性熱而豆凉也。《歸田録》見上。

橘税，橘官。越人出橘税，亦曰橘籍。越中有王氏橘園。吴闞澤表請除臣之橘籍。《述異記》。劉先主時，巴郡有橘官，命士大夫共會樹下食之。《水經》。

貢橘置官。薛戎遷浙東觀察使，所部州橘未貢先鬻者死，戎弛其禁。《唐書》。劉晏自江淮名橘珍柑〔一〕，常與本道分貢，競欲先至，雖封山斷道，以禁前發，晏厚資致之，嘗冠諸府。上。橘爲樹，白華，赤實。皮既馨香，又有善味。交趾橘，置官長一人，秩三百石。主歲貢御橘矣。《異物志》。

蒼梧之橘，洞庭之橘。蒼梧士諺曰：『郡中甘橘，多被黑蟻所食，人家買黄蟻投于樹上，因相鬥。黑蟻死，柑橘成。』《寰宇記》。緑橘出洞庭，比常橘特大，未霜深緑色，臍間一點先黄。味最可啖，故名緑橘。范成大《蘇志》。

瑞

吴十七實之一蔕，晋十二實之一蔕：吴黄武中，交趾太守士燮獻橘十七實同一蔕，以爲瑞。群臣畢賀。《南方草木狀》。晋咸和六年，西平〔二〕將軍庾亮送橘十二實共同一蔕，以爲瑞異。《建武故事》。

宋雙橘之連理，梁一蔕之遠臻。孝武大明中，芳香琴堂東西有雙橘連理，改芳香琴堂爲連理堂。《宋書》。侯景未平，王僧辨獻嘉橘一蔕二十五子于湘東王，答之曰：『昔文康獻

〔一〕今按：『名橘珍柑』，中華書局《新唐書·劉晏傳》作『茗橘珍甘』。
〔二〕今按：『西平』，《太平御覽》作『平西』。

橘二有二子，用今方古，彼有慚色。侯景之惡既稔，凱歌之聲已及，嘉瑞遠臻，但增哽慰。』〔一〕《三國典略》。

清霜始降，上命中使賜臣等朱橘各三枚，蓋靈囿之所植也。臣伏以度淮而枳，由地氣之不遷，吹谷生柰，信陽和之所感。昔漢武致石榴於異國，靈根遐布，此西域柔服之應也。魏武植朱橘於銅雀，華實莫就，乃吴人未格之兆也。遠自湘山移根清籞，始發素榮，俄成丹實而貞葉凝碧，蔚湘岸之夕陰；華實變黄，動江潭之秋色。冰心獨潤，金衣更鮮。樹隱方塘，比丹墀之效實。盤映皎月，與赤瑛而共妍。並食不割，竊愧晏嬰之知。捧之以拜，重感桓榮之賜。《瑞橘賦》。《一品集》。

墓上橘樹，一冬再實。時人以爲孝感所致。齊王虚之。《南》。

異

黄衣繞橘樹，豫章補橘樹。陳後主夢黄衣人，繞城橘樹盡伐去之。及隋兵至，上下通服黄衣，未幾爲隋攻圍之應。《廣五行紀》。豫章王嶷薨，忽見形於弟後園，曰：『橘樹一株死，可覓補之。』《齊書》。

〔一〕今按：『王僧辨』『二有二子』『哽』，《太平御覽》分别作『王僧辯』『十有二子』『鯁』。

孔廢宅之黄衣，陳撫州之布囊。孔安國廢宅，忽有二人來，一衣緑曰『藤子』，一衣黄曰『黄子』。語吴大帝時事，歷歷可聽。及去，衣緑者入於藤下，衣黄者入於橘下。《三吴志》。陳允升好道，撫州危全諷迎置郡中。嘗夜坐，危謂之曰：『豐城橘美，頗思之。』允升曰：『方有一船泊豐城港，令爲取之。』港去城十五里，小頃便還，攜一布囊，數百。〔一〕《異人録》。

巴邛二橘，如三斗盎。一叟曰：『橘中之樂，不減商山。』一叟曰：『僕飢虚，須龍脯食之。』

橘柚凋於北徙，若榴鬱於□移也。《埤雅》。枇杷黄，醫者忙。橘子黄，醫者藏。李太異回醫生書曰：『遺白金三十兩，奉納以備橘黄之需。』《世説》。橘睹尸而實繁，榴得骸而葉茂。《類從》。果易生者莫如桃；實遲結者莫如橘。諺云：顱有二毛好種桃；立不逾膝好種橘。蓋言花可待，橘不可待。《舊聞》。

橘頌：《楚辭》。『后皇嘉樹，橘來服兮。受命不遷，生南國兮。深固難徙，更一志兮。緑葉素榮，紛其可喜兮。行比伯夷，置以爲倚兮。』左思賦《序》：『相如賦《上林》而

〔一〕　今按：『方有一船泊豐城港，令爲取之』『小頃』，株式會社中文出版社（清鮑廷博輯）《知不足齊叢書五》分别作『方有一船泊牢城港，令爲取之』『少選』。

引「盧橘夏熟」，假稱珍怪，以爲潤色。於辭則以爲藻飾，於義則虚而無徵。』韋蘇州《寄橘書》：『書後欲題三百顆，洞庭須待滿林霜。』王右軍帖：奉橘三百顆，霜未降，不可多得。《芝田録序》。國子朱司業言：南方柑橘雖多，亦畏霜。唯洞庭霜雖多，却不能損〔一〕。詢彼人云：洞庭四面皆水也，水氣上騰，尤能却霜。《雜録》。杜：向來吟橘頌。朱橘不論錢。黄知橘柚來。秋日野亭千橘香。《吴都賦》：其果則丹橘餘甘，結根比景之陰，列梃衡山之陽。庾信賦：橘則園植萬株。王維詩：橘林無實子孫忙。李清臣：氣味豈同淮枳變，皮膚不作楚梅酸。

包柑遺近臣，得柑與妃子。唐上元夜，以黄羅包柑遺近臣。明皇種柑蓬萊宫，得一合歡柑，與妃子，曰：『此果似知人意。』

獻柑，奪柑：宋彭城王義康獻大柑，皆三尺〔二〕柑也。張磐爲太守，令獻柑一奩。卒以兩枚與小兒磐，奪兒柑，曰：『何敢賂吾子。』謝承《書》。王充《果賦》：『春熟之甘。』杜甫詩：三寸黄柑猶自青。《甘園》：春日清江岸，千甘二頃園。青雲羞葉密，白雪避

〔一〕今按：『却不能損』，中華書局（龐元英撰）《文昌雜録》分別作『即無所損』。

〔二〕今按：『尺』，《太平御覽》作『寸』。

花繁。結子隨邊使，開筒近至尊。後於桃李熟，終得獻金門。自比意。

彭城王之薦上品，益州史之得赤蛇。文帝時，彭城王義康擅制朝廷，四方獻饋。上品薦義康，次者供御。《宋書》。唐李崇真爲益州刺史，所前甘樹甘大〔一〕如鷄子，得一赤斑蛇。後爲兵所殺。《廣五行記》。

天寶中，門下奏曰：『聞江南爲橘，江北爲枳。蓋以地氣有殊，物性因變。近於宫内種甘數株，今秋結實一百五十顆，與江南無别。亦可謂稍異也』。《舊唐》。宰臣表賀云：『雨露所均，渾天區而齊被；草木有性，憑地氣以潛通。兹江南之珍果，爲禁中之佳實。〔二〕緑蔕含霜，芳花綺殿，金衣爛日，色麗彤庭。』須〔三〕賜大臣。外有一合歡實，上與妃子互相持玩，促坐，同食，因令畫圖。《楊妃外傳》。

羅浮山御園甘，玄宗幸蜀子不實，德宗幸梁亦不實，僖宗狩蜀，花實亦無，樹亦憔悴。《續南越志》。中和辛丑，罷貢洞庭甘實。是歲木奴之屬，既酸且瘠。《唐史》。

宰臣送甘觀變，明皇食甘問缺。禄山將反，宰臣遣中使輔璆琳送甘，且觀其變。璆琳

〔一〕今按：『甘大』，《太平廣記》作『有一子』。

〔二〕今按：『渾』『兹江南』『佳』，中華書局《酉陽雜俎前集》分别作『混』『江外』『華』。

〔三〕今按：『須』，貴州人民出版社（魯迅輯録）《唐宋傳奇集全譯》（修訂版）作『頒』

受賂而还，言無反狀。《舊唐》。明皇食甘，皆缺一下〔一〕，問進甘使者，云：『嘗有道士嗅之，即羅公遠也。』

致甘，變甘。宣宗朝董元素安一合于榻前，甘子滿其中。奏曰：『此乃枝江縣甘也。』新州出變甘，傳云移植味變，因以爲名。《北户録》。

東望山之甘，歸美山之甘：南江東望山甘熟，三人食飽，又懷二枚，欲以示人。聞空中語云：『放甘，乃去。』《述異記》。南康歸美山有甘橘，就食其實，任意取足，脱持歸者，便見大蛇。《異苑》。

成都平蔕甘，江北宜都甘，雲南獅頭之甘，羅浮崇儼之甘。有黄頳者謂之壺甘，如石榴者謂之壺甘，吴末歲而成，晋咸康而枯。李衡《甘橘》。見上。

桑 桑，木名

桑木者，箕星之精神木也。蟲食葉爲文章。人食之，老翁爲小童。《典術》。《周禮·考

〔一〕今按：『下』，中華書局（清王文誥輯注）《蘇軾詩集》作『瓣』。

工記》：『凡取幹之道，柘爲上，檿桑次之。』《書・禹貢》：兖州『桑土既蠶。』

《詩》：『降觀于桑。稅〔一〕于桑田。』文公徙楚丘。『桑之未落，其葉沃若。吁嗟鳩兮，無食桑椹。桑之落矣，其黄而隕。』婦爲夫棄。『將仲子兮，無折我樹桑。』淫者之辭。『彼汾一方，言采其桑。』儉不中禮。『十畝之間兮，桑者閑閑兮。』『十畝之外兮，桑者泄泄兮。』政亂思歸。『肅肅鴇行，集于苞桑。』從役不養。『坂有桑。』秦人誇美。『無集于桑。』民適異國。『交交黄鳥，止于桑。』秦穆卒，子車殉。『爰求柔桑。蠶月條桑。猗彼女桑。』《七月》。『鳲鳩在桑。』用心均平。『維桑與梓，必恭敬止。』小弁。『隰桑有阿，其葉有難。隰桑有阿，其葉有沃。隰桑有阿，其葉有幽。』喜見君子。『菀彼桑榆〔二〕，其下侯旬，捋采其劉，瘼此下民。』芮伯刺厲王。周之盛時如葉之茂。厲王暴虐如桑既采。

《孟》：『五畝之宅，樹之以桑。』『五畝之宅，樹檣〔三〕下以桑。』《梁惠》。《盡心》。《詩》：『翩彼飛鴞，食我桑椹。』飲泮頌禱。『迨天之未陰雨，撤彼桑土，綢繆牖户。』孔子曰：『爲此詩者，其知道乎！能治其國家，誰敢侮予。』《孟》。『攘之剔之，其檿其柘。』《皇矣》。去冗繁，

〔一〕今按：『稅』，《十三經注疏》本作『說』。
〔二〕今按：『榆』，《十三經注疏》本作『柔』。
〔三〕今按：『檣』，《十三經注疏》本作『墻』。

使成長。可爲弓幹。《易・否》：『九五，其亡其亡，繫于苞桑。』《傳》：爲安固之道，如維繫于苞桑。

瑞

貫苗桑，羽葆桑。見木瑞。

先主舍之如車蓋，高祖宅之如車蓋。見木瑞。齊高祖蕭道成宅在武進，南有桑樹。擢本三丈，横出四枝狀如車蓋。上年數歲，好戲其下〔一〕，從兄敬宗曰：『此樹爲汝生也。』

漢桑再椹，燕桑二根。漢興平元年九月，桑再椹時，劉玄德軍沛。年荒穀貴，士衆皆飢，仰以爲粮。《異苑》。初，晃之遷龍城也，植松爲社主。及秦滅燕，大風吹之。後數年，社忽有桑二根生焉。先是遼州無桑，及廆通晋求種江南，遼州之桑悉由吴來。〔二〕《後燕録》。

顧會寺之一株，大寧坊之一株。洛中顧會寺生桑樹一株，枝條横繞，柯葉旁布，形如羽

〔一〕今按：『好戲其下』，《藝文類聚》作『遊其下』。

〔二〕今按：『大風吹之』『遼州』『遼州之桑悉由吴來』，《藝文類聚》分别作『大風吹拔』『遼川』『平州之桑息由晃來』。

蓋。復高五尺。京師道路〔一〕謂之神桑。帝以爲惑衆，命伐之。下斧之處，流血至地。《伽藍記》。唐京兆萬年縣大寧坊有桑樹一株，暮秋生子，初冬椹熟。鳳閣侍郎李元素取之以進。李嶠代爲表云：『鴟鴞已革，見夷貊之懷音。絲璽行豊，知府藏之愈〔二〕實。』《英華》。沈如琢之家生一樹，漁陽守之桑無附枝。沈如琢成都人，有孝行。母患渴，非時思桑椹。家東一樹生，摘以奉母。母渴愈。及亡，墓成墳。廬於側，白鵠二栖于廬，文筭抽十莖。天寶一年詔旌表。〔三〕張堪守漁陽，郡人語曰：『桑無附枝，麥穗兩歧。張堪爲政，樂不可支。』附枝，一名寄生。政治不節則生。齊宋之亂，母在賊中，藏椹于地，夜進於母。忽有地中得米七斛。上有字云：『米十斛，賜孝子楊範。以資給母。』範字文端，齊人。

異

亳之祥桑，周之檿弧。見木妖。

宣王時，謠曰：『檿弧箕服，實亡周國。』

〔一〕今按：『路』，《太平廣記》作『俗』。
〔二〕今按：『愈』，《全唐文新編》作『逾』。
〔三〕今按：『文筭』『天寶一年』，欽定四庫全書本（明曹學佺撰）《蜀中廣記》分别作『冬筭』『天寶二年』。

空桑之里，變成洪川。劉峻《論搜神記》。

大樹之間，化爲厚鼉。伊尹母妊身，夢神女告曰：『臼竈生鼃，居無幾何，亟去無顧。』竈中生鼃。』顧視其邑，盡爲大水。母因溺死，化爲空桑之木。水乾之後，小兒啼水涯。太古時有人遠征，家有一女，並馬一匹。女戲馬云：『爲迎我父，將嫁於汝。』馬至父所，父乘而还。馬後見女，輒怒而奮。父屠馬曬皮於庭。女至皮所，皮卷女而行。後於桑間〔一〕，得女及皮，盡化爲蠶，鼉厚異常。

漢禮。皇后採桑祭蠶神，曰菀窳婦人、寓氏公主。公主者，女之尊稱也。婦人，女之先蠶者也。

桑生而枯，桑生乃枯。愍懷太子之將廢也。桑生西廂，日長尺餘，數日而枯，其子太孫臧之入東宮也。桑生西廂，太孫廢乃枯。《晉書》。

如僧木人之桑，化民生翼之桑。烈祖末年，漂〔二〕水天興寺，桑生木人，長六寸，如僧狀，謂之須菩提。烈祖迎置宮中，識者按譙氏五行言，知且有大喪，不三月烈祖崩。《南唐

〔一〕今按：『後於桑間』，《齊民要術》作『後於大樹枝間』。

〔二〕今按：『烈祖末年，漂』，《堅瓠餘集》作『南唐末年，溧』。

書》。化民食桑，二十七年化而自〔一〕裹，九年生翼，十年而死。《括地志》。

仙

一寸之椹，數寸之椹。始皇聞鬼谷先生言，因遣徐福入海求金菜玉蔬及一寸椹。《金樓子》。北方有白桑椹，長數寸，食之甘美。《異苑》。

扶桑丹椹，窮桑紫椹：神仙上藥，扶桑丹椹，葉似桐，初生如笋，實如梨而赤。但椹稀而色赤，九千歲一生實。窮桑者，有孤桑之樹。直上千尋。西海之濱，葉紅椹紫，萬歲一實。《拾遺記》。

帝女之桑，帝子之桑。宣山有桑，大五十尺。名之曰『帝女之桑』。郭璞曰：婦人主喪〔二〕，故以名也。《山經》。南方赤帝子，學道得仙，居崿山桑樹上。正月一日，啣柴作巢，十五日成，或作白鵲，或作女桑。赤帝以火焚之。女即升天，因名帝女桑。今人五月〔三〕，焚鵲巢作灰汁，浴蠶子，象此也。《廣異記》。

〔一〕今按：『自』，《藝文類聚》作『身』。

〔二〕今按：『喪』，《山海經·中山經》作『蠶』。

〔三〕今按：『五月』，《太平御覽》作『至十五日』。

総

桑妾，桑婦。《左》：重耳及齊，齊桓妻之，公子安之。從者以爲不可，將行謀於桑下。蠶妾在上，以告姜氏。姜氏殺之。羅浮嫁秋胡，五日而別。秋胡爲太守，見桑婦，遺金却之，是其妻也。李白《陌上桑》曰：『妾本秦羅敷，玉顔艷名都。緑條映素手，采桑向城隅。使君且不顧，况復論秋胡。』

翳桑之餓，隰桑之賦。《左・宣公二年》：宣子田於首山，舍于翳桑。見靈輒餓，問其病，曰：『不食三日矣。』食之，舍其半，曰：『未知母之存否。今近焉，請以遺之。』使盡之，而爲之簞食與肉，置諸橐以與之。既而與爲公介，倒戟以禦公徒，而免之。曰：『翳桑之餓人也。』《襄公廿七年》：鄭伯享趙孟于垂隴。子産賦《隰桑》。武子曰：『武請其卒章。』『心乎愛矣。何日忘之。』

諸葛亮之八百桑，李德裕之若干桑。諸葛亮曰：『臣成都有桑八百株，薄田十五頃。不别治生，以長尺寸。』真德秀曰：『諸葛亮盡忠於國，而成都止有桑八百株。』李德裕儉約自處，謂子孫曰：『賜田十頃，可以充衣。若干桑根，可以充衣。』《唐書》。

使民植桑，教民種桑：范純仁知襄城，因民之有罪輕重者，使植桑，人得其利，號爲著作林。著作，公所宰〔一〕時官也。沈瑀爲建德令，教民一丁種桑十五株。張植桑而成利，尹問蠶而嘉言。張泳知縣，拔茶植桑，崇陽成利。汝南尹崑爲汝陰工曹。令新到官，問曰：『園中有桑，以飯蠶何如？』崑曰：『非初政所務。』令嘉其言。《後漢》。

德操採桑，楊沛蓄椹。龐士元聞司馬德操在潁川，二千里候之，至，遇德操採桑。士元曰：『丈夫處世，當帶金佩紫。焉有屈洪流之量，執絲婦之事。』《世説》。德操蠶月躬採桑後園，士元助之，因與談斯世之廢興。《先賢傳》。楊沛爲新鄭長，課民蓄桑椹，積得千餘斛。太祖軍無粮，沛進乾椹，後爲鄴令。賜生口十人，絹十匹，以乾椹也。《魏略》。

天錫之對道子，王甲之對謝公。張天錫對會稽王道子曰：『西土所出，桑椹甘香，鴟革響；乳〔二〕酪養性，人無妒心。』《晋書》。有王甲從北方來，謝公問：『北方何果最勝？』甲云：『桑椹最好。』甲云是黄柑之流，甲取數千〔三〕枚以奉公，公食之以爲美，引甲爲賓客。《世説》。

〔一〕今按：『所宰』，遼寧教育出版社（元張光祖撰，徐敏霞、文青校點）《言行龜鑒》作『宰縣』。
〔二〕今按：『乳』，《太平御覽》作『淳』。
〔三〕今按：『千』，《太平御覽》作『十』。

天子觀桑而禁暴，契丹罵桑而焚身。天子居范宮，乃飲于桑中，以觀桑者。命桑吳，出桑者，用禁暴民。桑吳，主桑者。《穆天子傳》。晋開運二年，契丹南掠，見大桑，罵曰：『吾知紫被襖出汝身，吾豈容汝活耶！』束薪干而焚之。《五代史》。

楚邊邑之女與吳邊邑之女爭桑，二女家怒相滅，兩邑長怒相滅，吳王怒遂伐楚。《史》。劉毅疏云：桑妾之訟，禍及吳楚。聞鷄之變，難興魯邦。春雨足耕桑，有詔勸農桑。數畝沙田幾樹桑，生涯用力在蠶桑。齊魯千畝桑，其人與千户侯等。史。

穀 穀，一名楮，惡木也。又：穀，楮木也

《詩》：『樂彼之園，其下維穀。陳善納誨。黄鳥黄鳥，無集于穀。民適異國。』毫有祥桑穀共生于朝。見木妖。《韓詩外傳》：『穀生湯之庭，三日而大拱。伊尹曰：「穀之出澤，野物也。今生天子之庭，殆不吉也。臣聞妖者禍之先，祥者福之先。見妖而爲善，則禍不至。見祥而爲不善，則福不臻。」湯乃齊戒靜處，夙興夜寐，吊死問疾，赦過賑窮。七日而穀亡。』

李嘉祐詩：『子規夜夜啼楮葉。』

檀 檀，香木也

皮青滑澤，材强韌，可爲車。

《詩》：『將仲子兮，無折我樹檀。』淫者之辭。『坎坎伐檀兮，置之河之干兮。』用力伐檀，將以爲車，而行陸也。置之河干，則河水清漣，而無所用。雖欲自食其力，而不可得矣。『樂彼之園，爰有樹檀。』陳善納誨。『牧野洋洋，檀車煌煌。』『檀車幝幝，征夫不遠。』

秦地有南山檀柘，號陸海焉。《地理志》。

楝 楝，木名，苦楝也

《唐詩》：『二十四番花信風。』楝花風其終也。

苦楝子、金鈴子、花落子，謂之石茱萸。《本草》。

鳳凰食楝，獬豸食楝。《淮南子》：『七月其樹楝。』楝實，鳳凰所食也。《風俗通》云：『獬豸食楝。』《荆楚歲時記》又云：『蛟龍畏楝。』

梧桐

梧桐，木名。《月令》：『清明之日，桐始華。』梧桐子可食，白桐花黄，青桐似梧桐，無子，紫色，宜爲琴瑟。《詩》：『樹之椅桐，爰伐琴瑟。文公徙楚丘。梧桐生矣，于彼朝陽，菶菶萋萋。召康公從成王。其桐其椅，其實離離。天子燕諸侯。』

椅梓實，桐皮。《書·禹貢》：『徐州厥貢嶧陽孤桐。』蔡氏曰：『嶧山名陽者，山南也。孤桐，特生之桐，其材中琴瑟。』林氏曰：『桐以向日孤生者爲良，猶言孤竹之管。』陸農師曰：『桐性便濕地，不生於岡。《詩傳》曰：「梧桐不生高岡，太平而後生朝陽。」以此觀之，生山陽難得，而生孤者尤難得也。』《周書》：『清明之月，桐始華。桐若不華，歲有大寒。』《遯甲》：『梧桐不生，則九州異土。』註：『梧桐以知日月正閏。從下數至上十二葉。有閏則十三葉。一葉生十二葉，一邊有六葉，从下數，一葉爲一月。視葉小者，則知閏何月也。

不生則九州異居〔一〕，天下不同也。』崔璋〔二〕：『爰有梧桐，生于玄溪。傳根朽壤，託險生危。』『龍門之桐，高百尺而無枝，中鬱結之輪困，根扶疏以分離。』枚叔《七發》。『寒山之桐，出自太冥。含黄鍾以吐榦，據蒼岑而孤生。晞三春之溢露，遡九秋之鳴飈。零雪寫其根，霏霜封其條。』《七命》。桐體濕則愈重，乾則愈輕。生時以斧斫之甚易，乾乃軟而拒斧。故鄙諺云：『輕是桐，重是桐，難斫亦是桐。』此之謂也。《桐譜》。俗云：桐大如斗，主人必憂。《瑣碎録》。鄰父有與人鄰者，有枯桐樹。其鄰之父言桐樹之不善也，鄰人遽伐之。鄰父請以爲薪，其人不悦，曰：『鄰者若此其險也，豈可爲之鄰哉？』此有所宥也。《吕覽》。智者有所不足，故梧不可以爲弩。《淮南》。木有扶桑、梧桐、松、柏，皆受氣淳矣。異於群類者，松、柏冬茂，陰木也。梧桐春榮，陽木也。扶桑日所出，陰陽也。《玉逸子》。取十石甕，滿以水，置桐其中，蓋之，三四日間氣如雲作。《淮南子》。拱把之桐梓，皆知所以養之者，豈愛身不若桐梓哉？《孟子》。判桐爲琴。炎帝。栖梧待鳳。黄帝。

阿城植桐，别館成林。符堅時謡：『鳳凰止阿房。』乃植梧桐、竹數十萬於阿城，以待

〔一〕今按：『居』，《太平御覽》作『君』。
〔二〕今按：『崔璋』，《藝文類聚》作『崔琦』。

之。《六帖》見鳳凰。《傳》云：『吴王别館，楸梧成林。古《樂府》云：「吴宫秋，吴王愁。」』是也。《述異記》。

齊之梧宫，吴之桐廬：楚使使聘于齊，齊王饗之梧宫。使者曰：『大哉梧乎？』王曰：『昔燕攻齊，王奔于莒。當此之時，梧之大何如乎？』王使刁教對之曰：『昔荆王無道，子胥掘冢，當若此時，梧可以爲樹矣。』《説苑》。齊城有梧桐臺，即梧宫也。《齊地記》。桐廬縣吴黄武年置以桐，溪側有大桐樹，垂條偃蓋，傍蔭數畝，遠望似廬，因謂之桐廬。《十道志》。

梧人，桐郎。李子長爲政，欲知囚情，以梧桐爲人，象囚之形。鑿地爲埳，以蘆爲椁，卧木囚其中。囚罪正，則木囚不動。囚寃枉，則木囚動出。不知囚之精神，着木人乎？將精神之氣，動木人也。《論衡》。騫保上北樓宿，有人着黄緑單衣上樓，迎一女子入帳宿，未明先去。保問：『誰？』答曰：『桐郎，道東廟樹是。』至暮桐郎復來，保乃斫取之，縛着樹樓〔一〕。明日視之，形如人，長三尺餘。檻送丞相，渡江風浪起，桐郎投入水，風波乃息。《志怪》。

〔一〕今按：『樹樓』，《藝文類聚》作『樓柱』。

房内生桐樹，柏樹成梧桐。沙門僧瑜忽生雙桐樹，道俗異之，號雙桐沙門。《高僧傳》。王宴爲員外郎，父普曜齋前柏樹忽成梧桐。論者以爲雖有栖鳳之美，而失後凋之節。果不能終。《齊書》。

桐山置酒，桐園往遊。齊豫王嶷邸起土山，列種桐、竹，號爲桐山。武帝幸之，置酒爲樂。《南史》。會稽孔珪園列桐柳，衡陽王蕭鈞往遊之。《南史》。

金墉堂顧見桐竹，芳林下仰觀桐葉。彭城王勰與帝升金墉，顧見堂後桐竹，曰：『鳳凰非梧桐不栖，非竹實不食。今桐竹並茂，詎能降鳳？』勰曰：『鳳凰應德而降〔一〕，豈桐能降？』《後魏書》。元魏孝文宴侍臣于清徽堂，日晏移于芳林下，帝仰觀桐葉之茂，曰：『其桐其椅，其實離離。豈弟君子，莫不令儀。林下諸賢，足敷歌咏。』令黄門侍郎崔光讚《暮春》，君臣應制詩。至彭城王勰詩，帝爲改一字。《北史》。

桐枯而邵集卒，又枯而麴光卒。開元四年，尚書考功院所前一雙桐樹忽然枯死，旬日員外郎邵集卒。月餘，西邊樹又枯死。未幾，而麴光又卒。《僉載》。

成王削桐葉，李泌破桐葉。柳子厚桐葉封弟，辯曰：『成王以桐葉與小弱弟，戲曰：

〔一〕今按：『降』，《太平御覽》作『來』。

「以封汝。」王曰：「戲也。」周公曰：「天子不可戲。」乃封小弱弟於唐。吾意不然，設有不幸，王以桐葉戲婦寺，亦將舉而從之乎？』德宗在奉天，李泌召赴行在。歲又蝗旱，議者欲赦懷光。泌破一桐葉，附使者以進，曰：『陛下與懷光君臣之分，不可復合，如此葉矣。』《新唐》。

馮翊人之獻桐樹，王義方之指桐樹。昭帝元鳳三年，馮翊人獻桐樹，長六尺，九枝三葉也。伏侯《古今註》。王義方爲御史，買宅。數日，忽對賓朋指庭中青桐樹一雙，曰：『此佳樹，非他物。』比召宅主，付錢四千。

益州桐布。《華陽國志》。驃國桐布。《詩義疏》。

嵇康《琴賦》：『惟椅梧之所生兮，託峻岳之崇岡。披重壤以誕載兮，參辰極而高驤。含天地之醇和兮，吸日月之休光。鬱紛紜以獨茂兮，飛英蕤於昊蒼。夕納景於吳淵兮，旦晞幹於九陽。經千載以待價兮，寂神跱而永康。顧兹桐而興慮，思假物以託心。乃斫孫枝，准量所任。』

樊川題桐葉：『去年桐落故階上，把葉因題歸燕詩。江流今日送歸燕，正是去年桐落時。葉落燕歸真可惜，東流玄髮且無期。』

李白詩：『梧桐巢燕雀。小人在上。』又『鳴鳳栖青梧』。託心有處。杜甫有感：『青梧日夜凋。』

刺桐，其木爲材。三月三日時，布葉繁密。後有花，赤色，間生葉間，旁照他物，皆赤瞰然。三五房凋，則三五復發。如是者竟歲。九真有之。《南方草木狀》。

王建詩：『刺桐花下莫淹留，刺桐花下路高低。』

晋安海物《異名記》：『刺桐，其花丹，枝幹有刺，花附幹而生，側敷如掌，形若金鳳，葉如桐。』

荊棘

荊，木名。荊，楚荊也。牡荊，蔓荊也。《廣雅》。一名羊櫨，一名空疏。《六甲陰》。楚焞以荊爲之，燃以灼。必以荊者，凡木心圓，荊心方也。《禮·弓矢圖》。寧浦有三種荊，金荊可作枕，紫荊堪作床，白荊堪作履。與他處牡荊、蔓荊全異。又彼境有牡荊，指病自愈。節不相當者，日暈時，刻之與病人身齊等，置床下。《南方草木狀》。《草木論》：『小棗叢生者，如棗，多刺。』《孟子》：『養其樲棘。』亦名酸棗，又天棘即天門冬。《周禮·考工記》：『凡取幹之道，荊次之。』《詩》：『凱風自南，吹彼棘心。棘心夭夭，母氏劬劳。七子之母，不安其室。凱風自南，吹彼棘薪。母氏聖善，我無令人。園有棘，其實之食。國小無政[一]。葛生蒙棘。夫征不歸。墓門有棘。不良之人。其子在棘。用心平一。有救棘匕。東國困役[二]。』言抽其棘力於農事。止于棘。王好讒言。集于苞棘。民從征役。栫之以棘。邾子無道。《左》。《禮・秋官》：『朝士掌建邦外朝之法。左九棘，孤卿位焉。植棘爲位，取其赤心而外刺，故稱孤卿，曰列棘。』《易・坎》：上六，『置于叢棘。』《荀九家》：『坎爲叢棘。』《後・寇榮傳》：『置之叩棘之下。』

衛巧人之刻棘，王彦章之履棘。燕王好巧，衛人刻棘。左思賦曰：『造沐猴於刻刺。』是也。五代王彦章爲人驍勇，跣足履棘。

荆山棘矢，郊祀荆竿：《左・昭公十二年》：『楚子曰[三]：昔我先君，辟在荆山，唯是桃弧棘矢，以供禦王事。以禦不祥。』《漢書・郊祀》：『以牡荆爲幡竿。』

廉頗負荆於相如，聲子班荆於伍舉。相如云云，廉頗聞之，肉袒負荆，詣門謝罪。伍舉奔鄭，聲子如晉，遇之於鄭，班荆相與食。布荆藉地而坐。

[一] 今按：『國小無政』當作『國小無政』。

[二] 今按：『東國困役』當作『東國困役』。

[三] 今按：『楚子曰』，《十三經注疏》本作『右尹子革對曰』。

荆棘不除，荆棘自除。真誥胸中，荆棘不除。交梨火棗，不生荆棘，喻物欲。見梨。《後漢》：『鮑永爲魯郡太守，一夜自昌平鄉闕里，至夫子墓，十里荆棘自除。乃行大射、鄉飲酒禮。』王勃《益州夫子廟碑序》：『荆棘蓬蒿，不入昌平之墓。』

葆申束荆，田氏分荆。荆王得葆申，葆申曰：『王之罪當笞。』束細荆五十，跪而加之於背。申曰：『君子耻之，小人痛之。耻之不變，痛之何益。』葆申趣出，自流於淵。王曰：『葆申何罪？』王乃變更，召葆申。後荆國兼國三十九。《吕覽》。索靖指銅駝曰：『會見汝在荆棘中。』王奂謂仇香曰：『枳棘非鸞鳳所栖。』左思賦：『荆棘旅庭。』邵雍詩：『荆棘剪不去。』李白詩：『枳棘栖鴛鴦。君子在下。』杜甫詩：『缺籬將棘拒。』李白詩：『田氏倉卒骨肉分，青天白日摧紫荆。交柯之木本同形，東枝顦顇西枝榮。』田真、慶廣兄弟分荆，家有紫荆，荆憔悴。王維詩曰：『荆樹有花兄弟樂，橘林無實子孫忙。』

五加皮樹

五加皮樹，本是白楸，其葉三花是雄，五葉花是雌，一名村漆，一名村節。《本草》。俗名爲追風史。一名金鹽，又名文章。

虞舜之語，王常之言。舜登蒼梧，曰『厥金玉之香草，朕用偃息正道。』此乃五加也。又異名曰金鹽。王屋山人王常言：『何以得長生？何不食石蓄金鹽？何以得長久〔一〕？何不食石用玉豉？』玉豉者，即地榆也。

尹公度之聞，大王君之云。尹公度聞孟綽子、董士固曰：『寧得一把五加，不用金玉滿車。寧得一斤地榆，安用明月寶珠。』《煮石經》。大王君云：『五加，蓋天有五車之星精也。人應五湖，位應五方。故人應五德，物應五車。青精入莖，則有東方之液。白氣入節，則有西方之津。赤氣入華，則有南方之光。玄精入根，則有北方之粭。黄烟入皮，則有戊己之靈。五神鎮生，相轉育成。用之者真仙，服之者反嬰也。』《本草》。

木瓜

木瓜，楙木也。實如小瓜，酢，可食。魚復縣地多木瓜樹，有子大如瓶。白黄實，甚苦香。《爾雅》所謂『楙』也。《水經》。《本草》：『楙得木之正。』《詩》：『投我以木瓜，報之以瓊

〔一〕今按：『久』，華夏出版社（宋唐慎微撰，尚志鈞等校點）《證類本草》作『壽』。

琚。男女贈答。』《左·昭公二年》：『韓宣子聘於衛，衛侯享之，宣子賦《木瓜》。義取以爲好。』

木瓜之灰，木瓜之獻。齊孝昭北伐庫莫奚，至天池，以木瓜灰毒魚，皆死而浮出。庫莫奚乃出長城北，齊主追擊，振旅而还。楊后思食酸味，張説袖出木瓜以獻。《明皇雜録》。

天台之有木瓜，宣州之種木瓜。天台石橋下臨絶澗，石罅有木瓜，有蛇盤糾，至實落供大士乃去，號『護聖瓜』。《方輿》。宣州人種木瓜，始成果，則鏇紙尾〔一〕以貼其上。夜露日曝而變紅，花紋如生。可愛。上。李白《望木瓜山》詩：『早起見日出，暮見栖鳥還。客心自酸楚，况對木瓜山。』《周禮·考工記》：『凡取幹之道，木瓜次之。』

榴石榴，果名

張騫使西域，還，得安石榴。《博物志》。安石榴有酸淡兩種，有一種子白瑩徹如水晶者，味亦甘，謂之水晶石榴。《陸機書》。李衛公云：『石榴甜者，謂之天漿。能已乳石毒。』《酉陽》。道家謂之『三尸酒』，云：三尸得此果，則醉也。《本草》。石榴一名丹若。《酉陽》。若榴，石榴

〔一〕今按：『尾』，《證類本草》作『花』。

也。《廣雅》。

金吾所事之榴，益州齋前之榴。唐文宗太和九年，李訓、鄭注謀誅宦者，韓約奏金吾所事。後石榴夜有甘露，仇士良等見執兵者甚衆，奔詣告變。宋太始中，劉亮爲益州刺史，齋前石榴樹陵冬生華實。亮以問道士始康邵碩，碩曰：『此狂華，宋諸劉滅亡之象。』《南史》。

環榴臺，植榴寺。吴王以潘夫人遊昭宣之臺，唾於玉壺中，使侍婢瀉於臺下，得火齊指環，即掛石榴枝上，因其處起臺，名曰環榴臺。《拾遺記》。合肥浮莊山，俗傳海上浮來。梁武帝女爲尼，於此山建道林寺。寺有榴花，根幹偉茂，即帝女手植。《方輿勝覽》。

薦石榴於帝前，咏石榴於宴次。齊宴德王〔一〕延宗納李祖收女爲妃，後帝幸李宅宴，而妃母宋氏薦二石榴於帝前，問魏收：『此竟何意？』收曰：『石榴房中多子，王新昏，妃母欲子孫衆多。』帝大喜，仍賜美錦二匹。《北史》。

孔紹安，高祖受禪，自洛陽來奔，受秘書監，拜内史舍人。夏侯端先紹安歸朝。紹安侍宴，應制《咏石榴》詩：『可惜庭中樹，移根逐漢臣。祇爲來朝晚，開花不及春。』時人稱之。

〔一〕今按：『宴德王』，中華書局《北史·魏收傳》作『安德王』。

《舊唐》。

禁中叢生，石門一枝。鄭虔云：『石榴堪作臙脂。』睿宗女代國公主棄其實于禁中，石榴成林。《北户録》。閩縣東山有榴花洞。唐永泰中，樵者藍超遇白鹿，逐之，入石門，有人家，主翁謂曰：『吾避秦人也。』與榴花一枝而出，再往不知所在。《方輿勝覽》。

邵武郡之石榴株，漢陽軍之石榴枝。邵武郡庭有石榴一株，士人視所實之數，爲登科之信。熙寧庚戌歲，有雙實於木末者，又有附枝而雙實者。是歲葉祖洽、上官名在一二，何與京兄弟同榜。祖洽詩曰：『已分桂葉争雲路，不負榴花結露枝。』《海録》。紹興間，漢有石榴枝石榴種於石罏，秀茂成陰，歲有華實。初郡獄有誣孝婦殺枯〔一〕，婦不能自明，屬行刑者，插髻上花於石罏，『星則可以驗吾言』。行刑者如其言，後果生。《宋志》。

河陰石榴名三十八，中只有三十八子也。《瑣碎録》。崔州石榴酒，頓孫國石榴酒。

石榴者，天下之奇樹，九州之名菓也。是以屬文之士，或叙而賦之。遥而望之，焕若隋珠輝重淵。詳而察之，灼若列宿出雲間。千房同様，十字如一，禦飢療渴，解酲止醉。潘岳賦。惟木之珍，莫美石榴。擢〔二〕鮮葩於清春，結芳實於素秋。徐澡妻陳氏賦。

〔一〕『枯』，中華書局《宋史·五行志》作『姑』。

〔二〕今按：『擢』，《太平御覽》作『棹』。

石虎如盞之子，武陵如碗之子。鄴下之榴，白馬之榴：元嘉末，魏主求張暢，曰：『出自鄴下，非彼所有。』《宋書》。魏白馬寺有大榴，京師語：『白馬甜榴，一石直牛。』《伽藍記》。元長因武宗之言，致石榴於御榻。兩浙避錢鏐之諱，號石榴爲金櫻。唐武宗朝，金陵許元長。

南詔石榴，皮薄如紙。大食石榴，重五六斤。

左思賦：『石榴競裂。』白樂天詩：『裙妒石榴花。』又：『山榴半含琴軫房』。陳禾〔一〕詞：『榴花不似舞裙紅。』韓詩：『五月榴花照眼明。』章簡公《端午》：『榴花結子初。』榴得骸而葉茂。《類從》。李賀：『石榴花發滿溪津。』元稹：『海榴紅簇錦窠勾。』劉後村：『十月榴始華。』杜牧之《山石榴》：『似火山榴映小山，繁中能薄艷中閑。一朵佳人玉釵上，祇疑燒却翠雲鬟。』

〔一〕今按：『陳禾』當作『陳與義』。

柹

柹本作柿。　椑似柹。《説文》：『柹，白赤實果本〔一〕。』柹有七絶：一青，二多陰，三無鳥巢，四無蟲蠹，五霜葉可玩，六嘉實，七落葉肥大。《本草》。　柹生南方，不可與蟹同食。　柹朱果也，故有牛心紅珠之称。　水〔二〕中根固柹爲最，俗謂之柹盤。《酉陽》。

宜都，梁園：　宜都出大椑。《土地記》。　梁侯園有烏椑，八棱，大如酒盞。《地理志》。

上林苑，青椑，赤葉椑，烏椑。　潘岳賦：『烏椑之柹。』杭州出柹蔕，花者尤佳也。　白樂天詩曰『紅袖織綾誇柹蔕』是也。

殊本合條，一丁四株。　吴令顧脩期言：『西鄉柹樹，殊本合條。』《起居疏》『注』。　沈瑀建德令教民一丁種柹四株。

屋上之茂，第中之生。　韋順爲東平相，賞罰必信，有柹樹生屋上，後庭中，遂茂。　順至

〔一〕　今按：『本』，《藝文類聚》作『也』。
〔二〕　今按：『水』，《酉陽雜俎》作『木』。

孝，人以爲感于天地而生。〔一〕《東觀漢記》。景雲二年，高祖故第有柿樹，自天授中枯死，至是復生。《五行志》。

澧州文柿，番禺酸柿。見木瑞。番禺有酸柿甜梅。李乂《果賦》：『梅甜柿酸。』《述異記》。

徽章殿之柿，慈恩寺之柿。徽章殿前柿一株。《晉宮閣名》。鄭虔好書，嘗苦無紙。慈恩寺貯柿葉數屋，遂往，日取葉肄書，歲久殆遍。《本傳》。兒從郎罷，拾柿葉，而學書。《自叙》。

藏果實謂之醂。女感切。今醂柿是也。楊彦齡《筆録》。

懸霜照采，凌冬挺潤，甘清玉露，味重金液。梁簡文。

退之詩言柿云：『然雲燒樹火實駢，金烏下啄赬虬卵。』

〔一〕今按：『韋順』『後庭中，遂茂』，中州古籍出版社（漢劉珍等，吴樹平校注）《東觀漢記・應順傳》分別作『應順』『徙置府庭，繁茂長大』。吴樹平校注曰：《書鈔》卷七五引《東觀漢記・韋順傳》云：『轉東平相，賞罰必信，有柿樹生廳，屈從庭中，遂茂。順至孝，行感於天地生也。』與《御覽》卷五一一所引稍異。『韋順傳』乃『應順傳』之訛。活字本書鈔作『應順傳』。姚本有《韋順傳》，此條文字輯作『韋順轉東平相，賞罰必信，有柿樹生廳屋上，徙庭中，遂茂。至孝行感於天地生也』。『韋順』未能證作『應順』。范曄《後漢書・應奉傳》李賢注引華嶠書云：『仲華少給事郡縣，爲吏清公，不發私書。舉孝廉，尚書郎轉右丞，遷冀州刺史，廉直無私。遷東平相，賞罰必信，吏不敢犯。有梓樹生於廳事室上，事後母至孝，衆以爲孝感之應。』

橄欖

身聳，枝數丈，其子秋方熟。咀之香口，勝含鷄舌甘。生喫煮飲，悉解酒毒。有野生者，子繁樹峻。刻根納鹽，一夕子落。枝節上生脂膏，和其皮葉煎之，調如黑餹，謂之橄欖。〔一〕用濯船損，乾後牢於膠漆。《嶺表録異》。博羅縣有合成樹，東向一衢橄欖，南人以爲椮。南向一衢橄欖，西人以爲〔二〕橄欖。《越志》。樹名獨根，分爲二枝。東向一枝，是木威樹。南向一枝，是橄欖樹。《金樓子》。入口澀酸，飲水乃甘，呼爲餘甘橄欖。同一物，異名耳。《異物志》。橄欖木作楫，魚皆浮出。《本草》。橄欖誤落池，魚盡斃。《瑣碎録》。橄欖木開花如樗，將採其實，剥其皮，以薑汁塗之，則盡落。《雜志》。坡《橄欖》：『紛紛青子落紅鹽，正味森森苦且嚴。待得微甘回齒頰，已輸崖蜜十分甜。』《東齊記》。以鹽塗樹子自落。

〔一〕今按：『甘』『餹』，《嶺表録異校補》分别作『香』『餳』。
〔二〕今按：『人以爲』爲『向一衢』之誤。

椰

椰子樹似檳榔，葉長一尺，結實一房三十餘子，如瓜殼中有肉，如熊白。味似胡桃，內有漿一升，如水如蜜，飲愈渴疾。殼爲酒器，皮堪縛船。《寰宇記》。椰樹六七丈，無枝，其實如瓠，繫之顛，食其膚則不飢，食其汁則增渴。有如兩眼處，謂之越王頭。《異物志》。林邑王與越王怨，遣俠客刺，得其首，懸之於樹，化爲椰子。林邑王憤之，以爲飲器。刺時大醉，故其漿如酒云。《南方草物狀》。歌陵國俗椰花爲酒。《唐書》。椰子截花，承汁，作酒。《交州記》。東南椰木，二百歲葉落而生花，花如甘瓜，其枝直上。復二百歲，落盡而生萼，下生子，子如寒瓜。似冬瓜，一名無葉，一名倚驕，一名綺縞。《神異經》。

櫻桃

一名朱桃，一名麥英，一名含桃。以鸎鳥所含，且形似桃，故名。先百果而熟，故古人多貴之，以薦寢廟。三月末四月初熟，得正陽之氣。《本草》。

薦寢廟，薦寢廟。《禮記》：『仲夏之月，以含桃先薦寢廟。』唐四月一日，内園進櫻桃，薦寢廟，頒賜有差。

賜群臣，餉酅公。明帝月夜宴群臣於園，太官進櫻桃，以赤瑛爲盤，賜群臣。月下視之，盤與桃同色。群臣皆笑云：『是空盤。』《拾遺記》。太宗將致櫻桃於酅公，称『奉』則是尊，言『賜』又似卑。吴〔一〕監曰：『昔梁帝遺齊巴陵王，称餉。』從之。《舊唐》。

賜朱櫻，食櫻桃。四年夏四月，上與群臣於樹下摘櫻桃，恣其食。於蒲萄園陳席，奏宮樂，每人賜朱櫻兩籠。《文館記》。四年夏四月，上幸兩儀殿，命侍臣升殿，食櫻桃。其櫻桃盛以琉璃，和以杏酪，飲酴醿酒。上。

命百官，奉太后。玄宗紫宸殿櫻桃熟，命百官口摘之。《舊唐》。文宗即位，内園進櫻桃，將賜三宮、太后。上曰：『送太后焉，可以爲賜。』援筆易文簿曰：『奉太后。』《舊唐》。

養櫻桃，夢櫻桃。陳景思説敕使齊日昇養櫻桃。至五月中，皮皺如紅柿。《酉陽》。裴元裕群從中，有悦鄰女者。夢妓二櫻桃〔二〕，食之。及覺，核墜枕側。上。

〔一〕今按：『吴』當作『虞』。
〔二〕今按：『夢妓二櫻桃』，《酉陽雜俎》作『夢女遺二櫻桃』。

韓約之作，衛公之言。韓約能作櫻桃饆饠。上。衛公滑州櫻桃，十二枚及一尺。上。

叩綬拜江朝而爲劾，桂娘遺陳妻而出謀。叩綬爲左僕射司空，上令中使馬江朝賜櫻桃。綬爲兩班之首，舊識江朝。叙語次，不覺屈膝而拜。江朝答拜，御史高郢亦拜。爲御史所劾，綬出鎮荆南，江朝降一官。《續世説》。李希烈聞竇良女桂娘美而能文，强取之。陳先奇妻亦竇妹，娘以姊事先奇妻。希烈暴死，其子不發喪，欲悉誅諸將自立。有獻含桃者，桂娘分遺先奇妻，示無事于外。因爲蠟帛丸，雜果中，出所謀。先奇見之，明日譟而入。子出，斬之。後兩月，吴少誠殺先奇、桂娘。

櫻桃獻，櫻桃宴。登第宴名九，五曰櫻桃。唐進士尤重櫻桃宴。漢惠帝出離宫，叔孫通曰：『禮有春嘗果，方今櫻桃可獻。願陛下出，因取櫻桃獻宗廟。』諸獻果自此始。《漢書》。

櫻桃其種有三：大而殷者曰吴櫻桃，黄而白者曰蠟珠，小而赤者曰水櫻桃。《膳夫録》。韓《和水部張員外宣政殿賜百官櫻桃》詩：『漢家舊種明光殿，炎帝還書本草經。豈似滿朝承雨露，共看傳賜出青冥。香隨翠籠擎初到，色映銀盤瀉未停。食罷自知無所報，空然慚汙仰皇扃。』《野人送朱桃〔一〕》：杜：『西蜀櫻桃也自紅，野人相贈滿筠籠。數回細寫愁仍破，萬顆均圓訝許同。憶昨賜沾門下省，退朝擎出大明宫。金盤玉箸無消息，此日嘗新任轉蓬。』『炎方每續朱桃獻，玉座應悲白露團。』《收京》詩：『歸及薦櫻桃。』左思賦：『朱桃春就。』樊川詩：『圓疑竊龍頷，色已奪鷄冠。遠火疑疑下〔二〕，繁星歷歷看。茂先知味好，曼倩恨偷難。』

棠

甘棠，杜梨也。唐棣，栘也。常，棠棣也。子如櫻桃。《詩》：『蔽芾甘棠，勿剪勿伐，召伯所茇。蔽芾甘棠，勿剪勿敗，召伯所憩。蔽芾甘棠，勿剪勿拜，召拜所説〔三〕。』《左·襄公十四年》：『晋士鞅曰：「愛其甘棠，况其子乎？」』《定公九年》：『君子謂《詩》云：「蔽芾甘棠，勿剪勿伐，召伯所茇。」思其人，猶愛其樹。』『有杕之杜，其葉湑湑。有杕之杜，其葉菁菁。無

〔一〕今按：『野人送朱桃』，《全唐詩》杜甫《野人送朱櫻》作『野人送朱櫻』。
〔二〕今按：『遠火疑疑下』，《全唐詩》卷五百三十四作『遠火微微辨』。
〔三〕今按：『召拜所説』，《十三經注疏》本作『召佝所説』。

兄弟者，自傷孤特。有杕之杜，生于道左。有杕之杜，生于道周。好賢，恐不致。有杕之杜，有睆其實。有杕之杜，其葉萋萋。勞還役。『宣子譽嘉樹，武子賦甘棠。見樹。杜《收京》詩：『賞應歌杕杜。』白：刺史『陰繁棠布葉』。杜牧：『往事愴甘棠。』駱賓王：『坐棠敷惠。』『何彼穠矣，棠棣之華。王姬下嫁。』『棠棣之華，鄂不韡韡。燕兄弟。』唐明皇作興慶宫，置樓西，曰『花萼相輝』。宋王成器等宅環側。『彼爾維何，維常之華。』爾，華盛。常，常棣。遣戍。『常常者華，其葉湑兮。常常者華，芸其黄矣。常常者華，或黄或白。』『山有苞棣。』野棠自發空流水。李嘉祐。《舍弟宴》：『棣華晴雨好。』《至後》：『棣萼一别永相望。』杜甫。

鳳止棠，鳳止木。陝州山中有棠，古老傳云『鳳止棠』。貞觀初，有鳳止此木，其後結實，猶如合掌，團團婉轉，馨香脆美，乃諸果之王，職貢之珍也。《紀異記》。

《論》：『棠棣之華，翩其翻而〔一〕。豈不爾思，室是遠而。』子曰：『未之思也，夫何遠之有？』前篇『仁遠乎』之意。

〔一〕　今按：『翩其翻而』，《十三經注疏》本作『偏其反而』。

椒

向陽者爲胡椒，向陰者爲蓽澄茄，一名浮椒。《本草》。椒樹似茱萸，有針刺，其實味辛而香烈。出四川，謂之蜀椒、川椒。出關陝，謂之泰椒〔一〕。玉衡星散爲椒。《運斗樞》。一曰蓎藙，一曰南椒。生于漢中者曰漢椒，巴中者曰巴椒。《本草》。蜀椒出武都，赤色者善。泰椒出隴西天水，細者善。《范子》。景山多秦椒。《山經》。椒樹叢生，實大者名爲椴。《爾雅》。蜀人作茶，吴人作茗，皆煮葉以爲香。成臯山間椒，謂之竹葉椒。東海島上椒，其味似橘皮。島上獐鹿食此椒葉，其肉自然作椒橘香。

虜蘇割刺在答魯之右大澤中，山産椒，椒大如彈丸。每然椒，則有鳥自雲際蹁躚，五色，名赭爾鳥，蓋鳳凰種也。漢武帝遣趙破奴，得其種，問東方朔。朔曰：『此天仙椒也。』武帝植之太液池。元帝時椒生果，有異鳥翔集。《新録》。

〔一〕今按：『泰椒』當作『秦椒』。

椒薑禦濕，菖蒲益聰，巨勝延年，感〔一〕喜避兵。此皆上聖之至言，方術之實録也。《援神契》。《詩》：『椒聊之實，蕃衍盈升。椒聊且，遠條且。椒聊之實，蕃衍盈匊。序以爲沃也。』屈原賦：『謂申椒其不芳。』『馳椒丘且焉止息。』漢房以椒而塗壁，石屋以椒而塗壁，取其温暖而芳，辟除惡氣。《詩》：『有椒其馨，胡考之寧。報賽田事。』石崇之三百斛，元載之八百斛。陳禾〔二〕詩：『相國藏椒八百斛。』

十二月臘夜，正月元日。持椒卧井旁，無與人言，納椒井中，除濕〔三〕病。《養生要論》。元日進椒。椒是玉衡星精，服之令人輕身能走〔四〕。庾信詩：『椒花逐頌來。』杜甫詩《十二月一日》：『更取椒花媚遠天。』頌椒添諷咏。椒實雨新紅。椒盤已頌花。《椒花頌》劉臻妻陳氏：『璇宫周回，三朔肇建。青陽散輝，澄景載焕。美哉靈葩，爰采爰獻。〔五〕聖容映之，永壽於萬。』

〔一〕今按：『感』，諸子集成本《抱朴子内篇・仙藥》作『威』。
〔二〕今按：『陳禾』當作『陳與義』。
〔三〕今按：『濕』，《齊民要術》作『温』，疑作『瘟』。
〔四〕今按：『走』，《初學記》作『老』。
〔五〕今按：『宫』『美哉』，中華書局《晋書・列女傳・劉臻妻陳氏傳》分别作『穹』『標美』。

珊瑚

珊瑚似玉，紅閏，生海底盤石上。海人作鐵網沉水底，珊瑚貫中而生，樹高三四尺，以枝多爲勝。《説文》：『生於海，或珊瑚山也。』武帝之珊瑚樹，高二尺許。石崇之珊瑚樹，高三四尺。王愷得之，而示石崇，石崇碎之以鐵如意。三四尺者七枚，二尺許者甚衆。

龍骨立於樹側，遵慶居於宰輔。裴遵慶母皇甫氏，少時常持經，經函中有小珊瑚樹。忽有小龍骨具，立於側。上元中，遵慶居宰輔。班固賦：『珊瑚璧樹，周阿而生。』左思《吴都賦》：『珊瑚幽茂而玲瓏。』武帝植玉樹於甘泉，碧玉爲葉。揚雄賦『翠玉樹之青葱』是也。青葱，玉樹色。

珊瑚佛，絳火柏。天監二，扶南國獻珊瑚佛像。《西京雜記》：『積翠池中有珊瑚樹，南越王佗獻，號絳火柏。』

珊瑚市，珊瑚女。鬱林郡珊瑚市，海客市珊瑚處。元封二，鬱林郡獻珊瑚婦人，植於殿前，命曰『女珊瑚』。

荔枝

《列仙傳》：『食其華實，爲荔枝仙人。』《本草》云：『通神益智。』葛洪云：『蠲渴補髓〔一〕。』《註〔二〕》云：閩中第一，蜀川次之。《圖經》。荔枝木之大者，子至百斛，其華青白，狀若冠之蕤緌，實如松花之初生者，殼如羅紋，肉淡白如肪。《扶南記》。荔枝熟時，人未採，則百蟲不敢近。人才取，則烏鳥蝙蝠之類，無不殘傷。《本草》。

漢武帝之移植，漢安帝之破貢。武帝破南越，建扶荔宮。扶荔者，以荔枝得名。自交趾移植百株于庭後。數歲，偶一株稍茂，終無花實。一朝萎死，守吏坐諸死者數十，遂不復茂。歲貢其實，郵傳疲斃于道，極爲生民之弊。至安帝時，交趾郡守極陳其弊，遂罷其貢。《三輔黄圖》。

唐羌之書，尉佗之獻。漢和帝永光十五年，勿受遠國珍羞。嶺南舊獻龍眼荔枝，十里一置，五里一候。驛，遞也。伺望曰候。臨武縣也。長唐羌書曰：『臣聞上不以滋味爲德，

〔一〕 今按：『髓』字脱，當補。

〔二〕 今按：『註』當作『譜』。

下不以貢膳爲功。南州炎熱，惡蟲猛獸。獻生龍眼荔枝者，死亡不可數。』詔敕太官勿復受獻。書法，書美之也。尉佗獻鮫魚、荔枝，高祖報以蒲桃、錦四匹。《西京雜記》。

大夫共會於荔枝園，許雲奏曲於荔枝香：劉先主時，巴郡縣有荔枝園，夏至則熟。命士大夫共會樹下，食之。《水經》。天寶十四載六月日，駐蹕驪山，是貴妃誕辰，命許雲封等長生殿，仍奏新曲。會南海進荔枝，左右歡呼，因以曲名《荔枝香》。是歲，禄山反。《甘澤謡》。

忠州刺史寄朝中親友，白居易《荔枝圖序》，各記其狀，曰：『荔枝生巴陵間，樹形團團如帷蓋，葉如桂，冬青；華如橘，春榮；實如丹，夏熟。朵如蒲萄，核如枇杷，殼如紅繒，膜如紫綃，瓤肉潔白如冰雪，漿液甘酸如醴如酪，大略如彼。一日而色變，二日而香變，三日而味變。《舊唐》。

宋公荔枝味益甘滑，莆田荔枝名品天成。宋公荔枝，泉州所産，樹極高大，歲已三百。黄巢欲伐。王氏主木，媪抱木而願戮，巢兵爲之不伐。徐師仁《湖山記》。莆田荔枝名品天成，宋香之後無宋香，陳紫之後無陳紫。或似龍牙，或類鳳爪。釵頭紅之可簪，緑珠子之旁綴。《容齋四筆》。

十八娘之荔枝，色深紅而細長。俚傳閩王王氏有女第十八，好噉此品，因而得名。其家在城東，家旁有此樹。《荔枝譜》。

趙琪之訝，譚氏之夢。治平中，長沙趙琪廣東提刑，韶州公宇西軒有荔枝數本，中夏方熟。將召刺史賞燕，一夕荔枝皆空，皮核滿地。琪深訝之，見壁上詩曰：『吾儕今日會嘉賓，滿酌洪鍾酒數巡。遍地狼藉不知曉，荔枝又是一番新。』《青瑣高議》。福建官譚徽之，元符末，出郊，採食荔枝，少憩樹下。夢至一室，美人携手入，飲閑吟云：『妾生原在越閩間，六月南州始薦盤。肉嫩色包丹鳳髓，皮枯棱澀紫鷄冠。咽殘風味消心渴，嚼破天香沁齒寒。却憶當年妃子笑，紅塵一騎過長安。』

廣南荔枝，梧州荔枝。廣南荔枝名曰焦核，次曰春花，次曰朝偈，次曰鱉卵，大而酸。《廣志》。梧州荔枝，四月先熟，核大味酸。五月方熟，形若小鷄子。又有膓荔枝，味稍劣於紅者。《嶺表録異》。

《月令》：『冬至，荔出。』韓：『荔子丹兮蕉黄。』結實時枝弱蔕牢，不可摘取。以刀斧劚取其枝，故以爲名耳。《本草》。

西旅底貢，召公有戒。青之海錯，揚之橘柚，不幾如唐人貢荔之病乎？唐明皇、貴妃好食荔枝，令蜀郡貢之。古者以貢爲賦，正什一便民之法，後世常賦之，外復貢方物。自夫有荔枝之貢也，十里一置，五里一候。兵火催督，道運枕藉。我朝閩中，新荔寧罷而不納。嗟夫！至此而後見聖人盛心歟？萬國貢珍，孟堅作賦。尺天入貢，杜陵賦詩。使知東坡之咏貢荔，罪林甫而酹伯游，豈不愧死乎？』林駉《至論》。

杜牧詩：『一騎紅塵妃子笑，無人知是荔枝來。』東坡詩：『至今欲食林甫肉，不識何人酹伯游。』左思《蜀都賦》：『旁挺龍目，側生荔枝。布緑葉之萋萋，結朱實之離離。』杜詩：『先帝貴妃俱寂寞，荔枝還復入長安。』『雲壑布衣鮐背死，勞人害馬翠眉須。』山谷詩：『雲壑布衣臨武長。』

龍眼

一名圓眼，一名益智。生食不及荔枝，故曰荔枝奴。一名比目。《本草》。一名亞荔枝。《海録》。

龍眼樹葉似荔枝，子如酸棗。《廣志》。子樹如荔枝，核如木槵子，其甘如蜜，一朵三二十顆。然荔枝方熟，龍眼即熟，故謂之荔枝奴，以其常隨後也。《南方草木狀》。

檳榔

尖長而有紫文者，名曰檳。圓而矮者，名曰榔。《本草》。向陽者爲檳榔，向陰者爲大腹子。

樹如椶櫚，高七八丈，無枝柯。上有十許葉，正月結房，一房二百餘子。花甚香，生即落。一𦶟𦶟堪爲扇。至五月熟，大如鷄子。以海蠡殼燒作灰，名曰蛤賁灰。共扶留葉藤，和而嚼之，香美，除口氣。久食，令人齒黑。故南人有黑齒之俗。《雲南記》。

檳榔大如棗，青似蓮子，彼人以爲異。婚族好客，先進此物。《南中志》。

檳榔大圍丈餘，高十餘丈，皮似青桐，葉如桂竹，下本不大，上末不小，調直亭亭，千萬若一，森秀無柯，頂端有葉，葉似其蕉，條派開破，仰望渺渺，如插藂於竹杪。風至觸動，似舉羽扇掃天。葉下繫數房，房綴十數子。家有數百掛〔一〕，扶疏如墜繩也。《林邑記》。安南人自嫩及老，採實啖之，以不婁藤兼瓦屋子灰，競咀嚼之。自云交州地濕，不食此，無以祛其

〔一〕今按：『掛』，《藝文類聚》作『樹』。

瘴癘。廣州亦噉檳榔，然不甚於安南也。《嶺表録異》

紫檳榔即馬金囊，狀似白豈蔻。嚼塗惡瘡，甚效。或食一枚，飲冷水，即無所傷。《雲南志》。

山檳榔，一名蒳子。幹似蔗葉，類柞。一叢千幹，幹生十房，房底數百子，四月採。《竺法疏》。

鴆鳥栖大腹樹。凡用皮，先以酒洗，仍以黑豆汁洗焙乾。《本草》。

常餌檳榔，不嘗檳榔：任遥性重檳榔，以爲常餌。剖百許口，不得好者。子昉以所嗜好，深以爲恨，終身不嘗。《涵史》。

弄檳榔於因談，噉檳榔而獲罪。齊常侍辛德源聘陳，陳主客蔡佞宴讌，因談謔，手弄檳榔，曰：『聞北人噉檳榔獲罪，人間禁此物，定爾不？』德源曰：『此是天保祠〔一〕王尚書罪狀辭耳，猶如李固被責云：「胡粉飾貌，搔頭弄姿。」不聞漢世，頓禁胡粉。』《三國典略》。

南海人之患痞滯，程思孟之杖侍史。南海地氣暑濕，人患胸中痞滯，常啖檳榔數十。程思孟知番禺，凡左右侍史啖檳榔者，悉杖之。或問其故，曰：『我惡其口唇如漱血耳。』

〔一〕今按：『天保祠』，《太平御覽》作『天保初』。

《類苑》。

左思《吴都賦》：『檳榔無柯。』杜甫詩：『一斛薦檳榔。』東坡詩：『紅潮登頰醉檳榔。』

又：『雪粉剖檳榔。』鶴林云：『檳榔葉，食之令人醺然，葉赤。』

胡桃

本出胡地，外有青皮，形如桃，故謂之胡桃。張騫使西域，還，得胡桃。《博物志》。

上林苑，華林園。上林苑有胡桃。華林園有八十四株。

陳倉薄皮，陰平脆皮。陳倉薄皮多肌。大而皮脆，急捉則碎。《廣志》。

韓豹願賜其種，紐滔欲以奉貢。蜀李雄卒，子期立。太史令韓豹曰：『臣今老，志在田園。欲植胡桃，願賜其種。』期不悟。俄而李壽自涪率衆南向，襲克成都，廢期自立。《五行記》。

紐滔答吴國書：『胡桃本生西羌，外剛内柔，質似古賢，欲以奉貢。』

沈約啓：『挺自禁園，味愈井絡，動物回祇，在徵必應。』

李白詩：『紅羅袖裏分明見，白玉盤中看却無。疑是老僧休念誦，腕前堆〔一〕下水晶珠。』

桼

桼木有液黏，黑，可飾器物。《職方氏》：『職豫州，其利林桼。』《周禮・考工記》：『弓人，爲弓。桼也者，以爲受霜露也。』桼欲測。清也。漆三斞。齊。《詩》：『樹之梓桼，爰伐琴瑟。』文公徙楚丘。『山有桼。』答蟋蟀。『坂有桼。』秦人誇美。《書・禹貢》：『豫州厥貢桼。』林氏曰：『《周官》載師桼林之征二十有五，周以爲征而此乃貢者，豫州在周爲畿内，故載師掌其征，而不制貢；禹時豫在畿外，故有貢也。』

〔一〕今按：『堆』，《全唐詩》李白《白胡桃》作『推』。

楓

楓脂，一名白膠香。《雅翼》。楓脂入地，千歲爲琥珀。《金樓子》。老楓化爲羽人。《化書》。天旱，以泥之，即雨。

《爾雅》云：『楓欇欇。』孫炎云：『生江南，有寄生枝，高三四尺，生毛，一名楓子。天旱，以泥之，即雨。』又註：『《楓賦》云：「楓木葉厚，無風自動，天雨則止。」』《相感志》。《爾雅》謂楓爲欇欇，言天風則鳴欇欇也。《説文解字》云：『楓木厚葉弱枝，善搖。』漢宮中多植之，至霜後葉丹可愛，故騷人多稱之，亦曰『宸楓』。《圖經》。《景福殿賦》：『芸若充庭，槐楓被宸。』《説文》：『宸，屋也。』

黄帝之擲械而爲楓林，越巫之作術而謂楓人。黄帝殺蚩尤於黎山之丘，擲其械於大荒之中、宋山之上，化爲楓林。《軒轅本紀》。南中有楓子鬼，楓之老者，人形，亦呼爲靈楓。《述異記》。五嶺之間多楓，歲久則生瘤癭。一夕暴雷驟雨，樹贅暗長三五尺，謂之楓人。越巫取之作術，有通神之驗。取之不以法，則能化去。《南方草木狀》。

木人楓子。江東江西山中多楓木人，於楓樹下生，似人形，長三四尺，夜雷雨即長，與樹齊，見人即縮依舊。有人合笠，於明日看，笠子掛在樹頭上。旱時欲雨，以竹束頭，禊之即雨。人取以爲式盤，極神驗。楓天棗地是也。《僉載》。

楓天棗地，楓子桐孫。楓天棗地置之槽，則馬駭。置之軌，則車覆。《兵法》。楓子留爲式，桐孫待作琴。庾信詩。

吴江楓葉秋，古人固以物而知時。而今觀梅枝而知乾坤者，信矣。伊川。崔明信詩：『楓落吴江冷。』唐詩：『楓林日影生。』謝靈運詩：『曉霜楓葉丹。』歐陽詩：『霜日初丹水上楓。』紅剪一林楓。霜。銀封楚岸楓。雪。家人鑽火用丹楓〔一〕。杜。欲尋新火巧鑽楓。歐。

櫝當與梓門看

《孟》：『今有場師，舍其梧檟，養其樲棘，則爲賤場師焉。』

取穆姜之櫝，用季孫之櫝：《左·襄公二年》：『齊姜薨。初，穆姜使擇美檟，以自爲櫬與頌琴，欲以送終。季文子取以葬。君子曰：「非禮也。禮無所逆，婦養姑者也，虧姑以成婦，逆莫大焉。齊姜成公婦，穆姜成公母。」』《襄公四年》：『定姒薨。初，季孫爲己樹六檟於蒲，圃

〔一〕今按：『丹楓』，《全唐詩》李白《清明二首》作『青楓』。

名。匠慶用蒲圃之檟。君子曰：『《志》所謂「行無禮，必自及也」其是之謂乎？』文子無禮於穆姜，匠慶無禮於季孫。

《左》子胥曰：『檟可材也。』吴其沼乎？

楚 **萇楚，銚弋，今羊桃也。子如小麥，亦似桃**

翹翹錯薪，言刈其楚。文王之化，及於江漢。揚之水，不流束楚。平王以申近楚，使民戍之。葛生蒙楚。其夫從役。止於楚。子車爲殉。綢繆束楚，三星在户。夫語婦。隰有萇楚，猗儺其枝。夭之沃沃，樂子之無知。隰有萇楚，猗儺其華。夭之沃沃，樂子之無家。隰有萇楚，猗儺其實。夭之沃沃。樂子之無室。政煩。

柞棫

山有苞櫟。夫不在。南山有栲。燕饗。我行其野，蔽芾其樗。民適異國。芃芃棫樸，薪之槱之。槱，積也。咏文王。瑟彼柞棫，民所燎矣。咏文王。帝省其山，柞棫斯拔。叙太王、王季、文王。

柞棫拔矣，行道兑矣。追述太王。維柞之枝，其葉蓬蓬。天子荅魚藻。陟彼高岡，析〔一〕其柞薪。柞櫟。析其柞薪，其葉湑兮。燕樂新昏。肅肅鴇羽，集于苞栩。民從征役。黄鳥柞棫，元集于栩。民適異國。宛丘之栩。男女歌舞。材莫樗散，樗櫟散才。鄭公樗散鬢如絲。樗散尚恩慈。樗櫟不才，尚賴恩慈。孔融。杜甫《惡樹》：『幽陰成頗雜，惡木剪還多。方知不才者，生長謾〔二〕婆娑。』

匠石之齊，見櫟社樹，曰：『勿言之矣，散木也，是不才之木也，無所可用，故能若是之壽。』《莊子》。椿木實而葉香，樗木疏而氣臭。北人呼樗爲山椿，東人呼爲鬼木。《圖經》。有冥靈者，以五百歲爲春，以五百歲爲秋。有大椿者，以八千歲爲春，以八千歲爲秋。《莊子》。註：椿，一名櫷。櫷，木槿也。夫明曰大椿矣，而乃以爲木槿，豈專以無窮無極槪之耶？櫟其實。梂櫟，橡實也。梂，盛實之房也。《爾雅》。《秦風》：『山有苞櫟。』陸機云：『柞櫟爲櫟。』《唐風》：『集于苞櫟。』陸機云：『今柞櫟也。』徐州人謂櫟爲杼，或謂爲栩。其子爲皁，或言皁斗。其殼爲汁，可以染皁。然則柞也、櫟也、杼也、栩也，皆橡櫟之通名也。《本草》。

〔一〕今按：『析』，《十三經注疏》本作『析』。

〔二〕今按：『謾』，《全唐詩》杜甫《惡樹》作『漫』。

吴越之間，名柞爲櫟。《風土記》。杼實曰橡。《古今註》。『十二月，其樹櫟。』可以爲車轂。木不出火，惟櫟爲然，亦陰氣也。《淮南子》。

衆木

王者繼嗣，平明則賓連生于户，潤達生于户，連累相承，象繼嗣也。《白虎通》。賓連、闊達生于房室，王者御后妃，有節則生。《宋志》。王者使賢不肖位不相逾，則平露生庭，狀如蓋。政平則正，不平則傾。《白虎通》。平露如蓋，以察四方之政。其國不平，則隨方而傾。《宋志》。王者仁義行則生紫脕。君乘木而王，政太平，蔓竹紫脕〔一〕，爲之常生。植華平于春圃，其枝正平。王者有德則生，德刚則仰，德弱則低。《宋志》。會稽之百葉木芙蓉，鍾陵之同心木芙蓉。《周禮・考工記》：『凡取幹之道，檍次之。』虎鴉，杻檍，澤蘇，櫔木。嵛者之山

〔一〕 今按：『脕』，《藝文類聚》作『脱』。王者仁義行則生紫脕，疑『紫脕』當作『紫達』。《宋書・符瑞志》載：『紫達，王者仁義行則見闕。』《禮・斗威儀》：『君乘木而王，其政太平，則紫達常生。』《太平御覽》引《孫氏瑞應圖》：『紫達者，王者仁義行則常見。』

有木焉，其狀如穀而赤理，其汗如漆而味如飴。食者不飢，其名曰『貎咎』〔一〕。《山經》。歷兒之山多橿多櫔，方莖而員葉，黄華而毛，其實如楝，服之不忘。《山經》。假山有異木，人無見其朽者，其名千歲，葉似棗，色似桑，冬夏青，貞强少節。《宜都山川記》。上林苑有千年長生樹十株，萬年長生樹十株。《西京雜記》。金華殿種雙長生樹，團團車蓋形，冬日不凋，九月生華。世人謂之王母長生樹。《鄴中記》。華林園有萬年樹十四株。《晋宫閣記》。員丘山有不死樹，食之乃壽。《博物志》。

模木生周公冢上，楷木生孔子冢上。其葉春青，夏緑，秋白，冬黯，以色得其正也。《淮南》。其幹枝疏而不屈，以質得其正也。上。

蜀之楷木，晋之仁華。蜀中有木，類柞。衆木榮時如枯枘，隆冬方萌芽布陰，蜀人呼爲楷木。晋人爲介之推起思烟臺，種仁壽木，木似柏而枝長柔軟，其華堪食。《吕覽》云：『木之美者，有仁壽之華。』《拾遺記》。

恒春之樹，君子之樹。方丈山有恒春之樹，葉如蓮花，芬芳如桂。昭王之末，仙人獻焉，列國咸賀。王曰：『寡人得恒春矣，何憂太清不至？』恒春，一名沉生。華林園有君子

〔一〕今按：『貎咎』，《山海經》作『白咎』。

樹三株。《晉宮閣記》。

木蘭舟：七里洲中，有魯班刻木蘭舟。詩家所云『木蘭舟』，此也。木蘭川在潯陽江中。昔吴王盍廬〔一〕植木蘭於此，用構宫殿也。《述異記》。

返魂樹。聚屈州有返魂樹，伐其根心於玉斧〔二〕中，煮取汁，煎之，令可丸，名曰『驚精丸』，或名『震靈丸』，或名『返生香』，或名『却死香』。《十洲記》。杜牧之詩：還魂怨有香。

婆羅之樹，小兒之樹。晉永嘉元年，巴陵顯安寺忽生一樹，隨發隨生。後外國僧攀而流涕，曰：『此婆羅樹也。』元嘉十一年，忽生一花，形如芙蓉。《高僧傳》。天寶初，安西進婆羅枝，狀不比〔三〕凡草，不止惡禽。聳幹無慚於松栝，成陰不愧於桃李。如得託根，長樂擢穎建章。布葉垂陰，鄰月中之丹桂。連枝接影，種天上之白榆。《酉陽》。大食國人乘船八年，海中一石，石上有樹，枝赤葉青，樹生小兒，長六七寸，見人不語，而能笑，動其手脚，頭着樹枝。人摘取入手，即乾黑。其使得一枝，還，今在大食王處。《唐書》。

端正之樹，石楠之樹。端正樹去馬嵬一舍之程，乃德宗幸奉天，睹其蔽芾，錫以嘉名

〔一〕今按：『盍廬』即『闔閭』。
〔二〕今按：『斧』，《述異記》作『釜』。
〔三〕今按：『比』，《酉陽雜俎》作『庇』。

也。後有文士題詩曰：『昔日偏霑雨露榮，德皇西幸賜嘉名。馬嵬去此無多地，合向楊妃冢上生。』《抒情集》。上發馬嵬，行至扶風，見石楠樹，愛玩之，目爲端正樹，蓋有所思也。《太真外傳》。

合歡蠲忿，萱草忘憂。欲蠲人之忿，則贈以丹棘，一名忘憂。欲蠲人之忿，則贈以青棠，一名合歡。嵇康種之舍前。《古今註》。至暮即合，故曰『合昏』。又謂之夜合花。《古今註》。合歡蠲忿，萱草忘憂。嵇康《論》。

無患木，女貞木。程雅問𤔡太曰：『無患何也？』答曰：『昔有神巫得鬼，則以此木爲棒，棒殺之，用以却邪魘鬼，故曰「無患」也。』《古今註》。僧家貫之，爲念珠。《纂文》。一名噤婁，一名桓桓。《本草》。可作香纓，用辟惡氣。《博物志》。無患木燒之，極香。《酉陽》。女貞木者，小陰之精，冬華不落。《典術》。女貞之樹，柯葉冬生，寒凉守節，險不能傾。鄭氏《昏禮偈文贊》。女貞之樹，一名冬生，負霜葱翠，振柯凌風。故清士欽其質，而貞女慕其名。晉蘇彦《頌》。小室山之帝休，服者不怒。泰室山之栯木，服者不妒。《山經》。廣州御火之木，謂之慎火。《南越志》。武城勝火之木，謂之不灰。伏琛《記》。徐無山有不灰之木，生火之石。《水經》。南海蕭丘，生一種木，雖爲火所着，但少焦黑。得以爲薪者，炊熟，則灌滅之。《抱朴子》。

思惟之樹，木綿之樹。思惟樹，即貝多也。如來坐下思惟，因以名焉。《嵩山記》。其所翻經本，用貝多樹葉。書長一尺五六寸，闊五寸許。横作行書，隨經多少。《拾遺》。交趾定安縣有木綿樹，實如酒杯，中有綿，又可作布，名曰緤。《吴録》。嶺南容州有勾芒木，可以爲布，績以爲布。《寰宇記》。

抱木，樺皮。抱木葉細如檜，身堅類柏。潮循人用其根，刳而爲履。今廣州牧守到任，有油畫抱木履也。《嶺表録異》。《上林賦》：『華楓枰櫨。』師古曰：『華，即今之皮，貼弓者也。』鉢室韋國〔一〕樺皮蓋屋。《隋書》。堪爲燭，取脂燒，辟鬼。《本草》。安南有人子藤，燒之，其子如人狀，集象。《酉陽》。一曰諾藤，一曰水藤。治人體損，沐則長髮。《廣州記》。

附枝葉

西南夷有樹，其樹類櫻，其葉即貝葉，寫緬書用之。《雲南志》。

《詩》：『伐其條枚，伐其條肄。猗儺其枝，維柞之枝。蠶月條桑，以伐遠揚。顛沛之揭，枝葉未有害。』《詩》：『其葉蓁蓁，其葉沃若，其葉湑湑，其葉菁菁，其葉牂牂，其葉肺肺，

〔一〕今按：『國』，中華書局《隋書》作『用』。

其葉萋萋，其葉湑兮，其葉蓬蓬，其葉有難，其葉有沃，其葉有幽。』白樂天《和杜録題事紅葉》：『寒山十月旦，霜葉一時新。似燒非因火，如花不待春。連行排絳帳，亂落剪紅巾。解駐籃輿看，風前唯兩人。』

唐僖宗宫女韓氏，紅葉題詩云：『殷勤謝紅葉，好去到人間。』放御溝中，士人于祐拾得，題一葉云：『曾聞葉上題紅葉，葉上題詩寄阿誰？』泛溝逆流，韓氏拾得。後帝放宫人，韓泳以韓氏嫁祐。泳開宴云：『可謝媒？』韓氏笑答曰：『今日却成鸞鳳友，方知紅葉是良媒。』

《淮南子》：『一葉落，天下知秋。』

杜牧詩：『去年桐落古階上，把葉因題歸燕詩。』『自滴階前大梧葉，干君何事動哀音〔一〕。』

趙嘏：『盡把歸心付紅葉，晚來隨水向東流。』

《左·閔公元年》：『齊仲孫歸，曰：「國將亡，本必先顛，而後枝葉從之。魯不棄周禮，未可動也。」』《文公七年》：『宋昭公將去群公子，樂豫曰：「公族，公室之枝葉也。若去之，

〔一〕今按：『音』，《全唐詩》杜牧《齊安郡中偶題》作『吟』。

則本根無所庇廕矣。」』

宋以義庫〔一〕爲都督，扶令育表曰：『陛下徒知惡枝之宜伐，豈知伐枝之傷樹乎？』表奏賜死。

班固賦：『蓋以强幹弱枝，隆上都而觀萬國。』由來强榦地，未有不臣朝。李克用報王重榮曰：『掃鼠輩如秋葉耳。』

花實

《詩》：『灼灼其華。猗儺其華。何彼禯矣，唐棣之華。灼灼其華。猗儺其華。顔如舜英。顔如舜華。皇皇者華。鄂不韡韡。裳裳者華。』

《記》：『清明，桐始華。』四時杜鵑花。《稽山草堂記》。合蔕迎輦花：落陽進。帝令表寬持之，號曰『司花女』。《隋遺録》。

范縝無佛。竟陵王子良曰：『何得富貴貧賤？』縝曰：『樹花同發，人生如隨風而墮。

〔一〕今按：『庫』，《資治通鑒》作『康』。

自有拂簾幌墜於茵席之上，自有開〔一〕墻籬落於糞溷之間。墜茵席者，殿下是也；落糞溷者，下官是也。』《南史》。

梔子花六出，即西域檐蔔也。《西陽》。

薔薇花，凌霄花。梁元帝多種薔薇花。馮慈明勒〔二〕李寶歸國，寶囚之死。神龍中，敕旌其門，爲忠臣門，見者莫不嘆美慈明，號爲凌霄花。《御史臺記》。

學士慎選結宴花圃，使僕聚落花，曰：『自有花絪〔三〕，何煩坐具。』《開元遺事》。

廣州花田，美人葬骨。至今花香，異於他處。《廣志》。

劉玉女冢在陽江縣，女名素馨，墓生那急茗花，因名素馨。《廣志》。

那悉茗花，末利花。陸賈曰：『南越之境，百花不香。此二花特香者，緣自胡國移至，不隨水土而變，與橘北爲枳異矣。彼之女子，以綵穿花心，以爲首飾。』《南方草木狀》。

豆蔻花。其苗如蘆，其葉似薑，其花作穗。此花食之，破氣消啖，進酒增倍。泰康二年，交州貢一篚，上賜近臣。上。

〔一〕今按：『開』，中華書局《南史・范雲傳附從兄縝傳》作『關』。

〔二〕今按：『勒』當作『勸』。

〔三〕今按：『絪』，《開元天寶遺事十種》作『裀』。

指甲花。枝條弱，柔葉如嫩榆。胡人自秦國移置南海，一名散沫花。《南方草木狀》。

金銀花。一名鴛鴦草。食蕈中毒者，生啖，可解。治癰疽腫毒，或服或傅。《沈存中良法》。本草名忍冬草。

杜詩《何將軍》：『萬里戎王子，何年别月支。異花開絶域，滋蔓雜清池。漢使終空到，神農竟不知。』吕移胡桃。露飛兼雨打，開坼漸離披。』

冰花，瓊花。陳州一舊屋有冰文，作花菓鳥獸狀。時陳襄守淮襄，有請奏祥瑞者。公云：『此事當奏，但非瑞奏耳。』但作奏云：『有此祥，不敢不奏。』揚州后廟有瓊花，宋郊構亭花側，榜曰『無雙』，謂天下無〔一〕别株也。仁宗慶曆中，分植禁中。明春輒枯，復还廟中，鬱茂如故。《雜録》。德祐乙亥，北師至，花遂不榮。趙棠國炎有絶句吊之，曰：『名擅無雙氣色雄，忍將一死報東風。他年我若修花史，合傳虁州烈女中。』《山房隨筆》。

白樂天詩：『紫薇花對紫薇翁，名目雖同貌不同。獨占芳菲專〔二〕夏景，不將顔色託春風。潯陽爨〔三〕舍雙高樹，興善僧庭一大叢。何似蘇州安置處，花堂闌下月明中。』

〔一〕今按：原脱『無』字，當補。
〔二〕今按：『專』，《全唐詩》白樂天《紫薇花》作『官』。
〔三〕今按：『爨』，《全唐詩》白樂天《紫薇花》作『當』。

杜甫《嘆甘菊》：『庭前甘菊移時晚，青蕊重陽不堪摘。明日蕭條盡醉醒，殊花爛熳開何益。籬邊野外多衆芳，采擷細瑣升中堂。念兹空長大枝葉，結根失所顛風霜。』

蜀先主將晏駕，蛾眉山婆羅花悉開白花。

牡丹花

凭妃子之肩，植國忠之園。明皇與妃子幸華清宫，宿酒初醒，凭妃子肩，同看木芍藥。帝親折一枝與妃子，遞嗅其艷。帝曰：『不惟萱草忘憂，此花尤能醒酒。』上賜國忠木芍藥數本，忠以百寶妝飾欄楯，雖帝宫之内不可及。

四香閣，一朵花。國忠沉香爲閣，檀香爲闌〔一〕，麝香、乳香，篩土飾壁。芍藥盛開，聚友賞花。沉香之亭，遠不侔此。

宫中牡丹品。御衣黄，甘草黄，建安黄，次皆紅紫。他日，宫中貢一尺黄，乃王文仲所接也。花面幾一尺，高數寸，衹開一朵。絳幃籠護，帝未及賞，爲鹿銜去。佞人奏云：『釋

〔一〕今按：『闌』，王仁裕《開元天寶遺事》作『闌』。

氏有鹿銜花，以獻金仙。』帝私曰：『野鹿遊宫中，非佳兆也。』殊不知應禄山之亂。《青瑣高議》。

周濂溪，歐文忠。『李唐以來重牡丹，予謂牡丹，花之富貴者也。牡丹之愛，宜乎衆矣。』歐公：『牡丹譜有九十餘種。』

舒元輿之序，謝康樂之集。唐舒元輿《牡丹賦序》：『天后之鄉，西河也。精舍下有牡丹種，天后命移植上苑。』『牡丹前史中無説處，唯《謝康樂集》中言。推牡丹之數畫、牡丹之處。』司馬文正種牡丹，堯夫曰：『某日午時，馬踐死。』林駉《至論》曰：『推牡丹之數，胸次豁達，有致知格物之妙。』楊子華有畫牡丹處，極分明。子華北齊人，則知牡丹花亦久矣。《劉賓客嘉話》。

裴郎官之一株，馬僕射之二色。開元末，裴士儉〔一〕爲郎官，奉使幽冀，過汾州衆香寺，得一株白牡丹，移長安私第。天寶中，爲奇賞。裴給事有看牡丹詩。至德中，馬僕射總至太原，又得紅紫二色，今則至多。《酉陽》。

植花，斵花：洛人宋單父，字仲孺，上皇召至驪山，植花萬本，賜金千餘兩，内人呼爲花

〔一〕今按：『裴士儉』，《太平廣記》作『裴士淹』。

師。《龍城録》。長安貴游，尚牡丹三十餘年，每春車馬若狂。元和末，韓弘罷宣武節制，始至長安，第有花，命斸之，曰：『吾豈兒女輩耶！』《國史補》。羅隱詩：『自從韓令功成後，辜負濃花〔一〕過此辰。』是也。

高宗賞牡丹，玄宗植牡丹。高宗後苑宴群臣，賞雙頭牡丹，賦詩，惟上官昭容一聯絶麗，所謂：『勢如聯璧友，心似臭蘭人。』開元禁中，得數本紅紫，移植興慶池東，沉香亭前。《花木記》。

開元寺之含芳，興善寺之合歡。白樂天爲杭州刺史，令訪牡丹花。開元寺僧惠澄始植於庭，設油幕覆牡丹。會徐凝自富春來，先題詩曰：『此花兩地知難種，慚愧僧門用意栽。海燕解怜頻睥睨，胡蜂未識更徘徊。虚生芍藥徒劳妒，羞殺玫瑰不敢開。惟有數苞紅幞在，含芳只待舍人來。』白到寺看花，乃命徐同醉。《雲溪友説》。

覆以錦幄，題以玉韵。文宗朝，朔方節度使李進賢，第階前有牡丹數寸，皆覆以錦幄。《劇談録》。慈恩寺元果院牡丹開，裴璘〔二〕題詩于佛前東頭壁上，曰：『長安豪貴惜春殘，爭賞先開紫牡丹。別有玉杯承露冷，無人肯向月中看。』太和中，幸此寺，見所題詩，吟玩久之，

〔一〕今按：『濃花』，《全唐詩》羅隱《牡丹花》作『穠華』。

〔二〕今按：『裴璘』作『裴潾』，據中華書局（宋錢易撰，黄壽成點校）《南部新書·丁》改。

因令宮嬪佩念，及暮此詩滿六宮。《南部新書》。

姚黄，魏紫。姚氏酒寺府中水北，諸寺有之。出五代樞密院魏仁傭池中島上。

錢仡移植，禪師偈諷。錢仁仡爲司徒，與都吴侯金沼鄰居。沼植牡丹一本，三百朵。仁仡鉏取置藍中，空中聞有吁嘆之聲，辭曰：『一花三百朵，含笑向春風。明年三月裏，朵朵斷腸紅。』仁仡移植，來年花開，乃宴召沼。沼一見無語，以刁決腸而卒，腸皆寸寸斷。《洞微志》：太祖問罪江南，李後主欲渡王師。法眼禪師觀牡丹於大内，作偈諷曰：『擁毳對芳叢，由來趣不同。髮從今日白，花是去年紅。艷曳隨朝露，馨香逐晚風。何須待零落，然後始知空。』後主不省，王師渡江。

將花分遺，以酥同贈。孟蜀時，兵部尚書李昊，每將牡丹分遺朋友，以興平酥分遺。且曰：『俟花凋卸，以酥煎食。』坡詩：『明日春陰花未老，故應未忍着酥煎。』《復録》。

歐碧價在姚黄上，此花瓊島飛來種。洛中花工宣和中，以藥壅培於白牡丹，次年花作淺碧色，號歐家碧，歲貢禁府，價在姚黄上。嘗賜近臣。獨出歐氏，故以姓著。淳熙三年二月，孝里莊園有牡丹一本，無種而生，明年花開。杭州觀察推官，欲移一株，掘土尺許，見一石如劍，長二尺，題曰：『此花瓊島飛來種，只許人間老眼看。』惟李崇者，三月八日初度，自八十看花，至一百九歲而終。《如皋志》。

萬花，三等。兩京萬花〔一〕聞于天下，花時太守作萬花會，宴集之所，以花爲屏帳。《謾録》。冀王宫花品以五十種，分爲三等九品。

花王，花局。錢思公嘗曰：『人謂牡丹爲花王，姚黄真其王，而魏紫乃其后也。』歐陽永叔。僧仲殊《牡丹花品序》云：『越之好尚惟牡丹，其絶艷者三十二種。賞花者不問親疏，謂之看花局。澤國此月，多有輕雨微雲，謂之養花天。語曰：「彈琴，種花，陪酒，陪歌。」』

一捻紅，楊家紅。一捻紅者，多葉，淺紅花，葉杪深紅一點，如人以三指撚之。《牡丹記》。明皇時，有獻牡丹者，謂之楊家紅，乃楊勉家花也。命力士將花上貴妃。妃方對妝，用手拈花，匀面脂在手，卒捻于花上。上詔于仙春館栽。來歲花開，上有手印紅迹。帝賞花，驚異其事，乃名爲一捻紅。後樂府中有《一捻紅曲》。《青瑣》。

坡《堂後白牡丹》：『城西千葉豈不好，笑舞春風醉臉丹。何以後堂冰玉潔，遊蜂非意不相干。』

〔一〕今按：『萬花』，四部叢刊本《墨莊漫録》作『牡丹』。

海棠花

花中仙，海外來。唐相賈耽著《百花譜》，以海棠花爲花中神仙。《花木録》。以海爲名者，悉從海外來，惟紫綫色者謂之海棠。沈立《記》。

睡未足，登而飲。登沉香亭，太真未醒，帝笑曰：『豈妃子醉，是睡未足耶。』徐儉樂道，結巢海棠，引客登而飲。

如砂如雪，有色有香。益州海棠尤多繁艷，未開如朱砂，末落如白雪。海棠有色無香，昌州海棠有香，其木合抱，故號曰『海棠香國』。《花譜》。

木之奇者，會稽之海棠。《草木記》。

東坡《定惠院海棠》：『江城地瘴蕃草木，只有名花苦幽獨。嫣然一笑竹籬間，桃李漫山總粗俗。也知造物有深意，故遣佳人在空谷。自然富貴出天姿，不待金盤薦華屋。朱唇得酒暈生臉，翠袖卷紗紅映肉。林深霧暗曉光遲，日暖風輕春睡足。雨中有淚亦凄慘，月下無人更清淑。先生食飽無一事，散步逍遥自捫腹。不問人家與僧舍，拄杖敲門看脩竹。忽逢絶艷照衰朽，嘆息無言揩病目。陋邦何處得此花，無乃好事移西蜀。寸根千里不易到，銜子飛來定鴻鵠。天涯流落俱可念，爲飲一尊歌此曲。明朝酒醒還獨來，雪落紛紛那忍觸。』

蒲萄 武帝因張騫言，發使抵宛，採蒲萄種，歸。《漢・大宛傳》

甘而不䬼，脆而不酸，冷而不寒，味長汁多。又釀以爲酒，甘於麴蘖，善醉而易醒，道之固以流涎咽唾，況親食之耶？魏文詔。

白馬寺之蒲萄，月氏國之蒲萄。白馬寺蒲萄異于餘處，枝葉繁衍，子實甚大。《伽藍記》。大月氏國，善爲蒲萄花葉酒，或以根及汁醞之。春夏之時，萬鬚競髮，如鸞翼。八月中風至，吹葉傷裂，有似綾紈，故人呼爲蒲萄風，亦名爲裂葉風。《金樓子》。

波斯之獻，西旅之獻。波斯國獻蒲萄，大如鷄卵。大食國獻蒲萄，大如鷄子。西旅獻崑山之蒲萄。

庾信之言，于瑾之語。俗言蒲萄蔓好，引於西南。庾信謂魏使于瑾曰：『我在鄴，遂大得蒲萄，奇有滋味。』陳昭曰：『作何形狀？』徐君房曰：『有類軟棗。』信曰：『君殊不體物，何得不言似生荔枝？』魏肇師曰：『魏文有言：道之固以流涎称奇。』瑾曰：『此物出自大宛，張騫所致。有黄白黑三種。』信曰：『其味何如橘柚？』信曰：『津液勝奇，芬芳减之。』瑾曰：『金衣素裳，見包作貢，向齒自消，良應不及。』

元忠之貢，高祖之賜。李元忠曾貢文襄蒲萄一盤，文襄報以百縑。遺練書曰：『忽辱蒲萄，良深佩戴，用絹百匹，以酬清德。』《北齊》。高祖賜群臣食於御前，果有蒲萄，侍中陳叔達執而不食，高祖問其故，對曰：『臣母患口乾，求之不能得。』高祖曰：『卿有母，可遺乎？』遂流涕嗚咽，因賜物百段。《舊唐》。

葉護之獻，太宗之賜。太宗時，葉護獻馬乳蒲萄一房，長二尺餘，子亦稍大，其色紫。上。蒲萄酒西域有之，前代或有貢獻，人皆不識。及破高昌，收馬乳蒲萄實，於苑中種之，並得其酒法。太宗自損益造酒，爲丸有八色，芳莘酷烈，味兼醍醐，頒賜群臣，京師始識其味。上。

飲漿，食蔔。四月上巳日，上幸司農少卿王光輔庄，駕還頓後，中書侍郎南陽岑義設茗，飲蒲萄漿，與學士等討論經史。《景龍文館記》。

貝丘之南，有蒲萄谷，可就食之。或有取皈者，即失道，世言王母蒲萄也。

植蒲萄之杖，號龍珠之帳。天寶中，沙門曇霄得蒲萄，食之，又見枯蔓，堪爲杖，大如指，五尺餘，持還本寺植之，遂活。長高數仞，蔭地十丈，仰觀若帷蓋，房實磊落紫瑩，時人號爲『草龍珠帳』。《酉陽》。

實

《周禮・甸師》：『祭祀，共野果苽之薦。』杜詩：『山果多瑣細，羅生雜橡栗。或紅如丹砂，或黑如點漆。雨露之所濡，甘苦齊結實。』《詣徐卿覓果子栽》：『草堂小花今欲栽，不問緑李與黄梅。石笋街中却歸去，果園坊裏爲求來。』成都里徐卿居。《歲時記》：『織女主果實。』《易》：『乾爲木果，艮爲果苽〔一〕。』木上曰果，地上曰苽〔二〕。《左・文公五年》：『甯嬴曰：「華而不實，怨之府也〔三〕。」』坡詩：『彼美玉山果，粲爲金盤實。』

律明五果：一核果，如棗、杏。二膚果，如李、柰。三殼果，如椰子、胡桃、石榴。四檜果，如松、柏子。五角果，如大小豆。《翻譯名義》。

〔一〕今按：『艮爲果苽』，《十三經注疏》本作『艮爲果蓏』。
〔二〕今按：『苽』，《十三經注疏》本作『蓏』。
〔三〕今按：『怨之府也』，《十三經注疏》本作『怨之所聚也』。

《詩》：『有蕡其實。猗儺其實。有睆其實。其實離離。其實七兮。其實三兮。其實之殽。其實之食。椒聊之實。』李白詩：『但恐花不實。』山谷詩：『江梅有佳實。』《易》：『碩果不食。』《孟》：『螬食實者過半。』

徐孝克之遺果，王思政之投果。陳徐孝克爲祭酒，每侍宴，取珍果納袖中，遺母，宣宗嗟嘆。史。後周王思政爲大將軍，家人種桑果，怒曰：『大賊未平，事産業乎？』命拔棄之。史。多感子，枳椇子。子黄色，圍一寸。《交州記》。一名樹蜜，一名木餳。實形拳曲，核在實外。一名白石，一名木石。《古今註》。

枳柜子，都念子。葉似蒲柳，子似珊瑚。子着枝端，大如指。噉之，甘美如飴。其木能令酒薄。若爲屋柱，酒皆薄。《詩義疏》。南海都念子送一百株，敕付西苑十六院内種，其子小於柿子，葉似蜀葵而大。《大業拾遺》。頭上四葉如柿蔕，食者必捻其蔕，故謂之倒捻子。《録異》。劉子，一名劉杙。其子可食，實如梨，酢甜，核堅。《爾雅》。三月華，七月八月熟。其色黄，其味酢。《草木狀》。猪肉子，其肉如肪，味似猪肉。《寰宇記》。猩猩果，果如彈丸，色如血。《雲南志》。豆蔻樹，花連，着實，子相連累，曝乾剥食，核味辛香。《草物狀》。

鈎緑子，千歲子。皮似橙而金色，肉甚厚。太康五年，秦進十釜。帝以三釜賜王愷，助其珍味，誇示石崇。《草物狀》。其子一包二百餘顆，皮角青黄，殼中有肉如栗。上。

印度果，大如冬瓜，大如鷄卵，其汁黄赤，其味甘美。《北户録》。人面子樹，似含桃，子如桃實，核如人面，故以爲名。以蜜漬之，稍可食。《草木狀》。古度樹，不花而實，大如安石榴，色赤，可食。《交州記》。熙安縣俗，人無子，於祠炙其乳，則生。《廣州記》。崑崙之丘有木，其狀如棠，華黄，實赤，其味如李，而無核，名曰『沙棠』。可以禦水，食之使人不溺。《山經》。石南樹，二月花生仍連，着實，實如燕卵，七八月熟，作肥魚羹，和之尤美。《南方記》。州樹，二月花色仍連，着實，煮如李子，剥核味甜。上。國樹，子如雁卵，三月花色，連着實，剥殻食之，味似栗。上。

五子樹，實如梨，裏有五核，因名五子。治癨亂金瘡。《廣州記》。木饅頭，無花果也。《倦游録》。波羅蜜，狀如冬瓜，皮似荔枝，内有黄肉，大如鷄子，味甘如蜜，子似鵝腰子，炒食之，味若栗。《勝覧》。王壇，子如棗大，其味甘。越主祭太一，壇有此果，無知名。遂名王壇，有似木瓜。《異物志》。

根柢

《詩》：『顛沛之揭，本實先拔〔一〕。』温公曰：『齊楚者，三晋之根柢。以三晋而攻齊楚，自絶其根柢也。』史：根交于下。柳：『根拳而土易。』坡：『根到九泉無曲處。』杜：『根斷泉源豈天意。』不遇盤根，無以别利器。山谷詩：『託根桃李場。』陸宣公曰：『民者，邦之本。財者，民之心。其心傷，則其本傷。其本傷，則枝幹凋瘁，而根柢蹶拔矣。』《左・閔公元年》：『齊仲孫曰：「國將亡，本必先顛，而後枝葉從之。」』《昭公八年》：『周景王使辭於晋曰：「我在伯父，猶木水之有本原。」』〔二〕

〔一〕今按：『本實先拔』，《十三經注疏》本作『本實先撥』。
〔二〕今按：『昭公八年』『周景王使辭於晋』，《十三經注疏》本分别作『昭公九年』『王使詹桓伯辭於晋』。

木曰曲直

蔡沈曰：『曲直者，曲而又直也。曲直，以性言也。』陳大猷曰：『曲直之斫削，用之於宮室也。』《詩》：『南有樛木，葛藟纍之。南有樛木，葛藟荒之。南有樛木，葛藟縈之。后妃逮下。』

泄冶曰：『樹曲木者，惡得直影。』傷弓之鳥，見曲木而遠避。宋徐伯珍舉動有禮，過曲木下，趨而避之。《經》曰：『五行，木曰曲直。』伏勝《傳》曰：『田獵不宿，飲食不享，出入不節，奪民農時，及有奸謀，則木不曲直。』模木生周公冢上，楷木生孔子冢上。見衆木。

端正樹，丹青樹。見衆木。終南有樹，直上百尺。葉一青一丹，斑駁如錦繡，謂之丹青樹，亦云華蓋樹。《西京雜記》。華平之木，女貞之樹。見衆木。李白詩：『直木忌先伐。』

柞氏

《周禮》：『柞氏，掌攻草木及林麓。夏日至，令刊陽木而火之。冬日至，令剝陰木而水之。生山南爲陽木，生山北爲陰木。火之水之，則使其肆不生。若欲其化也，則春秋變其水火。化猶生也，謂時以種穀也。變其水火者，乃所火則水之，所水則火之，則其土和美。凡攻木者，掌其政令。』

曲直作酸

朱子曰：『今以兩片木相擦，則齒酸，是其驗也。』

董鼎曰：『草木之實多酸。雖甘者，至乾壞亦酸。「木擦齒酸」之説，恐未然。』

酸味

《禮記》：『君子喜食酸。』《周禮》：『《食醫》：春多酸。』吴主孫亮嘗食生梅，索蜜。李白詩：『客心自酸楚。』江淹賦：『含酸茹痛。』韓詩：『酸寒溧陽尉。』

卷之六

附草木

神農赭鞭草木，夏后善分草木。相如賦：『禹不能名。』《易·離》：《彖》：『離，麗也。草木麗乎土。』《周禮》：『草木有時以生，有時以死，此天時也。』《解·彖》：『雷雨作，而百果草木皆甲柝〔一〕。』《書·禹貢》：『草木漸包。厥草惟繇，茂也。厥木惟條。長也。天命不僭，譬〔二〕若草木。』《詩》：『無草不死，無木不萎。』《論》：『譬諸草木，區以别矣。』《孟》：『當堯之時，草木暢茂。』李白：『草不謝榮於春風，木不怨落於秋天。誰揮鞭策驅四運，萬物興歇皆自然。』韓：『物不得其平則鳴。草木之無聲，風撓之鳴。人之於言也，

〔一〕今按：『柝』，《十三經注疏》本作『坼』。
〔二〕今按：『譬』，《十三經注疏》本作『賁』。

亦然。』此是以草木引入人來。歐陽子《秋聲賦》：『豐草緑縟而争茂，佳木葱蘢而可悦。草拂之而色變，木遭之而葉脱。其所以摧敗零落者，乃一氣之餘烈。嗟乎！草木無情，有時飄零。人爲動物，爲物之零〔一〕。百憂感其心，萬事勞其形。奈何非金石之質，欲與草木而争榮？』庾信賦：『草木之遇陽春。萬物得所。』李華《戰場文》：『草木淒悲。』符堅〔二〕望見草木，皆以爲晋兵。孔德璋《北山文》：『顧草木而如喪。』劉阮到天台，曹唐『草樹總非前度色』。陳禾〔三〕再登岳陽：『草木相連南服内。』惟草木之零落，恐美人之遲暮。屈原。《左·襄公八年》：『晋范宣子來聘，季武子曰：「余〔四〕譬於草木，寡君在君，君之臭味也。言同類。」』

〔一〕今按：『零』，當作『靈』。
〔二〕今按：『符堅』，當作『苻堅』。
〔三〕今按：『陳禾』，當爲『陳與義』。
〔四〕今按：『余』，《十三經注疏》本作『今』。

草附

《周禮·地官》：『草人除草。法化之使美〔一〕。以物地，相其宜占其形色。而爲之種。』『掌染草，掌以春秋斂染草之物，以權量受之，以待時而頒之。』草，卉也。木謂之華，草謂之英。不榮而實者，謂之秀。榮而不實者，謂之榮。〔二〕《爾雅》。草盛曰蓁，木茂曰蔉。服虔《風俗》。凡生草而初達，謂之菀。菀，小也。荄，杜根也。東齊曰杜，或曰茇。《方言》。

草瑞

赤草，朱草。建元中元元年，德及草木，則生。《白虎通》。『炎帝教民耒耜〔三〕，『朱草蔓于階。』《拾遺記》。

〔一〕今按：『草人法化之使美』，《十三經注疏》本作『掌土化之法』。
〔二〕今按：『草，卉也』『榮而不實者，謂之榮』，《十三經注疏》本分别作『草，百卉也』『榮而不實者，謂之英』。
〔三〕今按：『耟』，《拾遺記》作『耜』。

君乘木而王，其政升平，則福草生廟中。《禮斗威儀》朱草，别名。

屈軼，蓂莆。屈軼之草生于庭，佞人入朝則必指之，是以佞人不敢進。《博物志》。太平之時，屈軼生於庭之末，右草之狀，主指佞人。《論衡》。唯袁與薛，人中屈軼。《唐書》。《説文》：『蓂莆，瑞草也。堯時生於庖厨，扇暑而凉。』『蓂莆，一名倚扇，狀如蓬，大枝，葉小，根如絲，轉而成風。殺蛇〔一〕，堯時生於厨。』《宋志》。君和，則孳於庖厨《潛潭》。一名倚蓮，倚扂。賓閭，舜時生厨。〔二〕《瑞應圖》。

龍芻，紅草，东海島龍駒川。穆天子養八駿處，島中有草，名龍芻。馬食之，日行千里。古語云：『一株龍芻，化爲龍駒。』《述異記》。

山戎之北有草，莖長一丈，葉如車輪，根木如轂，花如朝虹之色。齊桓時，山戎獻其種，乃植于庭，以表霸者之瑞。《拾遺記》。

丹蓂，翠菌：王勃序。『丹蓂翠菌，藻繪軒庭。』丹蓂，堯時瑞草。《博物志》：『一名屈鐵翠菌。』《瑞應圖》：『王者出則生。』

〔一〕今按：『蛇』，中華書局《宋書·符瑞志》作『蠅』。

〔二〕今按：『一名倚蓮，倚扂。賓閭』，中華書局（清鮑廷爵輯）《後知不足齋叢書》引《白虎通》作『一名倚蓮，一名倚扇，一名實賓櫚。』

草異

吉利，救窮。吴黄武中，江夏李俣以罪徙合浦，入境遇毒，其奴吉利偶得是草，與俱服，遂解，遂以爲名。石階山生草，名救窮，日食三寸，絶穀不飢，西岳佐命是也。魯城北之草，唐池南之草。孔子塋中，不生刺人草木。《金樓子》。興慶池南，有草數叢，葉紫而心殷，醉者嗅之立醒。《天寶遺事》。

東海不死之草，北郭不死之言。東海祖洲上有不死之草，人死三日者，覆之即活。秦皇苑中枉死者横道，有鳥如烏狀，銜草覆人面。始皇遣使，齎草以問北郭鬼谷先生。先生云：『东海不死之草，生瓊田中，叢生，一株可活一人。』乃使徐福入海求之。《十洲記》。

夢草，睡草。有夢草，似蒲，色紅。懷其葉，則知夢之吉凶。帝思李夫人之容，不可得。朔乃獻一枝，帝懷之，夜果夢夫人，因改曰『懷夢草』。《洞冥記》。有五味草，食之使人不眠，名曰『却睡草』。武帝時，多末國獻此草。上。

宵明草，遐草。夜如列燭，晝則無光。宣帝時，宵明國貢有聞遐草，服者耳聰。

黄渠草，書帶草。映日如火，堅韌若金，食者焚身不滅〔一〕。《拾遺記》。鄭司農，南山教授。黄巾亂，避遺生徒。所居山中，草如薤葉，葉長尺餘，堅韌異常，土人呼爲康城書帶草。《三齊略記》。

合歡草。魏明苑中有合歡草，狀如蓍，一株百莖，謂之神草。《拾遺記》。

舞草，睡草。舞草出雅州，獨莖二葉，葉如決明，一葉在莖端，兩葉居莖半相對。人或觸之，抵掌謳歌，動葉如舞。桂林有睡草，一名醉草。令人睡，又曰懶婦箴。

虞美人草，王昭君草：雅州出虞美人草，有爲虞美人曲，則應拍而舞，他曲則否。《益州草木記》。昭君服毒死，舉國葬之。胡地白草，此草獨青，故曰『青冢』。李白詩『死留青冢使人嗟』，杜甫詩『獨留青冢向黄昏』是也。

草總

黄帝問師曠曰：『吾欲知歲之苦樂善惡。』對曰：『歲欲豐，甘草先生。甘草，薺也。歲

〔一〕今按：『滅』，《拾遺記》作『熱』。

欲儉，苦草先生。苦草，葶藶也。歲欲惡，惡草先生。惡草，水藻也。歲欲旱，旱草先生。旱草，蒺藜也。歲欲潦，潦草先生。潦草，蓬也。』《師曠占》。鄰人謂展禽曰：『夫子三黜，無憂，何也？』禽曰：『春風鼓，百草敷蔚，吾不知其茂。秋霜降，百草零落，吾不知其枯。』《符子》。《書》：『庶草繁茂，下民惟草。』《詩》：『鞠〔一〕爲茂草，無草不死。《小弁》《谷風》。野有蔓草，百卉具腓。男女遭亂。蓼蓼者莪，匪莪伊蒿。蓼蓼者莪，匪莪伊蔚。不得終養。焉得諼草，言樹之背。夫從征役。』嵇康《論》：『合歡蠲忿，萱草忘憂，愚智所知也。』『何草不黄，何日不行。何草不玄，何人不矜。』征役如彼。歲旱，幽王用人，草不遂茂，以致饑饉。

《左・隱元年》：『鄭祭仲曰：「無使滋蔓，蔓難圖也！蔓草猶不可除，况君之寵弟乎？」』君子曰：『周任曰：「爲國家者，見惡，如農夫之務去草焉。芟荑蘊崇之，絶其本根，勿使能殖，則善者信矣！」』《襄公廿七年》：『鄭伯享趙孟于垂隴，子太叔賦《野有蔓草》，趙孟曰：「吾子之惠也。」』

野無青草。何所獨無芳草。疾風知勁草，板蕩識誠臣。李密《表》：『死當結草。』及秦晋之戰，老人結草。夢老人云：『我乃所嫁婦人之父也。』

〔一〕今按：『鞠』，《十三經注疏》本作『鞫』。

草之茸草〔一〕，非求顯於世，中芻牧則刈則鉏，中醫和則剥則枯。非以其材故耶？吾嘗觀於人矣，巧於辨人，拙於自辨。罪莫慘於德有心，禍莫深於心有見。山谷。

君子之德風，小人之德草，草尚〔二〕之風必偃。《論》。上之化下，猶風之靡草，東風則草靡而西，西風則草靡而東。泄冶。庾信賦：『草不宜男。』《詩》：『湛湛露斯，在彼豊草。』茀厥豊草，種之黄茂。穀。』《書》：『揚州蕨貢，島夷卉服。』

杜詩《除草》：『草有害於人，曾何生阻脩。遠地。其毒甚蜂蠆，其多迷道周。芒子〔三〕在我眼，焉能待高秋。芟夷不可闕，疾惡信如讎。』

草妖

隕霜殺草，雨雪殺草。漢元元光四年四月，隕霜殺草。書法，四月而霜，霜至，殺草，大異也。嗣聖十八，三月雨雪，蘇味道以雪爲瑞，入賀，王求禮獨不賀，進言曰：『草木發榮，

〔一〕今按：『草之茸草』，上海辭書出版社、安徽教育出版社（曾棗莊，劉琳主編）《全宋文》作『草之茸茸』。
〔二〕今按：『尚』，《十三經注疏》本作『上』。
〔三〕今按：『芒子』，《全唐詩》杜甫《除草》作『芒刺』。

而寒雪爲災，豈得誣以瑞。』太后爲之罷朝。

芝瑞

崔希喬之居，章懿后之榻。崔希喬以孝友稱，丁内憂，哀毁過禮，爲郡縣丞，芝生所居堂。宋仁宗降誕，章懿后榻下生芝，一本四十二葉，應享國四十二年之瑞。

芝，神草也。芝爲瑞，服之神仙，故曰神草。《説文》。芝生于土，土氣和，故芝草生。《論衡》。王者慈仁，則芝生。採食之，則延年不終，與真人同。《古瑞命記》。

一歲三華，一年三秀。芝一歲三華，一名菌。《爾雅》。《九歌》：『采三秀兮於山間。』《思玄賦》：『翼一年之三秀。』煌煌靈芝，一年三秀。《嵇叔夜傳》。

山川雲雨、四時五行、陰陽晝夜之精，以生五色神芝。神農芝論。飲六醴之清液兮，食五芝之茂英。馮得芝賦。孫綽《天台山賦》：『五芝含秀而神轂。』

《本草》：『青芝曰龍芝，赤芝曰丹芝。黄芝曰金芝，白芝曰玉芝，黑芝曰玄芝，紫芝曰木芝。』

《抱朴子》：『赤者如珊瑚，白者如截肪，黑者如澤漆，青者如翠羽，黄者如紫金，而皆光明洞徹，如堅冰也。』左思賦：『仁挺芝草。』李賀詩：『瑞自天開與地成，玉英明閏，寶葉紛敷。』

僞瑞

元封二年之甘泉宫，神爵元年之函德殿。甘泉宫産芝，有九莖，金色，六葉，朱實，夜有光，乃作芝房之歌。金芝九莖，産于函德殿銅池中。銅池，承霤也。《漢舊儀》。

忽生芝草，付鋤芝草。建初三年，零陵泉陵女子傅寧〔一〕宅中，忽生五本，長者尺四五寸，短者七八寸，莖葉紫色，蓋紫芝也。太守沈酆遣門下衍盛奉獻，皇帝悦懌，詔以芝告示天下。《論衡》。蔡誕求仙三年，飢凍还家。欺家云：『崑崙山下，芸鋤芝草，治之勤苦不可得。』〔二〕《抱朴子》。

如人冠，似珊瑚。章帝元和二年，芝生沛，如人冠，又生章武，如人抱三子狀。建初五

〔一〕今按：『傳寧』，《太平御覽》引作『博寧』。『建初三年』，《太平御覽》引《續漢書》作『建初五年』，疑誤。

〔二〕今按：『芝草』、『得』，中華書局《諸子集成·抱朴子》分别作『草三四頃』、『論』。

年，芝出潁川，以六月中生一葉。魏青龍元年，芝生長平，分爲九枝，散爲三十六莖，有似珊瑚。繆襲贊曰：『煌煌紫芝，吐葩揚榮。囊披其圖，今握其形。』《藝文》。

漢甘泉之宫九莖，效異；唐延英之殿，三花吐秀。肅宗上元二年七月甲辰，延英殿御座梁上，生玉芝，一莖三花。親製《玉靈芝詩三章一八句》，曰：『玉殿肅肅，靈芝煌煌。重英發秀，連夜分房。紫微間彩，白蕣呈色。載啓瑞圖，庶符皇極。放此靈質，賁其王猶。神惟不愛，永荷天休。』《會要》。

政和中之生楝，宣和間之生梁。政和中，宗室士頓所居鈍軒，忽生白芝數本于梁楝上，賜名芝軒，以爲和氣，賓客歌咏。次年士頓死。王黼賜第，白芝生正寢，又一本在所事照壁上。隔六年而黼誅。《雜録》。宣和間，王將明賜第，以梁生芝草爲奏。車駕臨幸，適久雨梅閏，芝墜地。京師無名子，有爲十七字詩，曰：『相公新賜第，梁上生芝草，爲甚脱下來？膠少。』《古今詩話》。

書甘泉之芝，而繼書天旱。書豫章之芝，而上書日食：元封二年，甘泉産芝，書法，書譏也。《綱目》書芝三。是年安帝永和八年梁乙丑年。安帝永和六年，太守劉祇欲上之。唐檀曰：『方今外戚豪盛，君道微弱，豈嘉瑞乎？』祇乃止。書法，其書芝，何予祇？《綱目》於□，上書甘泉産芝，而繼書旱。下書豫章産芝，而上書日食地震。

黄中不奏，杜悰不奏。黄中爲芝知成廟〔一〕，官吏陰畫，以聞宰相，召長貳詰之曰：『治世之瑞，抑而不奏，何耶？』指其畫曰：『治世何用此爲？』開成四年，文宗謂杜悰曰：『卿在鳳翔，不奏白芝，真先覺也。』

元康之芝，神爵之芝：宣帝元康，金芝九莖。神爵元年，産於含德殿前。見上。元煌煌，蔓蔓。嵇康詩。見上。齊房歌：『齊房産草，九莖連葉，宫童效異，效異披諜。元氣之精，回復此都，蔓蔓日茂，芝成靈華。』

賢愚知瑞，郊廟薦歌。韓文：『鳳凰芝草，賢愚知瑞。』班固《序》：『芝房寶鼎之歌，薦於郊廟。』

光武九莖之生，明皇兩莖之産。光武甘泉産九莖，如淳曰：『王者敬事耆老，不失舊臣，則芝草生。』天寶玉芝，産于大同殿之柱礎，一本兩莖，神光照殿。靈根盤錯呈天瑞，寶葉蟬聯表地鮮。李紳。書非美之，蓋紀異也。

魏正始二年，芝生太極殿。侍中崔光表曰：『氣蒸成菌，生於墟落穢濕之地，不當生於

〔一〕今按：『黄中爲芝知成廟』，中華書局《宋史·黄中傳》作『（黄中）遷司封員外郎兼國子司業。芝草生武成廟』。

殿堂高華之處。今忽有之，誠足異也。夫野木生朝，野鳥入廟，古人皆以爲敗亡之象。故太茂〔一〕中宗惧災修德，殷道以昌。所謂「家利而怪先，國興而妖豫」者也。今西南二方，兵革未息，郊甸之内，大旱逾時。願陛下側躬聳意，惟新聖道，節夜飲之樂，養方富之年。』魏主好宴樂，故光及之。書法，書芝再矣，皆譏也。

漢武元朔二安〔二〕、元初六，此其書何，著直臣也。發明。書非美之，蓋記異也。

金崇龜守九江廬山，産靈芝，僚屬勸公圖上，公抑而不奏。

蘭

俗呼燕尾香，又名香水蘭。《本草》：『劉次莊曰：「在春則黄，在秋則紫。春黄不如秋紫之芳馥也。」』

小山，蘭山。山有淳水，悉生蘭草。蘭山在蜀棘溪縣。

〔一〕今按：『太茂』，四部叢刊本《資治通鑑》作『太戊』。《北史》、《魏書》皆有載。
〔二〕今按：『漢武元朔二安』當作『漢武元朔二年』。

猗蘭操，紉蘭賦：《猗蘭操》者，孔子所作也。隱谷之中，見香蘭獨茂，喟然嘆曰：『夫蘭當爲王者香，今乃獨秀，與衆草爲伍。』乃止車，援琴鼓之，自傷不逢時，託辭於香蘭云。《琴操》。屈原賦：『紉秋蘭以爲佩，朝搴阰之木蘭兮。昔三后之純粹，固衆芳之所在。余既滋蘭之九畹兮，又樹蕙之百畝。蕙，麻葉而萬莖，赤花而黑實。枝葉之峻茂兮，願俟時乎吾將刈。時曖曖其將罷兮，結幽蘭而延佇。蘭芝變而不芳兮，荃蕙化而爲茅。余以蘭爲可恃兮，羌無實而容長。秋蘭兮麋蕪，羅生兮堂下。緑葉兮素枝，芳菲予襲餘〔一〕。秋蘭兮青青，緑葉兮紫莖。』

漢武帝辭：『蘭有秀兮菊有芳。』曹植詩：『秋蘭被長坂。』顏延年文：『蘭薰而摧。』李白詩：『木蘭之枻沙棠舟。』山谷詩：『蘭以香自焚。』東坡賦：『桂棹兮蘭槳。』邵雍詩：『芝蘭種不榮。』陸機賦：『嗟芝焚而蕙嘆。』孔子厄於陳蔡，曰：『芝蘭生於深林，不以無人而不芳。君子修道立德，不爲困窮而改節。』李白詩：『孤蘭生幽園，衆草共蕪没。雖照陽春輝〔二〕，復悲高秋月。飛霜早淅瀝，緑艷恐休歇。若無清風吹，香氣爲誰發。』《自傷》。

〔一〕今按：『芳菲予襲餘』，《太平御覽》作『芳菲兮襲予』。
〔二〕今按：『輝』，《全唐詩》李白《孤蘭生幽園》《古風五十九首》其三十八作『暉』。

夢蘭，秉蕑。鄭文公有賤妾曰燕姞，夢天使與己蘭，曰：『以是爲而子。以蘭有國香，人服媚愛之如是。』既而文公見之，與之蘭而御之。辭曰：『妾不才，幸有子，將不信，敢徵蘭乎？』欲計所賜蘭，爲懷子月數。公曰：『諾。』生穆公，名之曰蘭。穆公有疾曰：『蘭死，吾其死乎！吾所以生也。』刈蘭而卒。杜甫詩曰『夢蘭他日應』是也。《詩》：『溱與洧方涣涣兮，士與女方秉蕑兮。』鄭國之俗，上巳於溱洧之上，招續魄，握蘭，祓除不祥。《韓詩外傳》。

沐蘭，入蘭。《大戴禮》：『五月五日，蓄蘭爲沐浴。』王禹玉《夫人帖》：『蘭芽翠釜湯。』章簡公：『蘭湯曉浴温。』古詩：『蘭湯備浴傳荆俗。』與善人居，如入芝蘭之室，久不聞其香，則與之化矣。《家語》。

李白詩：『至今芳洲上，蘭蕙不忍生。』禰衡死。杜牧《李甘》詩：『幽蘭思楚澤。』『蘭溪春盡碧泱泱，映水蘭花雨發香。』李白詩：『芳蘭哀自焚。』《易》：『同心之言，其臭如蘭。』《詩》：『彼澤之陂，有蒲與荷。』芝蘭玉樹，生於階。『蘭茁其芽，稱其家兒也。』韓。杜《柏中丞》：『芝蘭叠玛璠。』杜牧：『芝蘭在處芳。』又：『馥馥芝蘭圃。』杜：『猗蘭奕世光。』《文子》：『叢蘭欲茂，秋風敗之。』劉峻《論》：『顔回敗其叢蘭。』狄仁傑《表》：『採羅咸致仕之蘭。』羅咸階庭蘭菊生，人以爲德行之感。致仕還家。

春蘭秋菊，春蘭秋菊。煬帝游鸡臺，與後主相遇。一人迴美，即丽華也。後主問帝：

『蕭妃何如此人？』帝曰：『春蘭秋菊，各一時之秀也。』《拾遺録》。長壽二年，李朝隱、程行諶以文法著稱，鄠縣尉裴子餘獨以詞學知名。或問三人優劣孰先，雍州長史陳崇業曰：『譬之春蘭秋菊，俱不可廢。』《舊唐》。

蘭菊異芬，胡可廢者。《語林》。秋菊春蘭，英華靡絶。《選》。

兩心不可以得一人，一心不得百人。男子樹蘭，美而不芳。繼子得食，肥而不澤。情不相與往來也。《淮南子》。『蘭生幽谷，不爲莫服而不芳。君子行義，不爲莫知而止休。』上。蘭以芳致燒，膏以肥見焫。《志林》。曹操殺楊脩，曰：『芳蘭當門，不得不除。』《典略》。先主殺張裕，曰：『芳蘭當門，不得不鋤。』《蜀志》。劉湛、袁淑大相乖戾，淑賦詩云：『種蘭忌當門，懷璧莫向楚。楚少别玉人，門非植蘭所。』

薰蕕

薰，香草。蕕，臭草。薰草，蕙草也，一名燕草。《廣雅》。

稟金水之清氣，而似有火。人知其花香之貴，而不知爲用之有方。

申蘗、杜茝〔一〕，人之所懷服也。及漸之於滫，滫，臭汁也。則不能保其芳矣！《淮南子》。漸于蘭則芳，漸于鮑則臭。《論語撰考識》。傳曰：『蘭根與白芷，漸之滫中。君子不近，庶人不服』者，所以漸然也。《史記》。

非蘭美也，所蕩然也。曾子將行，晏子送之曰：『君子贈人以軒，不若以言。吾請以言乎？夫蘭，本三年而成，湛之苦酒，則君子不近，庶人不佩。湛之麋醢，而價匹馬矣。非蘭本美也，所蕩然也。願子之必求所湛。』《晏子》。

譬如伊蘭與旃檀，生末利山中。牛頭旃檀，生伊蘭叢中。未及長大，在地下時，芽莖枝葉如閻浮提竹笋，衆人不知。言此山中純是伊蘭，無有旃檀。伊蘭嗅臭，若胖尸，薰四十由旬。其華紅色，甚可愛樂。若有食者，發狂而死。

《左・僖公四年》：『晉獻公欲以驪姬爲夫人。卜人曰：「一薰一蕕，十年尚猶有臭。」』薰香草，譬申生。蕕臭草，譬驪姬。劉峻《論》：『薰蕕不可同器。』

〔一〕　今按：『申蘗杜茝』，諸子集成本《淮南子・人間訓》作『申菽、杜茝』。

竹

竹，冬生草也。青士，竹也。按《齊民要術》曰：『竹性喜東南引。』又小説曰：『西家種竹，東家治地。』來鵬〔一〕詩曰『笋過東家作竹林』是也。植類之中有物曰竹，不剛不柔，非草非木，根榦將枯，花箙乃懸。筣必六十，復亦六年。《竹譜》。

東南之美者，有會稽之竹箭焉。《爾雅》。渭川千畝竹，與千户侯等。《貨殖傳》。鄠杜竹林，號陸海焉。《地里志》。楚謂竹皮曰箬。《説文》。篺，竹皮也。《字書》。竹華曰華草。《本草》。竹竿萬个。《貨殖傳》。竹曰个，木曰枚。《采名》。

竹性愛向西南，故園東北角種之。諺云：『東家種竹，西家治地。』謂滋蔓而來生也。《齊民要術》。

蒙雙之民，員丘之竹。高陽氏有同産而爲夫婦者，帝怒放之，相抱而死。神鳥以不死竹覆之，七年男女皆活。同頸異頭，共身四足，是爲蒙雙民。《外國圖》。

〔一〕今按：『來鵬』，《全唐詩》作『來鵠』。

附禺之山丘，方圓三百里。《竹譜》云：『員丘帝竹，一節爲船』。帝，舜也。膏流之竹，淚沾之竹。禹殺共工，膏流爲水，竹生在崑崙之北。舜葬蒼梧，二女淚下沾竹。庾信賦『竹染湘妃之淚』是也。

東海之竹，淇園之竹。東海孤竹，斬而復生。武王時，孤竹人獻笋一株。《述異記》。衛有淇園，出竹，殷紂竹箭園也。武帝時，下淇園之竹，塞瓠子之河。《淮南子》曰：『烏號之弓，貫淇卫之箭。』是也。

齊景公之樹竹，唐高宗之採竹。令吏守之，有斬竹者，將加罪焉，晏子諫，公曰：『善。』令出斬竹之囚，舍之。《晏子》。使中官緣江采異竹，植于苑内。所在縱暴，还過荆州，荆州長史蘇良嗣囚之，上疏切諫。詔慰諭便，令棄竹于江中。《唐新語》。

越王竹，峽州竹。根生石上，用爲酒籌。越王棄餘算，而生竹。《草木狀》。次有沙笏，可爲籌笏。凡欲採者，輕步從之，聞人行聲，縮入沙中。《北户録》。鬼谷子洞，葉文成符，佩之，可以辟患。《瑣碎録》。

邛山竹，柯亭竹。張騫奉使，得高節竹，植于邛山。《蜀記》。龜山扶竹，即邛竹。《山經》。蔡邕避難，宿于柯亭。見屋椽竹，可以爲笛。取用，果有異聲。《會稽記》。

三節竹，一竿竹。有竹王者，興於遯水。有一女浣於水濱，有三節大竹，聞有兒聲，破竹得男，遂雄夷狄，氏竹爲姓。破竹於野成林，今王祠竹林是也。《華陽國志》。吴褚瑶，字孔斑，烏傷令，罷去，單船而歸。故人中庶子羊衜乞土宜，抽船上竹一竿，與之，曰：『幸堪歲寒。』舟中惟竹笠一枚，蘆襏數領。遂啓用瑶爲昭信中郎。

魏太守之獻笋，王子猷之指竹。魏時漢中太守王圖，每冬獻笋，俗謂之籞笥。王子猷住人空宅，便令種竹。王嘯咏良久，直指竹曰：『何可一日無此君？』《世説》。

王子猷之造竹，王右軍之造竹。行過吴中，見一士夫好竹。肩輿徑造竹下，諷誦良久。上。張廌隱居頤志家，有苦竹，竹中爲屋。聞而造之，廌逃避竹中，不與相見，郡號爲竹中高士。《永嘉郡記》。

蛇形已成，雉頭盡就。汝南人入山，見一竹，蛇形已成，枝葉如故。吴郡人伐除遺竹，雉頭盡就，蛇身未變，此亦竹爲蛇、爲雉也。《異苑》。

宋仲産之竹，王子罕之竹。宋仲産元嘉末起齋屋，以竹爲窗櫺。竹遂漸生枝葉，長數丈，扶疏蓊翠，鬱然成林，仲産以爲祥。及孝建中，同義宣之謀被誅。《述異記》。南齊南海王子罕，字雲華，武帝子也。母樂容華嘗寢疾，子罕晝夜祈禱，以竹爲燈纘，其燈照曜訖夜，極明。此纘經宿枝葉茂盛，母病尋愈，咸以爲孝感所致，主簿劉瓛、侍讀賀子喬爲之賦頌。《南史》。

羅浮山之竹，桂陽縣之竹。貞元五年，犯鹽禁者，避罪羅浮山。遇竹千萬竿，圍一十一尺，有三十九節，節長二丈，即由梧類也。破之爲篾，獻於李復。竹林堂，宋臨川王義慶所作。堂前有竹，名桂竹。郭璞云：『出桂陽縣，來風防露，上合下疏。每日出，羅紈金翠，春光秋月。其西有篠，冬月抽笋。』《寰宇記》。

花竹，密竹。後漢襄楷云：『國中竹柏枯者，人主當之。人家竹花枯者，家長當之。』開元二年，終南山竹，開花結子，綿亘山谷，其歲大飢。四年上皇崩。《僉載》。太液池岸，竹數十叢，笋未嘗離，密密如栽。帝謂諸王曰：『人世父子、兄弟離心離德，此竹本不相疏，人懷二心，可以爲鑒。』諸王唯唯，帝呼爲義竹。

鄜延長吏割三四圍，天台玄燭伐五六截。見有二仙翁，對云：『平生深根勁節，惜爲主人所伐。』乘雲而去。《幽怪録》。至一溪，翠竹數百竿，皆三尺圍，伐得竹五六截。再遊，尋不得。《葆光録》。

童子寺之一窠，甘露寺之漆杖。李衛公守北都，童子寺有竹一窠，纔長數尺，相傳令其寺綱維，每月報平安。《酉陽》。李衛公〔一〕罷鎮，遊甘露寺，有老僧者，熟于延接，以大宛邛竹

〔一〕今按：『李衛公』，上海古籍出版社（周勛初主編、武秀成姚松等編）《唐人軼事匯編三》作『朱崖公』。

杖贈别。後再領朱方，問柱杖何在，則圓而漆之矣，公嗟嘆彌日。《叢談》。

金姑聲，鶏子實。李畋鄰有仲叟爲山魈所祟，畋曰：『除夕爆竹數十竿。』爆竹，至曉寂然安怗。或問鬼所惡，答云：『最惡金姑聲。』閩人謂破竹聲爲金姑聲。《海録》。江南人言：『彼有竹實，大如鷄子，味甘勝蜜。』因知鳳凰〔一〕之食，必非常物也。《該聞集》。

十二時竹，雌雄枝竹。周俊叔家得十二時竹，繞節凸生子、丑、寅、卯、辰、巳、午、未、申、酉、戌、亥十二字，點畫〔二〕可數。《漫録》。竹有雌雄，雌者多笋。欲識雌雄，當自根上第一枝觀之，有雙枝者爲雌，若獨枝者是雄。《志林》。

紫竹，青簳。四明巨喬，絶頂梵宫，窗外竹數個，簳葉如丹。得一二竿，截之爲杖。老叟以簞珠易之，曰：『落伽山北旃檀林紫竹也。』久病醫藥無效者，煎湯飲之輒愈。蓬山有浮筠之簳，叢青莖紫，子如大珠，鸞集其上。〔三〕《拾遺記》。

岑華之竹，金門之竹。爲簫管，若群鳳之鳴。爲律管，可以候氣。

〔一〕今按：『鳳凰』，中華書局（杜甫）《杜詩詳注》（第三册）引李畋《該文集》作『鸞鳳』。

〔二〕今按：『畫』當作『畫』。

〔三〕今按：『巨喬』『蓬山有浮筠之簳，叢青莖紫，子如大珠，鸞集其上』，《初學記》分别作『巨賈』『蓬萊山有浮簳之竿，葉青莖紫，子如大珠也』。

鄒魯山之篠，慈母山之竹。質特堅潤，宜爲笙管。《笙賦》所謂『有汶陽之孤篠』。作簫笛，有妙聲。《洞簫賦》所謂『於江南之丘墟』。

漢竹，晋竹。永昌有漢竹，一節受一斛。吴王增封越王，使大夫種索晋竹十庾，以答封禮。《吴越春秋》。

雲母竹，一節爲船。篩竹，一名太極，扶南所出。《草木狀》。南方爲船。《神異經》。

南方策，長百丈。峰州大竹，以爲船，其子味〔一〕，食之，可以已瘡疠。上。數圍，任屋梁柱，覆用之，則當瓦。《八郡志》。由梧竹，作屋柱，小實竹，出交趾。《草物狀》。大堪爲釜甑。《孝經》《河圖》。

實心竹，篤簩竹。文采斑駁，可爲器物。《雲南記》。皮上有粗澀文，可以爲錯子、錯田〔二〕。《嶺表録異》。

石林竹，篔簹竹。削爲刀，割象皮如切芋。《草物狀》。頗似綉畫，肅肅叟叟。《竹譜》。

柱竹，桂竹。甚毒。《山經》。闊節大葉。《竹譜》。

〔一〕　今按：『南方策，長百丈。峰州大竹』，《齊民要術》作『南山荒中有沛竹，長百丈，圍三丈五六尺，厚八九寸，可爲大船。其子美，食之可以已瘡癘』。

〔二〕　今按：『篤簩竹』『錯田』，《廣州記》分別作『篔簩竹』『錯甲』。

篘笨竹，桃枝竹。生于漢陽，以爲軺馬策。皮赤可爲席，《顧命》所謂『篾席』者也。

篔簹竹，龍鍾竹。建安篔簹竹，節中有人，長尺許。王彪之《閩中賦》所謂『篔簹函人，桃枝育蟲』是也。俗説竹人時有得者。育蟲，謂竹䶉，竹中皆有耳。《齊民》。篔簹竹堪作甑。《竹譜》。羅浮山生竹，大七八圍，節一二丈，謂之龍鍾竹。《南越志》。馬融《笛賦》：『惟籠鍾之寄生，于終南之陰崖。』籠鍾，竹名。

篠筡，慈竹。葉薄而廣，越女試劍竹是也。《竹譜》。吴筠《慈竹賦序》：『廣漢山中，有竹名竹慈。生必内向，示不離本。翛莖巨葉，攢根沓柢。叢之大者，或至千百株焉。』《英華》。杜詩曰『慈竹春陰覆』是也。

月竹，棘竹。蜀嘉定産月竹，每月生笋。棘竹生交州，枝節皆有刺。彼人種爲城。萬震《異物志》所『種爲藩落，但[一]過層墉者也。一名笆竹，笋味落人鬚髮。《竹譜》。

桂陽筀竹，交趾簗竹。圍二尺，長四丈。實中，勁强，箣虎則死。《山經註》。

一畔二色，二箭殊葉。對青，其竹一邊青一畔紫，二色。笋萌可食。孟昶據蜀，作對青竹亭。《笋譜》。二箭，一者苦箭，大葉；一者笄箭，細葉。《宋書》。謝靈運《山居賦》：『其竹則

〔一〕今按：『但』，中華書局《竹譜》作『阻』。

二箭殊葉，四苦齊味。』是也。

安思縣苦竹，竹之醜者有四：有青苦者、紫苦者、白苦者、黄苦者。《要術》。

雹斑竹，疏節竹。雷州土貢雹斑竹。《地理記》。潘州疏節竹，五六尺一節。

弓竹，通竹。弓竹如藤，其節郗曲。《竹譜》。弓竹似筋藤，斑駁如玳瑁。《異物志》。溱州通竹，直上無節，空心也。《北户録》。

篁竹，笏竹。堅而促節，體圓而質堅，大者宜行船，細者爲笛簧。《竹譜》。樂毅書：『薊丘之植，植于汶篁。』謝靈運詩：『初篁苞緑籜。』謝莊月賦：『風篁成韵。』徐敬業詩：『脩篁壯下屬。』宋紹興中，州守黄濟植笏竹，圍繞之竹，芒棘森然，羔豚不能入。

合歡竹，三棱竹。合歡竹出南岳下，其笋初生，合歡形勢。及成竹也，或三莖合，或兩莖合。狀若椶櫚，葉莖柄三脊。然笋細，初抽。川中人家竹林中忽有，云吉兆也。

仙人杖，解子猷。篁竹：竹之良者，惟有篁竹。其自死笋，則謂之仙人杖。《通志》。解賓王作利漕，將伐还，凡有行衙所在竹，皆伐賣之，時人呼爲解子猷。《雜志》。

《周禮・考工記》：『凡自幹爲直〔一〕，竹爲下。』《易》：『震爲蒼筤竹。』《書》：『揚州，篠簜

〔一〕　今按：『自幹爲直』，《十三經注疏》本作『取幹之道』。

既敷。篠，箭竹。簜，大竹。荆州，惟箘簵楛，底貢厥名〔一〕。』《詩》：『籊籊竹竿。竹閉緄縢〔二〕。秩秩斯干。如竹包矣。瞻彼淇奥，緑竹猗猗。瞻彼淇奥，緑竹青青。瞻彼淇奥，緑竹如簀。』美武公之德。《大學》：『《詩》云：「瞻彼淇奥，緑竹猗猗。有斐君子，如切如磋，如琢如磨。」』

雄鳴爲六，雌鳴亦六。黄帝使伶倫自大夏之西，昆侖之陰，取竹之解谷生，其竅厚均者，斷兩節間而吹之，以爲黄鍾之宫。制十二籥，以聽鳳之鳴。雄鳴爲六，雌鳴亦六。《律曆志》。

李晟伐竹，萊公插竹。李晟園多竹，或言藏兵其間，晟伐其竹。萊公貶雷州道，出公安，剪竹，插神祠前，曰：『准不負朝廷當再生。』果然竹生。

殿前之竹，阿城之竹。漢章帝二年，子母竹生白虎殿前，時謂之孝竹，群臣作《孝竹頌》。《述異記》。苻堅植竹待鳳。見梧桐。

嶓南山之竹，斬南山之竹。李密檄數煬帝曰：『嶓南山之竹，書罪無窮。』子路曰：『南山有竹，不揉自直，斬而射之，通於犀革，又何學焉？』孔子曰：『括而羽之，鏃而砥礪之，其入不益深乎？』子路曰：『敬受教哉。』《説苑》。

〔一〕今按：『惟箘簵楛，底貢厥名』，《十三經注疏》本作『惟箘簵楛，三邦底貢厥名』。
〔二〕今按：『縢』，《十三經注疏》本作『滕』。

造竹所，覓竹叢。宋袁粲爲丹陽尹，郡南一家有竹，率爾步往，直造竹所，嘯咏。許渾詩曰『看竹何須問主人』是也。杜甫《從明續處覓綿竹三數叢》詩曰：『華軒藹藹他年到，綿竹亭亭出縣高。江上舍前無此物，幸分蒼翠拂波濤。』

�軒，竹塢。東坡詩：『不可居無竹，無竹令人瘦。』朱子詩：『悄蒨桃蹊北，蕭槮竹塢深。』

竹溪，竹樓。竹溪六逸。見溪。王元之《黄州竹樓記》：『黄岡之地多竹，大者如椽，竹工破之，刳去其節，用代陶瓦，比屋皆然，以其價廉而功省也。』左思《蜀都賦》：『邛竹傳節於大夏之邑。』又曰：『邛竹緣嶺。』《吳都賦》：『其竹則緑葉翠莖，冒霜停雪。鸑鷟食其實，鵷雛擾其間。』《魏都賦》：『南瞻淇澳，則緑竹純茂。』庾信《江南賦》：『竹則家封千户。』

竹葉舟，竹葉酒。種竹者多用辰日，又用臘月。惟五月十三日，人謂之竹醉日，又謂之竹迷日。栽竹多茂盛，明年笋莖争出雌黄。《藝苑》。

《養竹記》：白樂天。『竹似賢，何哉？竹本固，固以樹德；君子見其本，則思善建不拔者。竹性直，直以立身；君子見其性，則思中立不倚者。竹心空，空以體道；君子見其心，則思应用虚者。竹節貞，貞以立志；君子見其節，則思砥砺名行，夷險一致者。失如是，故君子人多樹之爲庭實焉。』又其詩曰：『心與竹俱空。』

韓詩：『未出土時先有節，便凌雲去也無心。』

笋 玉板

笋，竹萌也。《爾雅》。笋，竹胎也。《説文》。箈苴雁醢。鄭註：箈，箭萌。和之美者，越駱之菌。越駱，山名。菌，竹笋也。《吕覽》。

孟宗哀，新婦答。孟宗至孝，母嗜笋。冬節將至，笋尚未生。宗入竹林哀嘆，而笋爲之出，得以供母，皆以爲至孝所感。《楚國先賢傳》。吴丁固、晋劉殷、蜀程崇雅事同。諺曰：『臘月煮笋羹，大人道便是。』昔有新婦，不得舅姑意，凡所須索，必背時而逆意，其婦善承，須不違。姑一日歲暮而索笋羹，婦答即煮供上。妯娌問之曰：『今臘月中，何處求笋？』『且應爲貴，以順攘逆責耳，其實何處求笋？』姑聞而後悔，倍憐新婦。故又諺曰：『恭敬不如從命，受訓莫如從順。』

送盗，過盗。宋沈道虔，有盗笋者，止之曰：『此笋欲成林，更有佳者相與。』令人買大笋送之，盗慚不取，令人置門而還。范元琰見人盗笋，苦於過溝，乃伐樹爲橋與盗，盗遂不爲盜。

杜詩：『青青竹笋迎船出。』又：『遠傳冬笋味。』衛伯玉大夫人。

沈如琢之冬笋，辛宣仲之春笋。沈如琢有孝行，母亡，負土成墳，廬於側，冬笋抽十莖。辛居士，名宣仲，家貧，春月鬻笋充膓，酌，截竹爲罌。人問其故，宣仲曰：『我惟愛竹好酒，欲令二物常相並耳。』《雍州記》。

馬援，漢人。馬援好事，至荔浦，見冬笋，名苞笋。上言：『《禹貢》「厥包橘柚」，疑謂是也。』《東觀漢記》。漢人適吴，吴人設笋，問是何物，曰竹也。歸煮其牀簀而不熟，乃謂其妻曰：『吴人轣轆，欺我如此！』《笑林》。稀見食笋，歸煮竹根。《唐子》。

且寄林中，插于籬下。唐夏侯彪爲益州新昌令，問里胥曰：『笋一莖幾錢？』曰：『一錢五莖。』曰：『且寄林中養之。』至秋竹成，一竿十文，遂成五十萬。《僉載》。吉安魏夫人煉丹時，村嫗屢茶獻。夫人感其意，拔簪插籬下，曰：『年年四月盡當生笋，可供汝家食饌。』次年，其地笋生，味甘而無根，苗名曰填補笋。《續志》。園人云：『初出者盡成竹，次者多爲蟲所傷。』《雜書》。

《詩義疏》：『笋皆四月生，笆竹笋八月生，篃竹笋冬歲生。』《永嘉記》：『含墮竹笋六月生。』《竹譜》：『湘源縣十二月，食斑皮竹笋。』《北户録》。鷄脛笋，鹿頭笋，夢折笋，得財象也。

夢竹生笋，欲有子息也。李淳風《占夢書》。梁簡文賦：『望初篁之傍嶺，愛新荷之發池。』謝靈運詩：『初篁苞緑籜，新蒲含紫茸。』

竹畫

蘇東坡之哭畫竹，朱晦庵之跋畫竹。《文與可畫篔簹偃竹記》：『元豐二年七月七日，曝書，見此竹廢卷而哭失聲。』東坡。東坡老人英秀後凋之操，堅確不移之姿，竹君石友，庶幾似之。百世之下，觀此畫者，尚可想見也。朱子。

菊

《説文》：『大菊，蘧麥也。』《爾雅》：『治墻〔一〕。』范石湖作《菊譜》云：『菊有七十種。』菊有筋菊，有白菊。一名節花，一名白花。一名傳公，一名延年。一名日精，又曰陰威。一

〔一〕今按：『治墻』，《十三經注疏》本作『蘜，治蘠。』

名朱嬴，一名女花。一名更生，一名女莖。其白花者，潁川曰回峰，汝南曰荼苦蒿，河南曰地薇蒿，上黨及建安郡曰羊歡草。《本草》。

紫菊，黑菊。皆明國有紫菊，謂之日精，食者不飢。《拾遺記》。漢之好畤出黑菊，其色如墨，古用其汁以書。《五老洞碑》。

飲水上壽，變白增年。荆州菊潭，谷中三十餘家，不得穿井，仰飲此水。上壽二三百〔一〕，中壽百餘，其七十八十者，猶以爲夭。《十道記》。

王喬甘菊變白增年：三月上寅日采，名曰玉英；六月上寅日采，名曰客成；九月上寅日采，名曰金精；十二月上寅日采，名曰長生。《玉函方》。

《禮記》：『季秋之月，菊有黄。』

杜甫嘆庭前之甘菊，屈原餐秋菊之落英：杜詩曰：『庭前甘菊移時晚。』屈經曰：『夕餐秋菊之落英。』

陶淵明《歸去來》曰：『松菊猶存。』韋表微爲御史，曰松菊主人。

〔一〕　今按：『上壽二三百』，《藝文類聚》引《風俗通》作『上壽百二三十』，《抱朴子内篇》作『高者百四五十歲』，《荆州記》作『上壽百二三十』。此條言『上壽二三百』，誤。

陶潛摘菊之盈把，魏文賜菊之延壽。陶潛九月九日無酒，宅邊菊叢，摘盈把，坐其側，見白衣至，乃江州王弘送酒也。《魏文帝與鍾繇書》：『歲往月來，忽復九月九日。九爲陽數，而日月並應。俗宜其名，以爲宜於長久，故以燕享高會。是月律中無射，言群木庶草，無有射地，生於芳菊紛然歸榮。非夫含乾坤之淳和，本芬芳之淑氣，孰能如此？故屈原悲冉冉之將老，餐秋菊之落英，輔體延壽，莫斯之貴。謹奉一束，以助彭祖之術。』

南陽飲菊水，漢宮飲菊酒。南陽飲菊水，甘而芳，居民皆壽。漢武帝宮人九月九日飲菊花酒，云令人長壽。《玉燭寶典》。

飲桓景消禍之酒，餌胡廣延年之菊。費長房謂桓景曰：『九月九日，汝家當有災厄，登高飲菊酒，此禍可消。』景如言登山。夕还，鷄狗暴死。狄仁傑表：『餌胡廣延年之菊。』

周茂叔曰：『余謂菊，花之隱逸者也。噫！菊之愛，陶後鮮有聞。』林駉《至論》曰：『「寒城菊自花」，前賢咏其物之有操，而今謂草木之有恕心者，信矣。』明道。

益智

子似廉薑，香如荳蔻。《寰宇記》。

葉如蘘荷，莖如竹箭。子從心中出，一枝有十字，取外皮，蜜煮爲粽子，味辛。〔一〕《草物狀》。

益智類薏苡，長寸許，如枳椇子，味辛辣，飲酒食之甘。《異物志》。

遺益智粽，答續命湯。安帝元年，盧循廣州刺史，遺劉裕益智粽，裕答以續命湯。《二十六國春秋》。

萱草

一名紫萱，一名宜男。名忘憂草，呼療愁花。萱草，是今之鹿葱也。《别録》。

合歡蠲忿，萱草忘憂。《神農經》。皋蘇作劳，萱草忘憂。王朗《書》。

〔一〕今按：「蘘」「字」，《太平御覽》分别作「嫩」「子」。

雖萱草在背，皋蘇在側，悒憤不諟，祇以增毒。應瑒《書》。甘棗令人不惑，萱草可以忘憂。束晰《發蒙記》。

萱草辨，俗謂母爲萱。考之《詩》云：『焉得諼草？言樹之背。願言思伯，使我心痗。』註云：『背，北堂也。』箋云：『憂以生疾，恐將危身，欲忘之。』是詩既以君子行役而作，以忘憂解之，極通。于母何干預？鼠璞。願得萱草枝，以解飢渴情。李陵。積憤成疢痗，無萱將如何。謝惠連。思君如萱草，一見乃忘憂。王融。銷憂非萱草，一見寄夢寐。江淹。萋萋萱草、忘憂之言不實，團團輕扇、合歡之用爲虚。何遜。

蓮荷，芙蕖

其莖茄，其葉蕸，其本蔤，其華菡萏，其實蓮，其根藕。其中菂，菂中薏。李巡曰：『芙蕖，別名。芙蓉，總名。』郭璞曰：『江東人呼荷蕖爲芙蓉，江方〔一〕人便以藕爲荷，亦以蓮爲荷，蜀人以藕爲茄。』《爾雅》。菂中有青，長三分，如鈎爲薏。語曰：『苦如薏者也。』《詩義疏》。

〔一〕今按：『江方』，中華書局《爾雅·釋草第十三》作『江北』。

芙蓉，一名水芝丹，一名澤芝，一名水花。《古今註》。《七發》：『蔓草芳苓。』《七啓》：『寒芳苓之靈軀。』善曰：『苓，古蓮字。』。《詩》：『彼澤之陂，有蒲與荷。彼澤之陂，有蒲菡萏。相悦相念。隰有荷華。虚其所私。』周茂叔《愛蓮説》：『予獨愛蓮之生於淤泥而不染，濯清漣而不夭。中通外直，不蔓不枝，香遠益清，亭亭净植，可遠觀而不可褻玩焉。予謂蓮，花之君子者也。噫！蓮之愛，同余者何人？』

剪綵爲荷芰，以金爲蓮花。隋煬帝沼内剪綵爲荷芰菱芡，色渝則易新者。齊東昏侯所幸潘妃，以金爲蓮花，帖地上，步之，曰：『此步步生蓮花也。』

六郎似蓮花，蓮花似六郎。時人譽張昌宗之美，曰：『六郎面似蓮花。』楊再思曰：『不然，乃蓮花似六郎爾。』

柳耆卿《望海》調詞：『十里荷花。』金主亮詩：『立馬吴山第一峰。』謝處厚詩曰：『誰把杭州曲子謳，荷花十里桂三秋。那知卉木無情物，牽動長江萬里愁。』張志道詩：『荷花十里桂三秋，江介年華憶昔時。莫向中原誇絶景，西湖遺恨是西施。』

或俱死而並蔕，或一生而名香。宋時男女，有自悦相私者，爲父母所覺，俱投水而死，遂開並蔕荷花，人以爲情感。黄山谷在荆州，見鄰女絶美，以嫁貧民，因賦《水仙花》，寓意云：『淤泥解作白蓮藕』云云，『可惜國香天不管』云云。數年，山谷卒，荆州歲荒，其夫鬻之田氏家。山谷友高子勉請名國香，以成山谷之意。

華山上有池，池生蓮花；梁山上有池，池生芙蓉。李白詩：『白帝金精運元氣，石作蓮花雲作臺。』韓詩：『太華峰頭玉井蓮，開花十丈藕如船。』李白自傷：『碧荷生幽泉，朝日艷且鮮。秋花冒綠水，密葉羅青烟。秀色空絕世，馨香竟誰傳。坐看飛霜滿，凋此紅芳年。結根未得所，願託華池邊。』

瑞蓮

石蕖青色，池實玄珠。黄帝時，石蕖青，從風靡靡，覆其波上，一莖百葉，千年一花。《拾遺記》。昭帝元始元年，穿琳池，千步。中植分枝荷，一莖四葉，名曰低光荷。實如玄珠，宫人出入，必皆含嚼。或剪以爲衣，或折以蔽日。《楚詞》所謂『製芰荷以爲衣』也。上。素色如斗，蓮實如珠。昭帝遊柳枝，有芙蕖，素色，大如斗，花葉甘可食，芬氣聞於十里之内，蓮實如珠。〔一〕上。

善福門之见芙蕖，銅甖中之視根鬚。晋末黄祖至孝，母病篤，庭中稽顙。俄頃，天漢開明，有一老翁以兩丸藥賜母，服之，衆患頓消。翁曰：『汝入三月，可泛河而來。』依期行，見門，題曰善福門，内有水，曰湎源池。有芙蕖，如車輪。《幽冥録》。平安王子懋，字雲昌，武帝子也。年七歲，母阮淑媛病篤，請僧行道，有獻蓮花供佛者，衆僧以銅甖盛水，華更鮮。子懋流涕禮佛，誓曰：『若使阿姨獲祐，願華竟齊如故。』七日齊畢，華更鮮紅。看視甖中，稍有根鬚。阮病尋差，世稱其孝感。吴均《齊春秋》。

災蓮

鈴下生蓮花，宅中生蓮花。王敦在武昌，鈴下儀仗生蓮花，五六日而落。説曰：『《易》称「枯楊生華，何可久也。」今狂華生於木。』敦終逆而身死。《搜神記》。侍中崔季舒宅中，池

〔一〕今按：『遊柳枝』『素色』『花葉』『聞於十里之内』，《藝文類聚》引《拾遺記》分别作『遊柳池』『紫色』『花素葉甘』『聞車之内』。此條謂『素色』，應是。《藝文類聚》作『紫色』，誤，因與下文『花素葉甘』相抵牾。

内蓮花皆作胡人面，仍着鮮卑帽，俄而，季舒見殺。《北齊》。

荆港白蓮，蘇檻白蓮。荆文獻王未薨前數年，溝港城隍，悉開白蓮。中和中，蘇昌遠居蘇州。一日，見女郎素衣紅臉，與之相狎，嘗以玉環贈之。一日見檻前白蓮花，俯而玩之，花房有物，乃所贈玉環也。因折之，其妖遂絶。《北夢》。

異蓮

峴流素蓮，鬱水碧藕。王母與穆王，玉帳高會，進峴流素蓮、千常碧藕。素蓮者，一房百子，凌冬而茂。鬱水在磅磄山東，所謂『沉流』，亦名『重泉』。生碧藕，長千常，七尺爲常也。《拾遺記》。

一花徑十丈，逆風聞十里。老子語尹喜曰：『天崖之淵，真人所遊。各坐蓮花上，一花莖十丈，有返生香，逆風聞十里。八行分寶樹，十丈散芳蓮。隋煬《步虚辭》。尹喜生時，家堂陸地，自生蓮花。

北極坂上，西園渠中。北極坂，日月不至，其地自明。紫荷萬里，流沫千丈。《洞冥記》。靈帝西園渠中，植蓮大如蓋，枝長一丈，夜舒晝卷，名曰夜舒荷，亦名望舒荷。《拾遺記》。

十六年更生，今年復生。新塗縣所事前，陸地生蓮華。入冬死，十六年更生四枚，今年復生故處。蜀〔一〕范甯爲豫章郡守《表》。

泰始二年之一雙，泰始六年之一蔕。駢花並實，生豫章之醴湖。雙蓮一蔕，産東宫之圃池。《起居註》。

泰始七年之池内一蔕，太和二載之閣下一花〔二〕。二花一蔕，謂之嘉蓮。《符瑞志》。烏程之縣閣下生。《萬歲曆》。摘蓮而噉，以荷而覆，南郡王義宣之反也。《宋書》。

蓮花之池，芙蓉之池。庾景行。王儉之府也。

滄洲金蓮花，渝州紅蓮花。元藏幾，大業初爲海使判官，遇風漂于滄洲。洲有良金池，中有四足魚、金蓮花。更有莖出，其花如蝶，婦人競採以爲首飾，語曰：『不戴金莖花，不得在仙家。』《杜陽編》。貞觀二十年，渝州相思寺側泉内，忽出紅蓮花，面光〔三〕三尺。《廣記》。

太液數枝之蓮，争如解語之花。明皇秋八月，太液千葉蓮。帝指貴妃曰：『争如我解語花。』

〔一〕今按：『蜀』當作『晋』。

〔二〕今按：『太和二載之閣下一花』，中華書局《宋書・符瑞志》作『太和二載之閣下二花』。

〔三〕今按：『光』，《太平廣記》作『廣』。

開元廿一年之同心蓮一莖，貞元十八年之合歡蓮一莖，徐州黄龍池同心蓮一莖。《唐書》。

西内神龍寺合歡蓮一莖兩房，宰臣權德輿、柳宗元表賀：《英華》。權德輿之賀表，柳宗元之賀表。見上。柳宗元有《西内定禮池青蓮花表》：『廬山峰池之大如輪，廬山瀑布之大如笠。』

蜀中朝日花，開則隨日所在，或黄、或白，日入輒斂藏葉下。

豫章有池，池産異蓮，其葉曰葉花劍脊，其花曰雙頭釵髻。白蓮入水必沉，煎鹽能浮。雁食之糞，落山，不壞。相傳橡子落水爲蓮。《酉陽》。

總

江從簡，革之子也。年十七，爲採荷調，以刺何敬容。文曰：『欲持荷作鏡，荷暗本無光。欲持荷作柱，荷弱不勝梁。』敬容唯唯。

顔延之《碧芙蓉頌》曰：『澤池芳艷〔一〕，擅奇水屬。』劉孝威《謝東宫賚藕啓》曰：『凡厥水羞，莫敢相輩。』《古樂府》：『江南可採蓮，蓮葉何田田。』陸韓卿詩：『雖無田田葉，及爾

〔一〕今按：『澤池芳艷』，《藝文類聚》作『澤芝芳艷』。

泛漣漪。』

《詩》：『于以采蘋，南澗之濱。于以採藻，于彼行潦。』大夫妻奉祭。

《左》：『風有《采蘋》，昭忠信也。』

『魚在在藻諸侯美天子。』：薛道衡上《高祖文皇帝頌》，煬帝不悅曰：『致美先朝，此《魚藻》之義也。』

『思樂泮水，薄采其藻』：《左・襄公廿八年》：『穆叔曰：「濟澤之阿，行潦之蘋藻，置諸宗室，季蘭尸之，敬也。」』使服蘭之女爲之主。

《廣志》：『巨野大菱，大於常菱。淮漢以南，凶年以芰〔一〕爲蔬。』

屈到嗜芰，有疾，召宗老而屬之曰：『祭我必以芰。』及祥，宗老將薦芰，屈建命去。曰：『夫子不以私欲干楚之典。』《國語》。

青冰菱，翻鷄菱。漢武靈池中，玄都翠水。

倒生菱，作飯菱。昭帝琳池，食之不老。魚弘鎮西司馬，道中乏食。菱花開背日，芡花開向日。菱寒，芡暖。《仇池筆記》。

〔一〕今按：『芰』，《藝文類聚》作『菱』。

《周禮》：『加籩之實，菱芡栗脯。』《方言》：『北燕謂之葰，青徐淮泗之間謂之芡，南楚江湘之間謂之鷄頭，或謂之雁頭，或謂之烏頭。』《本草》：『一名雁喙，一名水陸丹。』水産之芡，甘闊可食，名爲水硫黄。《莊子》曰：『堇也，桔梗也，鷄廱也，豕苓也。』

菖蒲

菖蒲，菹也。蒲，水草，可爲席者，一名蕘韭。一名昌陽。《吴氏本草》。世又謂之蘭蓀。《衍義》。菖蒲益聰。《援神契》。菖蒲放花，人得食之，長年。《風俗通》。冬至五旬七日，菖始生。菖者，草之先生者也。〔一〕於是始耕。《吕覽》。玉衡星散爲菖蒲，遠雅頌，着倡優，則玉衡不明，菖蒲冠環。《運斗樞》。神農知己入本草，靈均蔽賢遺騷經。謝疊山。《吕氏春秋》：『文王嗜昌歜，孔子聞而食之也。』《詩》：『彼澤之陂，有蒲與荷。彼澤之陂，有蒲與蕳。彼澤之陂，有蒲菡萏。相悦相念。其蔌維何，維笋及蒲。』《周禮·醢人》：『朝事之豆，其實有昌

〔一〕今按：『冬至五旬七日』『草之先生者也』，諸子集成本《吕氏春秋》分别作『冬至後五旬七日』『百草之先生者』。

本〔一〕。』鄭玄云：『昌本，昌蒲根，切之四寸爲菹。』《典術》：『聖王仁功濟天下者，堯也。天降精於庭爲薤，感百陰，爲菖蒲焉。』

屈到耆芰，文王耆菖蒲葅，非正味也。《韓》。王使周公閱來聘，饗有菖歜。《左》。韓終服菖蒲十三年，冬袒不寒，身上生毛，日視書萬言。《抱朴子》。

長生，忘老：漢武帝上嵩山，忽見仙人，長二丈。問之，曰：『吾九疑山人也，聞中岳有石上菖蒲，一寸九節，食之長生，故來採之。』忽然不見。《内傳》。咸安中，姚成甫嘗採菊澗側，遇一丈夫，謂成甫曰：『此澗菖蒲，昔安期生所餌，可以忘老。』於是徊翔俯仰，忽然不知所終。《南越志》。

生花兆禍，見花當富。永元中，御刀黄文濟家齋前種菖蒲。忽生花，光影照壁，成五采。其兒見之，餘人不見。文濟被殺。《南齊志》。梁太祖后張氏嘗於室内，忽見庭前菖蒲生花，光彩照灼，非世所有。後驚視，謂侍者曰：『汝見不？』曰：『不見。』后曰：『嘗聞見者當富貴。』因取吞之，是月産武帝。

見花建寺，斬葉辟瘟。孝文帝南巡，至新野，臨潭水而見菖蒲花。乃歌曰：『兩菖蒲，

〔一〕今按：『其實有昌本』，《十三經注疏》本作『其實韭菹、醓醢，昌本』。

新野樂。』遂建兩菖蒲寺以美之。《典略》。吳興沈姓宅旁潭産蒲，葉長幾尋仞，俗以爲異遇。斬其葉以辟瘟，腊其根以入藥，遂表蒲以爲瑞，因名潭爲瑞蒲潭。《吳記》。

蒲輪，蒲鞭。武帝安車蒲輪，迎魯申公。庾信賦曰『門巷蒲輪』是也。劉寬歷典三郡，多仁恕，吏民有過，以蒲鞭罰之。李白詩曰：『蒲鞭掛檐枝，示耻無撲抶。』是也。《左》：『仲尼曰：「臧文仲不仁者三。妾織蒲，不仁也。」』與民争利。哀公問政孔子，對曰：『人道敏政，地道敏樹。夫政也者，蒲盧也。』王沂公《端午帖》：『旋刻菖蒲要辟邪。』約法遵寬，設蒲鞭之耻。沙鷄振羽，截碧蒲於翰池。路温舒事。潘岳賦：『野蒲變而成脯。』趙高欲爲亂。

蘆葦

《詩》：『彼茁者葭。葭菼揭揭。菼，薍也。蒹葭蒼蒼，白露爲霜。蒹葭凄凄，白露未晞。蒹葭采采，白露未已。敦彼行葦，牛羊勿踐履。方包方體，維葉泥泥。』《左》：『《雅》有《行葦》，昭忠信也。』『八月萑葦。毳衣如菼，一葦杭之。』夫政也者，蒲盧也。《易》：『震爲萑葦。』閔子早喪母，繼母衣以蘆花。父欲逐妻，子騫曰：『母在一子寒，母去三子單。』母得免逐，遂成慈母。庾信賦曰『待蘆葦之單衣』是也。伍子胥到烏江，隱于蘆中，至夜乃渡。庾信賦曰『託蘆中而渡水』是也。

杜甫《蒹葭》詩：『摧折不自守，秋風吹若何。暫時花戴雪，幾處葉沉波。體弱春苗〔一〕早，叢長夜露多。江湖後摇落，亦恐歲蹉跎。』

茶

早採爲茶，晚取爲茗。紫者上，緑者次。笋者上，芽者次。茶百斤爲□大引。樹如瓜芦，葉如梔子，花如白薔薇，實如栟櫚，蔕如丁香，根如胡桃。其名一曰茶，二曰檟，三曰蔎，四曰茗，五曰荈。《茶經》。

龍團，雀舌，雲脚露芽。此甘露也，扶人壽也。豫章王子尚。

《本草》：『茶本名茗。一名梌，一名萩。』

《茶譜》：『蒙山之中正茶，一兩祛疾，二兩無疾，三兩换骨，四兩爲仙。』

〔一〕今按：『苗』，《全唐詩》杜甫《蒹葭》作『風』。

『茶之有税唐，始於趙贊，行於張滂。德宗貞元。至王播，則有增税。至王涯，則有榷法穆宗。榷茶之法，宋。乾德之榷務，太祖。淳化之交引。太宗。咸平之三分，景德之三説。王嗣宗。噫！茶户均賦固也，異日均賦之外，復有榷之之法，民堪之乎？茶地出租可也。異日無茶之所，亦有租錢之輸，民堪之乎？開寶中有司請高茶價，太祖詔：「勿增價。」愚願今之聖天子法之。景德中茶商但備三等，太祖曰：「從中等。」愚願今之賢大夫從之。』林駉《論》。

候蟾背之芳香，觀蝦目之沸涌。謝宗論茶〔一〕。

講官程顥，以不啜而不往。補闕母煚，以不飲而有序。序曰：『釋滯消壅，一日之利暫佳。瘠氣侵精，終身之累斯大。獲益則歸功茶力。貽患則不爲茶災。』

何易于之焚，陸敬輿之受。何易于爲益昌令，鹽鐵官榷取茶利。易于視詔，命吏閣詔，既自焚之，觀察使不劾也。《唐書》。陸贄字敬輿，張鎰餉錢百萬，止受茶一串。曰：『敢不承公之賜？』

晏嬰之煮，江統之諫：晏嬰食脱粟之飯，炙三弋五卵，茗菜而已。〔二〕《晏子春秋》。洗馬

〔一〕今按：『謝宗論茶』當作『宋曾慥《類説・茶録》』。

〔二〕今按：『飯』『炙三弋五卵』『茗』，諸子集成本《晏子春秋》分别作『食』『五卵』『苔』。

江統上疏，諫云：『西園賣醯、麪、藍子菜、茶之屬，虧敗國俗。』《宋江氏家傳》。

提茗鬻市，飲茶祀冢。晋元帝時，老姥每朝獨提一器茗，往市一鬻，市人競買。自朝至夕，其器不減。所得之錢，散路傍乞人。法曹繫獄，至夜飛出。《廣陵老傳》。剡縣陳務妻少寡，與二子同居，好飲茶茗。宅有古冢，每飲先祀。夜夢一人云：『止此三百餘年，享吾佳茗。』及曉，庭中獲錢十萬。〔一〕《異苑》。

丹丘子之大茗，黄山君之苦茶。盧洪入山採茗，遇一道士，曰：『吾丹丘子也，山中大茗，可以相給。』因立奠祀，後家人入山，獲大茗。《神異記》。苦茶輕身换骨，丹丘子黄山君服之。陶洪景《雜録》。

桓温飲茶，豈聲音而笑貌；陸納設茶，惟素業之清脩。桓温爲揚州牧，性儉，每燕飲，惟下七奠，拌茶果而已。《晋書》。陸納守吴興，謝安既至，所設惟茶果而已，兄子俶遂陳盛饌。安既去，納杖俶四十，云：『奈何穢吾素業。』上。

今日有水厄，茗飲爲酪奴。晋長史王濛好飲茶，人至，輒命飲之。士大夫皆患之，每欲

〔一〕　今按：『宅有古冢，每飲先祀。……庭中獲錢十萬』，《藝文類聚》作『宅中先有古冢，每日作茗摶，輒先以著墳上。二子患之曰：「古墳何知，徒以勞意。」欲掘除之，母苦禁止」夜即夢見一人，自説，没來三百餘年，謬蒙惠澤……明日晨興，於外屋得錢十萬。』

往候，必云：『今日有水厄。』《世説》。高祖謂王肅曰：『羊肉何如魚羹？茗飲何如酪漿？』對曰：『羊比齊、魯大邦，魚比邾、莒小國。唯茗不中，與酪作奴。』後號茗飲爲酪奴。彭城王勰謂給事中劉縞曰：『卿不慕王侯八珍，好蒼頭水厄。』

晋惠帝之上茶，隋文帝之服茗。惠帝蒙塵，還洛，黄門以瓦盂盛上茶。《晋四王起事》。文帝微時夢神人，易其腦骨，自爾腦痛。一僧云：『山中茗草，煮飲當愈。』服之有效，人競採啜。讚其略，云：『窮《春秋》，演《河圖》，不如載茗一車。』權奸〔一〕。

煎茶法，毁茶論。陸鴻漸始造煎茶法。鬻茶之家，陶爲其像，祀爲茶神。云宜茶足利〔二〕。沽茗不利，輒灌注之。復州老僧，陸僧弟子，常諷其，歌云：『不羨黄金罍，不羨白玉杯，不羨朝入省，不羨暮入臺，千羨萬羨西江水，曾向竟陵城下來。』《因話録》。御史大夫李季卿宣慰江南。常伯熊着黄衫烏紗帽，手執茶器，口誦茶茗，李公爲飲兩杯。陸鴻漸身衣野服，隨茗具而入。公命以子取錢三十分，分酬煎茶博士。鴻漸羞愧，復著《毁茶論》。《語林》。

煎茶博士，嗜茶散人。見上。陸龜蒙，字魯望，嗜茶，置園顧渚山下，茶、竈、筆、牀、釣

〔一〕今按：『權奸』當作『權紓文』。

〔二〕今按：『宜茶足利』原脱，當補。

居。往來，時謂之江湖散人、天隨子。甫里先生自比涪翁、漁父、江上丈人，便以高士召，不至。〔一〕《唐書》。

王涯變茶法，鄭注榷茶議。益其税，以濟用度，下益困，鄭注亦議榷茶。李訓敗，及禍，涯誅。群詬，抵以瓦礫。

王紹判外務，裴充停刺史。王紹遷倉部員外，是時，兵旱無年，户部收闕官俸、税茶及無名錢，以修荒政，紹判外務。唐制胡州〔二〕造茶，謂之『顧渚貢焙』。歲造一萬八千四百八斤。大曆五年以後，始有進奉。建中二年，袁高爲郡，進二千六百串，並詩刻石在貢焙。焙在長城縣。故陸鴻漸與楊祭酒書：『顧渚山中紫笋茶兩片，此物但恨帝未得嘗，實所嘆息。一片大夫人，一片充昆弟，同歡此物。』開成三年，以貢不如法，停刺史裴充。《南部》。

令狐楚之請，李待價之疏。令狐楚爲轉運使，鄭注建榷茶使，先是王涯又議官自治園植茶。人不便，楚請廢使，如舊法，從之。李玨，字待價。鹽鐵使王播增茶税十之五，以佐用度。玨上疏謂：『本濟軍興，税自貞元。無事，厚歛以傷國體，一不可。茗爲人飲，鹽粟

〔一〕今按：『釣居』『便』，中華書局《新唐書・陸龜蒙傳》作『釣具』『後』。
〔二〕今按：『胡州』，《南部新書・戊》作『湖州』。

同資。若重税而售高，弊先及於貧下，二不可。産無定數，售多爲利，騰價，市稀，其税幾何？三不可。即位增賦，必失人心。』帝不納[一]。歸茶園於百姓，兼榷史于九年。元和十四年，歸光州茶園於百姓，從刺史房免[二]讓之請。

文宗太和九年十月，以王涯兼榷使，從鄭注之請也。九年之兼何劣也，臘月之罷何壯也。見上。十二月罷榷茶，從令狐楚之請也。張滂之請，不可請而是請；陸贄之請，可以行而不行。貞元九年初，税茶從張滂之請也。

書法，書初，何僅始也，自帝有此言。至文宗書增茶税，至馬氏書收茶税。帝啓之也。陸贄請以税茶錢置義倉，以備水旱，不行。

太和七年之貢茶，開平二年之税茶。吴蜀貢茶，皆於冬中作法爲之。上儉，不欲逆其物性，詔所貢新茶，宜於立春後作。梁開平二年，楚收茶税。書法王涯既敗，始詔罷焉。楚：復收之害未有已也。

[一] 今按：『而售高』『騰價』，中華書局《新唐書·李珏傳》分别作『售必高』『價騰』。
[二] 今按：『免』，中華書局《册府元龜》作『克』。

高勖之言不可加歛，張泳之政知所先後。楊行密議出鹽茗課民輸帛。幕府高勖曰：『搶破之餘，不可以加歛。〔一〕且帑貲何患不足。若悉我所有，易四鄰所無，不積財有餘矣。』行密納。張泳令重陽民以茶爲業。公曰：『茶利厚，官將榷之。』命拔茶而置桑，民以爲苦。其後榷茶，他縣失業，而崇陽之桑已成。其爲絹而北者，歲百萬匹。其爲政知所先後如此也。

目茶籠爲大蟲，必茶樹之丁字。宋崇寧後，復榷茶法。目茶籠爲大蟲，言傷人如虎也。《附録》。凡種茶樹必丁字，移植則不復生。故俗聘婦，必以茶爲禮，義固有所取也。

周《愛蓮》詩：『露芽鮮滴凈無塵，分惠深蒙意最真。封裹宛然三百片，馨香別是一般春。烹從金鼎霞翻數，瀉向銀甌霧起頻。書館時來呑一碗，睡魔戰退起精神。』

《茶譜》：『建州之龙焙，東川之獸目，綿州之松嶺，福州之柏岩，雅州之露芽，南康之雲居，婺州之舉岩、碧貌，宣城之陽坡、横紋，饒州之仙芝，蜀州之雀舌，潭州之靈草，彭州之石花，臨江之玉津，袁州之金片，龙安之騎火，涪州之賓化，建安之青鳳髓，岳州之黄翎毛，建安之石岩白，岳陽之金膏冷。』

〔一〕今按：『課』『搶』，中華書局《新唐書》分別作『畀』『創』。

《本草》：『有枳殻芽、有皂莢芽、枸杞芽、槐芽、枇杷芽、柳芽，皆治風疾。上春摘芽。』《茶論》：『陸羽《茶經》、裴汶《茶述》，不第建品。説者俱謂二子未嘗至閩，而不知物之發也，固自有時。蓋昔者山川尚秘，靈芽未露。至于唐末，北苑出爲之最。僞蜀毛文錫作《茶品〔一〕》，亦第言建有紫笋，而臘面乃産于福建。五代之季，民採北苑，初造研膏，繼造臘面，號曰「京挺」。太平興國二年，始置龙鳳模。又一種茶，叢生石芽，至道初，別號「石乳」。又一種號「的乳」，又一種號「白乳」。咸平中，丁謂爲福建漕監，進龙鳳團。慶曆中，蔡襄爲漕，造小龙團以進。元豊間，造密雲龙。紹聖中，改爲瑞雲翔龙。大觀初，親製《茶論》二十篇。白茶其條敷闡，其葉瑩薄，於是白茶遂爲第一。又製三色細芽，及試新銙，貢新銙。宣和庚子歲，漕臣鄭可間，創爲銀絲冰芽。蓋將已揀熟芽再令剔去，祇取其心一縷，用珍器貯清泉漬之。光瑩如銀絲然，一制方寸新銙，有小龙蜿蜒其上，號「龙團勝雪」。蓋茶之妙，至勝雪極矣！』

驚蟄興役，清日乃成。疾馳飛騎，不出仲春，已至京師，號爲綱頭玉芽。歐陽公詩：『建安三千五百里，京師三月嘗新茶。』《雜録》。

〔一〕今按：『茶品』當作『茶譜』。

貢茶録：宋制茶茗，上林第一。乙夜清供，承平雅玩。宜年寶玉，萬春銀葉。延年石乳，瓊林毓瑞，浴雪呈祥，清白可鑑，風韵甚高。暘谷先春，價倍南金。雲英雪葉，金錢玉華。玉華長春。政平[一]曰太平嘉瑞，紹聖曰南山應瑞。

謝氏論茶曰：『比丹丘之仙藥，勝烏程之御荈。不止味同露液，白況霜華，豈可謂酪蒼頭，便應代酒從事。』杜牧《題茶山》詩：『山實東吴秀，茶稱瑞山魁。泉嫩黄金涌，芽香紫璧裁。』[二]施肩吾詩：『茶爲滌煩子，酒爲忘憂君。』《南越志》：茗，苦澀，謂之果羅。北苑曰葉布絶品也。豫章曰白露，曰白芽。東川曰獸目。南劍曰石苑，曰籛芽。湖常曰紫笋。壽州曰黄芽。福閩曰生芽，曰露芽。岳陽曰含膏。若蟾背、鰕目、龍舌、蟹眼、瑟瑟瀝、霏霏靄、鼓浪、涌泉、琉璃眼、碧玉池，又皆茶事中天然偶字也。《説郛》。

《茶經》：『茶有九難：一曰陰採陽焙，非造也；二曰嚼味嗅香，非别也；三曰膩鼎腥甌，非器也；四曰膏薪庖炭，非火也；五曰飛湍擁潦，非水也；六曰外熟内生，非炙也；七曰碧粉縹塵，非末也；八曰操艱攪遽，非煮也。九日夏興冬廢，非飲也。』

[一]　今按：『政平』當作『政和』。
[二]　今按：『山』，《全唐詩》杜牧《題茶山》作『草』。

《試茶録》：『芽澤肥乳，則甘香而粥面，則着盞而不散。土瘠芽短，則雲脚涣亂，去盞易散。葉粳豊則受水鮮白。葉粳短則色黄而泛。烏蒂、白合，茶之大病。不去烏蒂，則色黄而惡黑。不去白合，則味苦澀而惡。蒸芽必熟，去膏必盡。蒸芽未熟，則草木氣存。去膏未盡，則色濁味重。受煙則香奪，壓黄則味失。此皆茶之病也。』

陳務妻之祭冢，豈得錢之無以；胡釘鉸之酹墳，蓋工詩之有由。見上。胡生失其名，以釘鉸爲業，居霅溪，而近白蘋洲。有古墳，每茶必奠酹。夢一人曰：『吾姓柳，善爲詩而嗜茗。欲教子以爲詩。』既悟〔一〕，構思，果有冥助，厥後遂工焉。又一説，胡生遇名茶美醖，撤祭於列禦寇之祠壟。忽夢一人，刀劃其腹開，以一卷書置于心腑。覺而吟咏，皆其美詞。《南部新書》。時人謂之胡釘鉸詩，柳當是柳惲也。《茶譜》。

茶有二類，曰片，曰散。片茶總二十六名，散茶總十一名。《通考》。江左近日有蟵面之號，李氏作片，號曰京挺、的乳骨子二十餘品。《談苑》。

唐《重修恭舍記》曰：『貢茶，御史大夫李栖筠典郡日，陸羽以爲冠於他境，栖筠始進故事。湖州紫筍以清明日到，先薦寢廟，後分賜近臣。』五川子謝孟諫《議詩》。

〔一〕　今按：『悟』，《南部新書·壬》作『寤』。

有：手閲月團三百片。天子須嘗陽羨茶。《雲麓漫抄》。

黄廉謂茶政：『便於公者，不苟去以爲名。害於民者，不苟存以爲利。』熙寧詔州〔一〕茶一司，創置雖久，未能就緒。倘非得才智之人，益以事權，無所成矣。

茅

辰州麻陽縣苞茅山，出苞茅，有刺而三脊。永州之野有香茅，芳馥數里，貢以縮酒。蓋《禹貢》『荆州所貢』，而『楚包茅不入』，即此也。《山川記》。芒茅枯時，瘴疫大作，交廣皆爾也，土人呼曰黄茅瘴，又曰黄芒瘴。《草木狀》。朝會，束茅表位曰蕝。

《書・禹貢》：『荆州，包匭菁茅。』苞茅〔二〕有脊而三，所以供祭祀縮酒之用，既包而又匣之，所以示敬也。《左・僖公四年》：『齊侯伐楚。管仲曰：「爾貢包茅不入，王祭不供，無以縮酒，寡人是徵。」對曰：「貢之不入，寡君之罪也，敢不共給。」』杜詩：『包茅重入歸關

〔一〕今按：『州』，中華書局（宋李燾撰）《續資治通鑑長編》作『川』。

〔二〕今按：『苞茅』，《十三經注疏》本作『菁茅』。

内，王祭還供盡海頭。』是也。

漢元封元年，江淮間，茅三脊爲神藉。《封禪書》：『江淮之間，一茅三脊。』孟康曰：『所謂靈茅也。』

《周禮》：『菁茅，春官司尊彝，醴齊縮酌。』註：『以茅縮去滓也。』《易・大過》：『初六，藉用白茅，無咎。』《傳》：『以柔在下，用茅藉物之象。』《象》曰：『藉用白茅，柔在下也。』子曰：『苟錯諸地而可矣，藉之用茅，何咎之有？慎之至也。夫茅之爲物薄，而用可重也。慎斯術也以往，其無所失矣。』《繫辭》。將建諸侯，鑿取其方面之土，苞以黄土，苴以白茅。杜詩曰『茅土加名數』是也。

《詩》：『野有死麕，白茅包之。野有死鹿，白茅純束。晝爾于茅，亟其乘屋。白華菅兮，白茅束兮。英英白雲，露彼菅茅。出其闉闍，有女如荼。雖則如荼，匪我思且。見淫女而作。自牧歸荑，洵美且異。匪汝之美，美人之貽。淫奔期會。手如柔荑。《碩人》。《易・泰》：『初九，拔茅茹。』《象》曰：『拔茅征吉，志在外也。』《否》：『初六，拔茅茹。』《象》曰：『拔茅貞吉，志在君也。』

不剪茅茨，餘皆茅茨：《外紀》：『堯都平陽，茅都平陽。』杜甫詩曰『茅茨寄短椽』是也。唐太宗作玉華宫，惟寢殿覆瓦，餘皆茅茨。

嬰茅，坐茅：大旱七年，湯曰：『吾請自當身嬰白茅，以身爲犧牲，禱于桑林之野。』太公釣磻溪坐茅。〔一〕

楚以茅而爲旌，是前茅之謂也。申以茅而目井，即經茅之謂也。《左》。杜甫詩曰：『誅茅卜居總爲此。』《楠樹》。又詩曰：『背郭堂成蔭白茅。』《堂成》。庾信賦曰：『誅茅宋玉之宅。』屈子賦：『荃蕙化而爲茅。』孟子謂高子曰：『山徑之蹊間，介然用之而成路。爲間不用，則茅塞之矣。今茅塞子之心矣。』

茅蕝，綿蕝。以茅剪樹，爲纂位尊卑之次。立竹及茅，索营之習儀其中。

葛

《周禮·地官》：『掌葛，以時徵絺綌之材〔二〕于山農。凡葛征，徵草貢之材于澤農，以當邦賦之政令，以權度受之。』

〔一〕　今按：『湯曰：吾請自當身嬰白茅，以身爲犧牲』『太公釣磻溪坐茅』，《藝文類聚》分别作『《尸子》曰：殷湯救旱，素車白馬，身嬰白茅，以身爲牲』『吕尚坐茅而漁』。

〔二〕　今按：『掌葛，以時徵絺綌之材』，《十三經注疏》本作『掌以時徵絺綌之材』。

《詩》：『葛之覃兮，施于中谷，維葉萋萋。維葉莫莫。〔一〕是刈是濩，爲絺爲綌。』后妃成絺綌。

張栻入侍經筵，因講《葛覃》之詩。願詔儒臣，以今農夫、工女劳勣之狀，作爲歌詩，繪畫成圖。

南有樛木，葛藟纍之。南有樛木，葛藟荒之。南有樛木，葛藟縈之。后妃逮下。旄丘之葛兮，何誕之節兮。久寓物變。綿綿葛藟，在河之滸。綿綿葛藟，在河之涘。綿綿葛藟，在河之漘。彼采葛兮，一日不見，如三月兮。葛屨五兩，糾糾葛屨。襄公邪行，魏俗儉嗇。葛生蒙楚，葛生蒙棘。夫從征役。莫莫葛藟，施于條枚。咏文王德。

種葛，寢葛。會稽縣東有葛山。《越絕書》：『勾踐種葛，使越女治葛布。』後唐主昇性節儉，暑則寢於青葛。

壁上之葛，石上之葛。南宋高祖壁上掛葛燈籠。李賀勸酒，願陛下子孫綿如石上葛。

隋遠充家貧，冬尚衣葛衫，客戲曰：『絺兮綌兮，凄其以風。』充應聲曰：『維絺維綌，服之無斁。』大嗟賞。

〔一〕今按：《十三經注疏》本『維葉莫莫』上有『葛之覃兮，施于中谷』。

《左・文公七年》：『宋子豫〔一〕曰：「葛藟猶能庇其本根，故君子以爲比。喻九族兄弟。況國君乎？」』瓜葛延蔓相及，故親屬綿遠者，取此義。

李白《黄葛篇》：『黄葛生洛溪，黄花自綿羃。青烟蔓長條，繚繞幾百人。閨人費素手，採葺〔二〕作絺綌。縫爲絶國衣，遠寄日南客。蒼梧大火落，暑服莫輕擲。此物雖過時，是妾手中迹。』忠厚之意，發於情性。

杜詩《端午賜衣》：『細葛含風軟。』《送段工曹》：『韶州白葛輕。』《書懷》：『十暑岷山葛。』

芍藥

韓詩：『芍藥，離草也。』劉貢父《芍藥譜》：『三十一種。』『芍藥，有二種，有草芍藥、木芍藥。』《古今註》：『贈以文無，文無一名當歸』。《詩》：『維士與女，伊其相謔，贈之以芍

〔一〕今按：『子豫』，《十三經注疏》本作『欒豫』。
〔二〕今按：『葺』，《全唐詩》李白《黄葛》篇作『緝』。

藥。』淫者自叙。江淹《别賦》：芍藥之詩。《七發》曰：『芍藥之醬。』《子虚賦》曰：『芍藥之和。』師古曰：『白芍藥根主和五臟，又辟毒氣，故合之于蘭桂五味。以助諸食，因呼五味之和爲芍藥耳。』韋昭曰：『今人食馬肝、馬腸者，合芍藥而煮之。』東坡云：『揚州芍藥，爲天下冠。』

葵花

蔡繁卿爲守，始作萬花會。錢惟演爲留守，始置驛貢洛花。識者鄙之曰：『此宫妾愛君之意也。』西京進花，自李迪相國始。《叢話》。

常傾葉白〔一〕日，不令照其根。

《左・成公十七年》：『齊慶克通于聲孟子，鮑牽告國武子，孟子訴之，秋七月刖鮑牽。仲尼曰：「鮑莊子之智，不如葵，葵猶能衛其足。」』註：『葵傾葉白〔二〕日，以蔽其根。鮑牽

〔一〕 今按：『白』，《説文解字注》作『向』。

〔二〕 今按：『白』，《十三經注疏》作『向』。

居亂，不能危行言孫。』

朱子曰：『挈矩之義。』《史記》：『公儀休相魯，使食禄者，不得與民争利。其家茹葵而美，愠而拔其葵。』公儀子之拔園葵，鮑莊子之不如葵。

曹植表：『若葵藿之傾葉大陽，雖不爲之回光，然終向之者，誠也。臣竊自比葵藿。』《詩》：『七月烹葵。』杜詩：『傾陽逐露葵。』韓詩：『唯有葵花向日傾。』陳禾〔一〕詞：『戎葵凝笑墻東。』

宋庠詩：『葵傾喜日來。』文山啓：『心曲葵葵。』杜詩：『秋葵煮復新，葵荒欲自鋤。』左思：自拔園葵。

劉禹錫《重遊玄都觀序》：唯兔葵、燕麥動摇于春風耳。兔葵，菜名，似葵而葉小。

藍

藍，染青草也。藍，染菜也。《詩》：『終朝采藍，不盈一襜。』婦人思君子。《列子》：『青

〔一〕今按：『陳禾』當作『陳與義』。

出於藍，而青於藍。』盧杞藍面。

紅藍，緑藍：白樂天《紅綫毯》篇：『紅綫毯，揀絲練綫紅藍染，藍染紅綫紅於藍，織作披香殿上毯。』〔一〕白：山光水色，緑如藍。

蔚藍，雲藍：『上有蔚藍天』，言青色天。段成式造雲藍紙，送温廷筠五十板。宫袍淺帶藍，恩袍换着藍。仕。滿窗春草緑於藍。待呼一幅染雲藍。雨餘山色洗青藍。蒹葭烟散水如藍。

朮 山薊

紫微夫人《服朮叙》云：『草木之速益於己者，並不及朮。』《真誥》。

鳳芝龙木，受命無疆：元和中，張惟則海上遇神。仙人曰：『授皇帝金龜印，篆曰鳳池龙木，受命無疆。』

劉商之服，熙載之服。劉商服仙朮，得仙。《列仙傳》。韓熙載嘗服朮。因服桃李，瀉出

〔一〕今按：『藍染』，《全唐詩》白居易《紅綫毯》作『染爲』。

朮人長寸許。《江南野録》。元行冲曰：『凡爲家者必有儲蓄參朮以攻疾。行冲請備藥物之末。』仁傑笑曰：『吾藥籠中物，何可一日無也。』

人參

藥草名，其根如人形，故名。

按：《本草》：『人參，在上黨及遼東。人參，主安精神，定魂魄，開心益智。』人參，初生者，一椏兩葉。年深者，生四椏，各五葉，中心一莖。有花，細小如粟，蘂如絲，紫白色。秋後結子，如大豆，生青，熟紅白〔一〕落。《本草圖經》。

上黨宅後之聲，石勒園中之生。高祖時，上黨有人宅後，每夜有人呼聲，求之不得。去宅一里所〔二〕，但見人參一本，枝葉茂盛。因掘去之，其根五尺餘，具體人狀。《隋書・五行志》。石勒園中生人參。《晋書本傳》。

〔一〕今按：『白』，安徽科學技術出版社（宋蘇頌編撰，尚志鈞輯校）《本草圖經・草部上品之上》作『自』。

〔二〕今按：『去宅一里所』，中華書局《隋書・五行志》作『去宅一里許』。

蘇軾《人參》詩：『上黨天下脊，遼東真井底。玄泉傾海腴，白露灑天醴。靈苗此孕毓，肩股或具體。移根到羅浮，越水灌清泚。地殊風雨隔，臭味終祖禰。青椏綴紫萼，圓實墮紅米。窮年生理足，黄土手自啓。上藥無炮炙，齕嚙盡根抵。開心定魂魄，憂恚何足洗。糜身輔君軀，既食首重啓。〔一〕』

《獻生日物狀》崔孤云：海東人形參一軀，海東實心琴一張。

伏以慶資五福，瑞降三清，中春方盛于香風，上德乃生于遲日。凡荷獎延之賜，合申獻賀之儀。前件人參並琴等，形禀天成，韵合風雅，具休〔二〕而既非假貌，全材而免有虚聲。况皆采近仙峰，攜來遠地。倘許成功於藥臼，必願捐軀。如能入用於蓬壺，可知美腹。誠慚菲薄，冀續延長，塵瀆尊嚴，倍增戰灼。〔三〕人參三斤，天麻一斤。

伏以昂宿垂芒，尼丘降瑞，始及中和之節，爰當大慶之辰，仰沐尊慈，合申卑禮。前件藥物，采從日域，來涉天池，雖征三椏五葉之名，慚無異資，而過萬水千山之險，貴有餘香。不揆輕微，輒將陳獻，所冀海人之藥，或同野老之芹。伏惟特恕嚴誅，俯容情懇，積靈壽則

〔一〕今按：『抵』『啓』，《蘇軾詩集》分別作『柢』『稽』。

〔二〕今按：『具休』當作『具體』。

〔三〕今按：『美』『瀆』，中華書局（崔致遠著）《桂苑筆耕集》分別作『實』『黷』。

後天而老，駐仙顔而與日長新。〔一〕

顧況《送使新羅》詩：『人參長舊苗。』醫方言：人參出上黨者爲上，百濟新羅者爲中，高勾麗者爲下。聞參有特大者，如數歲小兒，人或采之則死，故畏不敢采云。

衆草

《周禮・地官》：『掌荼，茅莠疏材類。掌以時聚荼，以共喪事。征野疏材之物，以待邦事，凡畜聚之物。』

《周禮》：『以嘉草除蠱毒。』嘉草，即蘘荷也。《本草》。

《周禮》：『掌染草掌以春秋歛染草之物，以權度〔二〕受之，以待時而頒之。』

莔草，蕢草。少陘之山，有草焉，名曰莔草。葉狀如葵，實如蘡薁，食之不愚。《山經》。

崑崙之山，有草焉，名曰蕢草。其狀如葵，其味如葱，食之已勞。上。

〔一〕今按：『資』『積』，《桂苑筆耕集》分别作『質』『續』。

〔二〕今按：『權度』，《十三經注疏》本作『權量』。

玉江之草〔一〕，壽榮之草。赤縣洲，食其一實，醉卧三百歲。《文樞鏡要》。出小室山，服之令人不老。取華服之，可通百神。《典略》。

餌玉長生草：一名通天草，價直千金，陰乾方寸，七日再服，令人得仙。上。

薰華之草，采華之草。君子國，民帶劍，使兩文虎，衣野絲，土方千里，多薰華之草，好讓，故爲君子國。薰草朝生夕死。太極山西，有薰華之草，服之，乃通萬里之言。《括地圖》。

大千金，小千金：廣州草有大千金、小千金，守房郎，千里懷〔二〕，萬里憶。《寰宇記》。

相憐草，護門草。南丹山中，産相憐草，媚藥也。或有所矚，密擲小許草，草著身必相從而不舍。《癸辛雜誌》。常山叱草，名曰護門。置諸門上，大過輒叱。

鶴子草，蔓生也，其花麴塵，其色淺紫，蔕葉如柳而短，當夏開花。南人云是媚草，可比懷草夢芝。采之曝幹，以代面黛，形如飛鶴狀，翅嘴距〔三〕，無不畢備。《北户録》。元行冲曰：『凡爲家者必有儲蓄參苓以攻疾。行冲請備藥物之末。』仁傑笑曰：『吾藥籠中物，何可一日無也！』

〔一〕今按：『玉江之草』，《太平廣記》作『玉紅之草』。

〔二〕今按：『懷』，《太平寰宇記》作『廻』。

〔三〕今按：『距』，四庫全書本《南方草木狀》作『足』。

謝安就桓温司馬，人有餉桓公藥草，中有遠志，公問：『此藥又名小草，何一物而有二稱？』郝隆曰：『處則有遠志，出則爲小草。』謝甚有愧色。《世説》。山谷詩曰『小草有遠志』是也。

杜詩：『寄語楊員外，山寒少茯苓。歸來稍暄暖，當爲斸青冥。三月採。翻動神仙窟，封題鳥獸形。鳥獸形者爲尚。兼將老藤杖，扶汝醉初醒。』

『冽彼下泉，浸彼苞蓍。』蓍，莁草也。《史》云：『蓍滿百莖者，下有神龜守之，上有青雲覆之。』朱子曰：『蓍生百年，一本百莖，亦物之神靈者。』『菁菁者莪，燕賓。蓼蓼者莪。』王裒流涕，受業者爲廢此篇。曹植《表》：『終懷《蓼莪》罔極之哀。』《左・文公三年》：『公如晉，晉侯賦《菁菁者莪》，取「既見君子，樂且有儀」。』『墻有茨，不可掃也；墻有茨，不可襄也；墻有茨，不可束也。』『楚楚者茨。』茨，蒺藜也。蒺藜，草名，子有三角。宋人始作鐵蒺藜，扈再興棗陽之圍布蒺藜，金人中者十踣七八。《荀九家易》：『坎爲蒺藜。』杜甫詩：『行人避蒺藜。』子産治鄭，蒺藜不生。『采苓蒺藜〔一〕，首陽之巓，人之爲言，苟亦無信。刺聽讒。隰有苓簡兮。』黄山谷詩：『下有千歲苓。』《詩》：『彼茁者蓬。首如飛蓬。』草名，蒿也。庾信賦：

〔一〕今按：『采苓蒺藜』，《十三經注疏》本作『采苓采苓』。

『掩蓬藿之荒扉。』駱賓王《啓》：『效蓬心於匪石。』《記》：『男子生，而桑弧蓬矢，以射天地四方。』杜詩：『顧我蓬屋姿，養拙蓬爲户。』李白：『我輩豈是蓬蒿人。』劉文房：『幾處移家逐轉蓬。』杜詩：『飄飄客子蓬。轉蓬憂悄悄。生涯獨轉蓬。飄零似轉蓬。萍蓬無定居。蓬門今始爲君開。』歲大蝗旱，范文正公奉使安撫江淮，還，因負民所食烏昧草，進呈，乞示六宫戚里，用抑奢侈。

薪樵

買臣擔薪，馮異抱薪，寧成操下如束濕薪。言性急也。翹翹錯薪，吹彼棘薪。揚之水，不流束薪。析薪如之何？匪斧不克。綢繆束薪，采荼薪樗。以薪以蒸，侯薪侯蒸。麤曰薪，細曰蒸。析薪杝矣，無浸獲薪。薪是獲薪，尚可載也。樵彼桑薪。薪之槱之。詢於芻蕘。芻蕘者，往焉。

救一車之火，不見輿薪。《孟子》有：『采薪之憂。』《禮記》：『負薪之憂。』揚雄賦：『士有不談王道者，則樵夫笑之。』析其柞薪，斧以斯之。《月令》：『乃命四監，收秩薪柴，以供郊廟及百祀之薪燎。』

負薪，采薪。景公遊於壽宫，睹長年負薪而有飢色，公悲之，令吏養之。晏子曰：『請求老弱之不養，鰥寡之不室者，論而供秩焉。』公曰：『諾。』《説苑》。蘇門先生遊於延瀨，見一人采薪，曰：『子以此終乎？』薪人遂爲歌二章而去。孔稚圭《北山文》曰『值薪歌於延瀨』是也。

使子樵菜〔一〕，呼子負薪。魏高允。晋祖逖。

卧薪，禁樵。夫差志複讎，朝夕卧薪中，使人呼曰：『夫差，而忘越人之殺而父耶？』周太祖拜孔子墓，禁孔林樵採。秦攻齊，令曰：『有敢去柳下季五十步樵采，罪死不赦。』

析薪，負薪。《左・昭公七年》：『子産曰：「其父析薪〔二〕，其子不克負荷。」』披裘公者，吴人也。延陵出，見遺金，指公曰：『取彼金。』公投鎌瞋目曰：『吾披裘而負薪，豈取遺金哉？』問其姓，不語。〔三〕

積薪自焚，曲突徙薪。

灌園掇薪，以蠟代薪。元延祖調春陵丞，棄官去，灌園掇薪。石崇以蠟代薪。

〔一〕今按：『菜』當作『采』。

〔二〕今按：『其父析薪』，《十三經注疏》本作『其父析薪』。

〔三〕今按：『指』『鎌』，中華書局（晋皇甫謐）《高士傳》分别作『顧』『鐮』。

登臺履薪，訪墓限樵。僖公十五年，秦伯獲晋侯，穆姬登臺而履薪焉。欲自罪。朱子守南康，訪劉凝之墓，爲立門墻以限樵采。

禁少卿墳，祭樵夫墓。熙寧初，有人知河中府，薛少卿爲盗斫墳松。投牒，判狀曰：『周文王之苑囿，尚得芻蕘。薛少卿之墳坐，乃禁樵采。』韓信自楚歸漢，問路於樵夫。恐樵者又問路，殺樵夫。後祭樵夫墓。

薙氏

《周禮》：『薙氏掌殺草，春始生而萌之，夏日至而夷之萌之，斫其生者。夷之，以鉤鐮迫地，芟之也。秋繩而芟之，冬日至而耜〔一〕之。』含實曰繩，芟其繩，則實不成塾，以耜測凍土剗之。『若欲其化也，則以水火變之，掌凡殺草之政令。』

《月令》：『季夏，燒薙行水，利以殺草，如以熱湯，掌凡殺草之政令。』

〔一〕今按：『耟』，當作『耜』，據《十三經注疏》本。

山虞

《周禮・地官・司徒》：『山虞掌山林之政令，物爲之厲遮而爲之守禁。列也。仲冬斬陽木，山南。仲夏斬陰木，山北。凡服耜〔一〕，斬季材，以時入之。服牝服車之材也，季猶稚也，服與耜宜用稚材，尚柔韌也。令萬民時斬材有期日。』《月令》：草木零落，然後入山林。

朱子曰：『古者山林川澤，與民共之，而有厲禁。草木零落，然後斧斤入焉。』《周禮》：『林衡掌巡林麓之禁令，而平其守，以時計林麓而賞罰之。』若斬木材，則守〔二〕法於山虞而掌其政令。

《左・昭公廿年》：『晏子曰：「山林之木，衡鹿守之。藪之薪蒸，虞侯守之。」』言公專守山澤之利，不與民共。

〔一〕　今按：『耜』當作『耜』。
〔二〕　今按：『守』，《十三經注疏》本作『受』。

附蕭艾

蕭，萩也，白葉，莖麤，有香氣，祭則焫以報氣，故采之。艾，蒿屬，幹之可灸，故采之。艾，草名，所以灸者，幹久益善。《詩》：『彼采蕭兮，一日不見，如三秋兮。彼采艾兮，一日不見，如三歲兮。』淫者託行。『蓼彼蕭斯。』諸侯朝天子。燕。《左·昭公十二年》：『宋華定來聘，享之，爲賦《蓼蕭》，不知。』『洌彼下泉，浸彼苞蕭。』『呦呦鹿鳴，食我〔一〕之蘋。』蘋，蕭也。采蕭，獲萩。《周禮·甸師》：『祭祀共蕭茅。』户服艾以盈要兮，今直爲此蕭艾也。屈子。

猶七年之病，求三年之艾也，苟爲不畜，終身不得。

艾人，艾虎。楚人結艾爲人，懸户禳毒。王沂公《帖》：『仙艾垂門緑。百靈扶繡户，不假艾爲人。』章簡公《帖》：『艾葉成人後，又端午，以艾爲虎，戴之。』章簡公《帖》：『玉燕釵頭艾虎輕。』

〔一〕今按：『我』，《十三經注疏》本作『野』。

苔蘚

苔蘚，空室無人行則生，或紫或青。一名員蘚，一名緑錢，一名緑蘚，一名緑苔。《古今注》。

苔錢，澤葵，連錢草〔一〕，垢草。《述異記》。一名昔邪，一名烏韭，一名員嬴〔二〕，一名天韭。鼠韭。瓦苔，地衣，井苔，垣衣，陟厘。《本草》。藫，石衣也。《爾雅》。苔，水衣也。《説文》。石髮，石衣也。《廣雅》。石髮，水衣也。《風土記》。海藻，一名海苔，或曰海羅。《南越志》。

梁國獻金苔，宫人賜金苔。色若螢火，大如鷄卵，穿地廣百步，時時觀此苔。宫人有幸賜以金苔，置漆碗中，名夜明苔。

班婕妤賦：『華殿塵兮玉階落。』落，水氣所生也。杜牧《勤政樓》：『唯有紫苔偏稱意，年

〔一〕今按：『連錢草』，《太平廣記》作『董錢草』。
〔二〕今按：『員嬴』，人民衛生出版社（梁陶弘景集，尚志鈞輯校）《名醫别録》作『垣嬴』。人民衛生出版社（明陳嘉謨撰）《本草蒙筌》作『垣衣』。

年因雨上金鋪。』蒼苔滿地屐〔一〕痕稀。風雨唯知長緑苔。李遠。階面青苔先自生。應嫌屐齒印蒼苔。杜。

芋

土芝。《本草》。芋魁。《漢書》。芋渠。《後書》。仲冬日，升〔二〕星中，收莒芋。宋均曰：『莒亦芋，大芋實根駭人，故謂之芋也。』《孝經援神契》。《説文》：『齊謂芋爲莒。』左思《蜀都賦》：『蹲鴟所伏。』王勃《序〔三〕三》：『境殉蹲鴟。』《吴都賦》：『佝蹲鴟之鄉，則以爲世濟陽九。』蹲鴟，芋也，其苗有似鴟之蹲。可世世濟人飢厄。九，陽數。亢陽之時，蹲鴟葉大，常陰其根，不死，故得濟陽九之厄。杜詩：『紫岷嶺芋。』『園收芋栗不全貧。』渠芋也，烏芋也。《廣雅》。君子芋，百甲芋〔四〕。《廣志》。

〔一〕今按：『屐』當作『履』。
〔二〕今按：『升』當作『昴』，據《齊民要術》。
〔三〕今按：『序』當作『記』。
〔四〕今按：『百甲芋』當作『百果芋』。

梁丞種芋，平長引芋。酒容者爲梁丞，使民種芋，曰：『三年當大飢。』卒如其言，梁民不死。《仙傳》。袁安，字邵公，除陰平長，時年飢荒，安聽使輸芋，曰：『百姓飢困，何得食穀？先自引芋。』吏更從之。

薛包種芋，何隨取芋：歸先人冢側，種稻芋。稻以供祀，芋以充飢。耽道説禮，玄虚無爲。《汝南先賢傳》。字季業，蜀郡郫人，除安漢令，蜀亡去官。巴土飢荒，送吏取道側民芋。以帛繫其處，使足所取直。民持帛送還之。因爲語曰：『安漢吏取糧，合爲之償。』〔一〕大亂不亂〔二〕，蜀有廣漢。大飢不飢，蜀有蹲鴟。章仇置成都市，誓文曰云云。《唐書》。對芋嗚咽，聞解大笑。鮮於文宇〔三〕，漁陽人，年七歲喪父，父以種芋時亡。至明年芋時，對芋嗚咽，如此終身。《南史・孝友傳》。開元中，蕭嵩請注《文選》。東宫衛佐馮光云：『今之芋子，即是著毛蘿蔔』嵩聞大笑。

懶殘發芋，專力種芋。李泌在衡嶽，僧明瓚號懶殘，夜往謁之。瓚發火芋，啗之曰：『勿多言，領取十年宰相。』《本傳》。閣皂山一寺僧，專力種芋，歲收極多，杵之如泥，造塹爲

〔一〕今按：『除安漢令』當作『除安漢令』。『合爲之償』當作『令爲之償』。
〔二〕今按：『大亂不亂』當作『大旱不亂』。
〔三〕今按：『鮮於文宇』，中華書局《南史・孝友上》作『鮮於文宗』。

牆。後遇大飢，此寺四十餘僧食芋塹，以度凶歲。《玉堂閑話》。

野芋，雀芋，小於家芋，食之殺人，蓋斂芋也。《博物志》。

狀如雀頭，置幹地反濕，置濕處反幹。飛鳥觸之墮，走獸遇之僵。上。

土芋，天芋：浙生土芋，磊磈自實，天靈頻則多，然名之曰：『若呼芋字，則逡巡不見矣。』《物類相感志》。天芋生終南中，葉如荷而厚。《酉陽》。

芋，鍋聲而不滋；芋，蜂磨而如故。芋宜沙白土，二月種爲上。製鍋聲處，多不滋胤。《務本新書》。處士劉湯居王屋山，見一大蜂爲蛛網絲縛之。蛛縛之，爲蜂所螫。蛛鼓腹欲裂，嚙芋梗微破，以瘡就嚙處磨之。良久，腹漸消，輕躁如故。人有爲蜂螫者，挼芋梗，傅之則愈。《筆談》。

芋可以度饑饉，度凶年。今中國多不以此爲意，後生有耳目所不見聞者。及水旱風露霜雹之災，便能餓死滿道，白骨交橫。知而不種，坐致泯滅。悲夫人君者，安可不督課之哉！《要術》。

藷

甘藷似芋，亦有巨魁。剥去皮，肌肉白如肪。南人專食，蒸炙香美。賓客酒食施設，如果實也。《異物志》。藷萸出三輔，白色者善。《范子》。景山多藷萸，鄭越名兒草。《本草》。避唐代宗之諱豫，以薯蕷而改名。避宋英宗之諱曙，以薯蕷而遂名薯藥、山藥。《雜録》。一名山芋。秦楚名玉延，一名脩脆。鄭越名土藷。《本草》。若欲掘取，默然則獲。唱名，便不可得。《異苑》。手植則如手。鉏鍬等物植，則隨本物之形狀。《相感志》。郭璞云：『根似芋，可食，今江南人單呼藷。』《北山經》。

芭蕉

井蕉〔一〕草類，望之如樹，大餘一圍，葉長一丈，花如酒杯，色如芙蓉，根似芋魁，實隨華

〔一〕今按：『井蕉』，《藝文類聚》作『甘蕉』。

長，各有六子，先後相次。一種如指長而鋭，名羊角蕉。一種如鷄卵，有似牛乳。一種如藕子，長六寸，其莖如芋，以灰練之，可以紡績。《南方異物志》。剖其皮，食其肉，味如密〔一〕，一名甘蔗。上。赤岩山甘蕉林，高者十丈。《名山志》。

種萬條於故里，植二本於庭臺。僧懷素無紙可書，種萬餘條，以供揮灑。《書法苑》。天水之地土寒，不産芭蕉。戎師於興元求之，植二本於庭臺間。每冬即掘，埋藏地窟，春暖再植。庚午辛未之間，謡曰：『花開來裹，花謝來裹。』而又節氣變而不寒，冬即和暖，夏即毒熱，芭蕉於是花開。秦人士女來看，尋而蜀人犯我封疆，年年一來，不失芭蕉開謝之期，其地竟爲蜀人所有。《玉堂閑話》。

朱勉之進花石也，聚於京師艮嶽之上。以移根之久，爲風日所殘，植之未久即憔悴。時時欲一易之，故花綱旁午於道。一日，内宴伶人因諷，有持梅花而出者，問曰：『此何物也？』應之曰：『芭蕉。』有持松檜而出者，亦以芭蕉答之。如是者數四，遂批其頰云：『此某花，此某木，何俱謂之芭蕉？』應之曰：『我但見巴巴地討來，都焦了。』天顔亦爲之小破。《紀聞》。

樊川詩：『一夜不眠孤客耳，主人窗外有芭蕉。』陸放翁詩：『旋種芭蕉聽雨聲。』

〔一〕今按：『密』當作『蜜』。

甘蔗

有三種。赤色者，曰崑侖蔗。白色者，曰竹，甘〔一〕蠟蔗。小而燥者，曰萩蔗。

馮衍《杖銘》：『杖必取材，不必用味。相必用賢，不必用愛。都蔗雖甘，猶不可杖。佞人悦己，猶不可相。』曹植詩：『都蔗雖甘，杖之必折。巧言雖美，用之必滅。』《招魂》：『胹鱉炮羔，有蔗漿。』《漢郊祀歌》：『百求旨酒，泰尊蔗漿。』

方食甘蔗，所獻甘蔗。魏文帝宿聞鄧展有手臂，曉五兵，下殿數交，與之論劍。酒酣耳熱，方食甘蔗，便以爲杖，三中其臂。孫亮使黄門，取交州所獻甘蔗湯〔二〕。黄門先恨藏吏，以鼠矢投餳中，啓言：『藏吏不謹。』亮呼吏持餳器入，問曰：『此器既蓋，且有掩覆，無緣有此，黄門將有恨於汝耶？』吏曰：『嘗求宫中莞席，宫席有數，不敢與。』覆問黄門，具首伏。加髡鞭背，付外署。《江表傳》。

〔一〕今按：『甘』當作『曰』。
〔二〕今按：『湯』，中華書局《三國志・吳書・孫亮傳》作『餳』。

可消酒，先食尾。泰康六年，扶南貢蔗，一丈三節。南人云：『甘蔗可消酒。』《南方草木狀》。見日即消，風吹即折。顧愷之長康，噉甘蔗，先食尾。人問所以，云：『漸至佳境。』《世說》。今付甘蔗，夏送甘蔗。魏王曰：『甘蔗及酒可見分惠。』世祖曰：『今付酒二器，甘蔗百挺。』《宋書》。庾仲文好貨，劉雍夏中送甘蔗。《南史》。

宜都王鏗之射甘蔗，宜豐侯脩之食甘蔗。善射，插蔗百步，十發十中。陸納乘水來攻，矢下如雨。脩出壘門，坐胡床，方食甘蔗，曾無懼色。分軍旋鼓，遂獲一艦，生擒六十人。納歸，保長沙。《三國典略》。

沙彌孝而不食，盧絳疾而喜食。庾沙彌性孝，母劉亡，好噉甘蔗，沙彌遂不食。《梁書》。盧絳痁疾數月，忽夢白衣婦人曰：『子之疾，食蔗即愈。』詰朝見鬻者，絳揣囊中，且乏一錙，唯有唐韵一册，遂詣易之。其人曰：『哀君欲之志切。』遂遺數挺。喜食，疾損。野史。

設甘蔗，賜甘蔗。永明十年，范雲使魏，魏使李彪爲設甘蔗，黄甘。郭汾陽在汾上，代宗賜甘蔗二十條。

赤土國之蔗酒，麻偈佗之蔗糖。

節稀似竹。唐韋齊休聘雲南，會川都督劉寬使致甘蔗，節稀似竹。《雲南記》。

大曆間，鄒和尚跨白驢，登繖山，驢犯黄氏蔗。黄請償於鄒，鄒曰：『因蔗糖爲霜，利當十倍。』試之，果信。色如琥珀。鄒走靈鷲山，但見一石像，始知大像化身，而白驢者獅子也。王灼《譜》。

交趾數寸，遂寧四色。交趾甘蔗，圍數寸，長尺餘。斬食既甘，取汁如餳，名之曰糖，益複珍也。又煎而曝，既凝而破，入口消釋，謂之石蜜者也。《異物志》。福〔一〕唐、四明、番禺、廣漢、遂寧有糖冰，而遂寧爲冠。蔗有四色，曰杜蔗；曰西蔗；曰艻蔗，《本草》所謂荻蔗也；曰紅蔗，《本草》所謂崑崙蔗也。《譜》。

肝䗪林之甘如蜜，伽盧國之大如脛。南方山肝䗪林，其高百丈，圍三尺八寸。咋嚙其汁。令人潤澤，可以節蚘蟲。腹中蚘蟲，其狀如蚓，此消穀蟲也。《神異經》。婆賄伽盧國，蔗大如脛。《南蠻傳》。

韭

一種而久者，故謂之韭。韭，韭菜也。薤，音械，菜也，似韭。古言服薤者，唯商時

〔一〕今按：『福』脱，當補。

務光。

《禮記・王制》：『庶人春薦韭。』

《少儀》：『爲君子擇葱薤，則絶其本末。羞首者，進喙祭耳。』注：『以口向尊者，而尊者先取耳以祭也。』

《三國志》：『春初早韭。』杜甫詩曰『夜雨剪春韭』是也。

客至，剪韭作餅以待。郭林宗。　誰謂庾郎貧，每食二十七品，謂食三韭也。

東坡詩：『青蒿黄韭試春盤。』

杜《阮隱居至薤三十束》：『隱者柴門内，畦蔬繞舍秋。盈筐承露薢〔一〕，不待致書求。束比青芻色，圓齊玉筯頭。衰年開鬲冷，味暖並無憂。』

金薤，玉薤。『平生千萬篇，金薤垂琳琅。』韓咏李杜文章。　金薤，薤韲，韭也。琳琅，石似玉，言文章播於金石。　玉韭，煬帝酒名。

漢田横死，門人爲《薤露歌》。

葱化爲韭，兵戈日甚。姚興。　葱變作韭。後周宣帝。

〔一〕今按：『薢』，《全唐詩》杜甫《秋日阮隱居致薤三十束》作『薤』。

菍

販菍，設菍。梁呂僧珍，其先販菍，兄子求官，僧珍曰：『汝輩自有常分，但當速歸菍肆爾。』

《後》丹至，陰就故設麥飯菍葉之食，丹推去之曰：『何其薄耶？』更設盛饌。

縮菍，斷菍。侯思食籠餅，令縮菍，别縮菍侍郎。漢陸續母斷菍以一寸爲度。

五十本菍，三斗菍。龔遂爲太守，勸民，各種菍五十本。屈突通泣泣官勤政，語曰：『寧食三斗菍，莫繞屈突通。寧食三斗艾，莫逢屈突蓋。〔一〕』蘇軾詩：『口吹菍葉送迎翁。』李賀詩：『華裾織吹〔二〕青如菍。』

吉州土産。金鉗玉板笋〔三〕，銀杏水晶菍。

〔一〕今按：『寧食三斗菍，莫繞屈突通。寧食三斗艾，莫逢屈突蓋』，中華書局《舊唐書・屈突通傳》作『寧食三斗艾，不見屈突蓋；寧服三斗菍，不逢屈突通。』

〔二〕今按：『吹』，《全唐詩》李賀《高軒過》作『翠』。

〔三〕今按：『金鉗玉板笋』，中華書局本《鶴林玉露》作『金柑玉版笋』。

畦菜清貧只韭葱。隱。太守清廉只種葱。官。仙人上藥，玄都綺葱。園葱入地，兄弟分葱。趙貞。

蓴

蓴，水葵也，生水中。葉似鳬葵，采莖可噉。三月至八月，莖細如釵股，名曰絲蓴。九月至十月，漸粗，在泥中，名曰環蓴。

《詩》：『思樂泮水，薄采其茆。』茆，鳬葵也。葉大如手，赤圓而滑，江南人謂之蓴菜也。

張翰蓴羹，陸雲蓴羹。張翰因秋風起，思蓴羹。陸雲答曰：『千里蓴羹，不下鹽豉。』

杜詩：『强飯蓴添滑。絲繁煮細蓴。羹煮秋蓴弱。豉化蓴絲熟。』

芹

水菜也。芹，一名水英。《本草》。

《詩》：『思樂泮水，薄采其芹。觱沸檻泉，言采其芹。』

野人食芹而美，欲獻之至尊。駱賓王所謂『美芹之願，徒有獻於至尊也。』嵇康曰：『野人有快炙背而美芹子者，欲獻之至尊。雖有區區之意，亦已疏矣。』杜詩：『香芹碧澗羹。芹泥隨燕嘴。』污君子雕梁，譏執政。杜：『飯煮青泥坊裡〔一〕芹。泮宫初采魯侯芹。』芹之美者，雲夢之芹。《吕氏春秋》。於澤慟哭，有芹斛餘。劉殷祖母王氏，盛冬思芹。殷年九歲，於澤慟哭。有芹斛餘，生於地上。姑來采泮芹，美味煮霄芹。田野猶能一獻芹，泥融春燕掠香芹。

薑

薑，菜名。

《論語》：『孔子不撤薑食。』朱子曰：『薑，通神明，去穢惡，故不撤。』《本草》：『薑，味辛，微温。久服，去臭氣，通神明。』輔氏曰：『不撤薑食，聖人養生之周也。』《禮記》：『曾子

〔一〕今按：『裡』，《全唐詩》杜甫《崔氏東山草堂》作『底』。

以爲薑桂。曰：「喪有疾，食肉飲酒，必有草木之滋焉。」以爲薑桂之謂也。』

蜀薑，山薑。左慈在曹操坐，以百錢袖中，得蜀薑，回。《本草》：『白朮，一名山薑、茈薑、子薑。』相如《上林賦》：『茈薑蘘荷。』言初生紫色。茈，音紫。晦庵《野蔬》詩：『十二子。』薑，其一也。

從來不食薑，殿中爲生薑。梁裴子野云：『從來不食薑。』周舍应曰：『孔稱「不撤」，裴乃不嘗。』殿中爲生薑，言辛辣而不爲患。

東坡詩：『故人兼致白芽薑。』

匏

大腹瓠也，可爲笙竽。

《詩》：『匏有苦葉。刺淫。齒如瓠犀。莊薑。八月斷瓠。《豳風·七月》。幡幡瓠葉，采之亨之。』

《論》：『吾豈匏瓜也哉，焉能繫而不食？』

《抱朴子》：『懷空抱虛，有似蜀人之瓠。』喻胸中無識，不過酒炙。杜牧詩曰『懷空似蜀瓠』是也。

弦匏，合匏。《樂記》：『弦匏笙簧。』《王禮圖》：『合巹，謂破匏爲之，即匏爵。』

陶匏，懸匏。《郊特牲》：『器用陶匏。』潘岳賦：『河汾之寶，有曲沃之懸匏焉。』

苦匏，酌匏。《國語》：叔向云：『苦匏不材於人，共濟而已。』謂佩匏可渡水。《詩》：『酌之用匏。』

無口匏，非弦匏。趙宏、李沆爲相，或譏爲無口匏。

柳適道有高言，『取樂非弦匏』。

何處鼓弦匏。樂。浮生如系匏。身。明禋器用陶匏。上[一]質，用陶匏。

瓜

蔓生，瓜也。

[一] 今按：『上』當作『尚』。

地芝，瓜也。其子謂之瓤，龍蹏虎掌，羊骹兔頭，桂支蜜筒，㼟瓞〔一〕，虮貍頭，白觚。《廣雅》。嵇康賦作土芝。

主瓜，乃瓜。《續漢書》：『織女主瓜果。』《大戴禮》：『五月乃瓜。』乃瓜者，治瓜之辭也。

冬瓜，冬瓜。夫差爲越所敗，因得冬瓜，掇而食之，曰：『何冬而生瓜？近道人不食，何也？』左右曰：『謂糞種之物，人不食也。』《吴越春秋》。秦皇改古文爲篆隸，患天下不從，密令冬月種瓜驪山鉶阬〔二〕谷中温處。瓜實，乃令就視。諸生皆至，填之以土。衛宏《序》。

《詩》：『七月食瓜。』《七月》。有敦瓜苦。《東山》。綿綿瓜瓞。《綿》。瓜瓞唪唪。《生民》。』分蔕，尋支。滄州産分蔕瓜，長二丈，其色如椹，一瓜二蔕。《杜陽編》。大食國瓜大者，名尋支。十餘人食一瓜，輒亦足。越瓜，長四尺以上。《經行記》。

瓜時而往，及瓜而代。《左》：『齊襄公史連稱、管至父戍葵丘，瓜時而往，及瓜而代。期戍，公問不至，故謀作亂。』杜詩：『瓜時猶旅寓。』

〔一〕 今按：『㼟』衍，當刪。『瓞』當爲『虮』之誤。

〔二〕 今按：『鉶阬』，中華書局《漢書·儒林傳》作『坑』。

李白詩：『青門種瓜人，舊日東陵侯。』秦東陵侯種瓜長安城東，瓜有五色。其後謂之東陵瓜，又曰青陵瓜。杜詩所謂『豈傍青門學種瓜』者也。

揮閣下蠅，咏黄臺詩。元和十五年，以元爲知制誥，會同僚食瓜於閣下，有青蠅集其上，武儒衡以扇揮之，曰：『適從何來？』至德二載，肅宗與李泌同榻而寢，泌曰：『臣有五不可留』云云，乃建寧耳。帝從輔國，殺建寧。良娣之譖王倓。上泣曰：『既往不咎。』泌曰：『乃欲陛下慎將來耳。』昔天后有四子，酖殺太子弘。次子賢憂懼，作《黄臺瓜辭》，冀以感悟。賢亦廢死，辭曰：「種瓜黄臺下，瓜熟草離離。一摘使瓜好，再摘使瓜稀。三摘猶爲可，四摘抱蔓歸。」今陛下一已摘矣，慎無再摘。』廣平有功，良娣譖之，故泌言及之。

瓜桃不削，食瓜輟半。晏子曰：『賜人主前者，瓜桃不削。』杜如晦薨後，太宗食瓜，每愴然思之。遂輟其半，使置之靈座。《舊唐》。

《詩》：『疆場有瓜，是剥是菹。』《信南山》。

芸瓜斷其根，盗瓜開其道。曾子芸瓜，誤斬其根，曾晳以杖擊之。孔子曰：『參來，勿納也。舜之事父母也，小箠則待，大箠則走。今子委身以待暴怒，陷父不義。』見下。

黄龜奉太子，重幣交梁王。魏郭祚懷黄龜，以奉太子，號黄龜少師。梁大夫宋就爲邊縣令，與楚鄰界。梁亭、楚亭皆種瓜，梁亭劬力灌瓜，瓜美。楚亭稀灌其瓜，瓜惡。楚令夜竊搔梁瓜，梁亭欲竊報搔楚瓜。宋就曰：『是構怨招禍之道也。』令人竊爲楚亭，夜灌其瓜。瓜則以灌，瓜日以美。楚亭察之，則梁亭之爲也。楚令大悦，以聞楚王。楚王曰：『此梁之陰讓也。』乃謝以重幣，請交於梁王。《賈子》。

花紅葉素，千歲不渴。龙肝之瓜，生於冰穀。屈曲三尺，四劫一實。窮隆之瓜，得於蓬萊。

唐公進瓜而與藥，瓜主不與而皆耗。王莽二年，唐公昉爲漢中郡吏，旁有真人，進美瓜而敬禮。真人與神藥曰：『服藥以後，移意萬里，知鳥獸言。』語後，公昉舉家仙去。《唐公碑》。吴時，徐光行幻術於市里，從人乞瓜，其主不與，便索瓣種之瓜，生成實，乃取食之，鬻者所賣皆耗矣。〔一〕《搜神記》。

異本共生，一瓜同蔕。安帝元初三年，有瓜異本共生，一瓜同蔕，時以爲嘉瓜。或以爲瓜者外延，離本而實，女子外屬之象也。是時閻后初立，後閻后與外親耿實共譖太子，廢爲濟陰王。更迎濟北王子犢立之。《續漢書》。

〔一〕今按：『吴時，徐光行幻術』『便索瓣種之瓜，生成實』『鬻者所賣皆耗矣』，中華書局（晋干寶）《搜神記》分別作『吴時有徐光者，嘗行術』『便從索瓣，杖地種之；俄而瓜生，蔓延，生花，成實』『鬻者反視所出賣，皆亡耗矣』。

五色瓜，兩蔕瓜。吴桓王時，會稽生五色瓜。《述異記》。瓜有兩蔕，兩鼻，食之殺人。《龍魚河圖》。

冬月種瓜，冬月設瓜。馬湘有道術，江南刺史馬植座上。冬月，酒杯盛土種瓜，須臾花實，食之甚美。《續仙傳》。葛玄冬爲客設生瓜。《神仙傳》。

冬月送瓜，冬月摘瓜。焦華父遺病甚，冬中思瓜。華夢一人黄冠，謂曰：『我聞子父病，思瓜，故送以助。』華拜受之。及寤在手，馨香非常，父食而病癒。《孝子傳》。王薦母病，篤渴思瓜。時冬月，薦至深嶺，值雪，仰天而哭。忽見岩間青蔓離披，有二瓜，摘歸以進母，渴遂止。

見凉殿之生瓜，咏唐宫之進瓜。凉天水太守史稜暴疾死，五日而蘇，云：『見凉殿皆生白瓜。』秦使梁熙滅梁。小子白瓜也。《三十國春秋》。王建《華清宫》詩云：『二月中旬已進瓜。』注：唐置温湯監、監丞，種瓜蔬隨時供奉。瓜夏熟者，二月而進瓜，蓋譏明皇違時反物，求口體奇巧之奉，以悦婦人。

老人失瓜而得錢，彦遠征瓜而降職。高宗四月憶瓜，明崇儼索百錢，須臾以瓜獻，曰：『得之緱氏老人圃中。』帝召老人問故，曰：『埋瓜失之土中，得百錢矣。』宣和中，蔡居安提舉秘書省，夏日會館職於道山食瓜。居安令坐客征瓜事，各疏所意，每一條食一片。坐客不敢盡言。居安所征爲優，校書郎董彦遠連征數事。識者謂：『彦遠必不能安。』數日，果補外。《揮麈録》。

如小兒之市瓜，似貧人之買瓜。明皇宴便殿，酒酣，謂李白曰：『我朝與天后朝何如？』白曰：『天后朝政出多門，如小兒市瓜，不擇香味，惟揀肥大者。我朝任人如淘沙取金，剖石采玉，皆得精粹者。』楊愔典選，多以言貌取人，時謗詞云：『尚書典選似貧人買瓜，惟取大者。』《後魏書》。

唐宗置之於座，梁帝投之於盤。見上。任昉卒，武帝方食西苑緑沉瓜，投之於盤，悲不自勝。《梁書》。

有姥餉瓜，報以匹帛。郭祖深清儉，常服布襦。有姥餉以早春瓜，祖深報以匹帛。有人盗瓜，剪其荆棘。桑吴仁孝。自天園在宅北數里，〔一〕瓜菓初熟，有人逾園盗之。吴以園後多棘刺，恐偷人驚走致傷，乃使奴開道。偷見道通利，乃還所盗瓜，叩頭請罪，吴乃歡然，以瓜與之。《晋書》。

對剖而食，毒削而進。齊武帝與郅撝從宋明帝，射雉郊野，渴倦，撝得早春瓜，對剖而

〔一〕今按：『桑吴』『自天園』，中華書局《晋書・桑虞傳》分别作『桑虞』『有園』。

食之。及帝即位，一歲三遷爲御史中丞，懷舊德也。《南史》。

蘭欽爲廣州刺史，南安侯恬權行州事，冀得即真。及聞欽至嶺，厚貨廚人，塗刀以毒，削瓜進之，欽及愛妾俱死。帝聞大怒，收恬，削爵土。《南史》。

趙穎奉瓜，蘇瓊置梁，有客削瓜，王羆食皮。見儉。

郭原平之步從，王弘義之捕逐。以種瓜爲業。大明七年大旱，瓜瀆，不通船。縣官劉僧秀湣其貧老，開瀆下水與之。原平曰：『普天大旱，百姓俱困，豈減溉田之水，以通運瓜之船？』乃步從他道，往錢塘貨賣。《宋書》。酷吏王弘義賤時，傍舍瓜，不與。及爲御史，乃騰文言有白兔，集人捕逐，畦無遺蔬。李昭德曰：『昔聞蒼鷹獄吏，今見白兔御史。』

竟陵王之好士，鄭茂昭之好學。竟陵王子良禮才好士，夏月客至，爲設瓜。《南齊》。鄭均茂昭勵志好學，多苦心熱，以瓜鎮心。《梁書》。

共積半畝瓜，遂辯母葬事。韓靈敏與兄靈珍。《南齊》。

賀氏瓜，崔氏瓜。越中有賀氏之瓜。《述異記》。朝鮮靈岩郡西有崔氏，園中有瓜，長尺餘。女潛摘食，有娠生子，置之竹林，居數七日，鳩燕覆翼，取而養之，及長爲僧，名道詵。入唐，傳一行地理法而還，後名其地曰鳩林。

種之所出，以遼東廬江燉煌之種爲美。有烏瓜，魚瓜，〔一〕貍頭瓜，蜜筒瓜，女臂瓜，龍蹄瓜，羊須瓜，綠瓜。瓜州，大瓜如斛，禦州瓜也。有青登瓜，大如三寸魁。有桂枝瓜，長二尺餘。蜀地温良瓜，冬熟。春日瓜，二月種，三月熟。秋泉瓜，秋種，十月熟。〔二〕《廣志》。

一辭故園十經秋，每見新瓜憶故丘。今日南湖采薇蕨，何人爲覓鄭瓜州。鄭審因瓜憶鄭瓜州。杜詩。瓊液冰膚，滌除煩暑。充腸冷咀嚼，甘漿透齒凉。

西瓜

胡嶠爲蕭翰書記，隨翰入虜中，始食西瓜。云：『契丹破回紇，得西瓜種。以牛糞覆棚而種，大如中國冬瓜而味甘。』《五代史》。

若無洪皓之攜歸，寧有鄱陽之愈疾？·洪皓使虜攜以歸，今禁圃鄉囿皆有。鄱陽有久苦目疾者，曝幹服之而愈，蓋其性冷故也。《紀聞》。

〔一〕今按：『種之所出』『有烏瓜』，《初學記》分別作『凡瓜之所出』『有魚瓜，綠瓜。』

〔二〕今按：『禦州瓜也』『桂枝瓜』『冬熟』『十月熟』，《初學記》引《廣志》分別作『禦瓜也』『柱杖瓜』『至冬熟』『冬熟』，無『蜜筒瓜，女臂瓜，龍蹄瓜，羊須瓜』。

鞂鞨國之西瓜，古里國之西瓜：一人〔一〕二人舉，四時皆有，又有小瓜，大如小指，長二寸許，味如青瓜。《勝覽》。大食勿斯離國，燉煌瓜州地，瓜大五六尺，瓜因名狐食。《元和志》。

衆菜

《詩》：『采采卷耳，不盈傾筐。嗟我懷人，置彼周行。』卷耳，枲耳，即蒼耳也。一名喝起草。名羊負來，從羊毛中粘綴，遂至中國，故以爲名。《本草》。

杜詩：『卷耳况療風，童兒且時摘。放筐亭午際，洗剥相蒙冪。登床半生熟，下筯還小益。』

《詩》：『采采芣苢，薄言采之。采采芣苢，薄言有之。采采芣苢，薄言掇之。采采芣苢，薄言捋之。采采芣苢，薄言袺之。采采芣苢，薄言襭之。』婦人無事，采此芣苢。劉峻《論》：冉耕歌其芣苢。《韓詩》：『芣苢，傷夫，惡疾。』《詩》：『參差荇菜，左右流之。荇，接餘也。參差荇菜，左右采之。參差荇菜，左右芼之。』《詩》：『陟彼南山，言采其蕨。陟彼南山，言采其薇。大夫

〔一〕今按：『一人』當作『一枚』。

行役，其妻獨居。采薇采薇，薇亦作止。采薇采薇，薇亦剛止。采薇采薇，薇亦柔止。』勞遣戍。

山有蕨薇。《左·文公十三年》：『季文子賦《采薇》之四章，鄭伯與公宴。』伯夷、叔齊隱於首陽山，作歌曰：『登彼西山兮，采其薇矣。以暴易暴兮，不知其非矣。神農虞夏忽焉没兮，我安適歸矣。吁嗟殂兮，命之衰矣。』隱首陽山，不食周粟。婦人曰：『不食周粟，何食周之草木？』遂餓而死。劉峻《論》：『夷叔斃，淑媛之言。』

李白詩：『有口莫食首陽蕨。』杜甫詩：『食蕨不願餘。』

采葑采菲，無以下體。葑，蔓菁也。菲似葍。爰采葑矣，沬之東矣。采葑采葑，首陽之東。

誰謂荼苦，荼，蓼屬。其甘如薺。薺，甘菜。采苦采苦，首陽之下。采荼薪樗，薄言采芑。苦菜。

周原膴膴，堇荼如飴。堇，馬頭。荼，苦菜。

未堪家多難，余〔一〕又集於蓼。以薅荼蓼，荼蓼朽止。趙嘏詩：『蓼花風起路悠悠。』晋安有越王餘算菜，白者似骨，黑者似角。《異苑》。彼汾沮洳，言采其莫。菜也。彼汾一曲，言采其藚。

六月食鬱及薁，七月亨葵及菽。鬱，棣屬。薁，蘡薁。爰采唐矣，沬之鄉矣。唐，一名兔絲。

〔一〕今按：『余』，《十三經注疏》作『予』。

蔦與女蘿，施於松柏。女蘿，兔絲。蔦與女蘿，施於松上。

李白：『兔絲固無情，隨風任顛倒。誰使女蘿枝，而來强縈抱。兩草惟一心，人心不如草。』

杜甫詩：『冬青〔一〕飯之半。』『春日春盤細生菜，忽憶兩京梅發時。盤出高門行白玉，菜傳纖手送青絲。』

附蛇龍鯪鯉魴

蛇

蛇能屈伸，配龍騰蟄。張奂《疏》〔二〕。螣蛇，龙類也，能興雲霧而遊其中。《爾雅》。螣蛇游霧而動，應龙乘雲而舉。《淮南》。兔不牝牡，螣蛇不交，不可謂貞。《抱朴子》。

〔一〕今按：『青』，《全唐詩》杜甫《暇日小園散病將種秋菜督勒耕牛兼書觸目》作『菁』。

〔二〕今按：『張奂疏』當作『後漢書·張奂傳』。

郭璞《贊》：『惟蛇之君，是謂巨蟒。小則數尋，大則百丈。』蟒，王蛇，最大，故曰王蛇。巴蛇。羿屠巴蛇於洞庭。《潯江記》。斬脩蛇於洞庭。《淮南子》。其骨若陵，故曰巴陵。左思《吴都賦》：『屠巴蛇，出象骼〔一〕。』巴蛇吞象，三歲而出其骨。君子服之，無〔二〕心服之疾。《山經》。

紆行，蛇屬。

西方有蛇，頭尾差大，有色五采，名曰率然。中頭則尾至，中尾則頭至，中腰則頭尾並至。會稽常山，最多此蛇。故《孫子兵法》曰：『將之三軍，勢如率然也。』《神異經》。《孫子》：『善陣者，如率然。率然者，常山之蛇也。擊其首則尾至，擊其尾則首至，擊其中身，則首尾俱至。〔三〕』庾信賦：『所謂常山之陣，蛇奔穴也。』

《抱朴子》：『圓丘多大蛇，又生好藥，黄帝將登焉，廣成子教佩雄黄，而蛇皆去。今帶武都雄黄，色如鷄冠者五兩，以入山林，則不畏蛇。蛇若中人，以少許雄黄末傅之瘡中，立愈。』

杜：『幽薊餘蛇豕。歲月蛇常見。』《左》：『吴爲封豕長蛇。』冬蛇見，政令失時。

〔一〕今按：『象骼』，《歷代賦選》作『象骼』。
〔二〕今按：『服』，中華書局《山海經》作『腹』。
〔三〕今按：『善陣者，如率然』『擊其中身』，諸子集成本《孫子》分别作『故善用兵，譬如率然』『擊其中』。

晋太子之伏劍，晋文公之修政。申生至靈臺，蛇繞左輪。禦曰：『太子下拜。吾聞國君之子，蛇繞左輪者，速得國。』太子曰：『今吾得國，是君失安也。見國利而思君安，非子道也。聞得國而拜其聲，非君欲也。』伏劍而死。文公出田，前驅還白：『前有大蛇，其高若堤。』公曰：『吾聞天子夢惡則修道，諸侯夢惡則修政，大夫夢惡則修官，庶人夢惡則修身。』乃歸齊宿，而請於廟，退而修政。居三日而夢天誅大蛇，曰：『爾何敢當明君之路？』使人視之，蛇已臭爛矣。《賈子》。

孫叔敖之殺蛇，顔氏子之斬蛇。孫叔敖之爲嬰兒也，出遊而還，憂而不食。母問其故，泣而對曰：『今見兩頭蛇，死無日矣。』母曰：『今蛇安在？』曰：『吾恐他人又見之，吾已殺而埋之也。』母曰：『汝不死，吾聞有陰德者，天報以福。』上。顔淵、子路共坐夫子之門，有鬼魅求見孔子，其目若月，其形甚偉。子路失魄，口噤不能言。顔淵杖劍斫腰，形化成蛇，即斬。孔子嘆曰：『勇者不懼，智者不惑。仁者有勇，勇者不必有仁。』《殷芸小説》

莊年鬥門之蛇，定年繞柱之蛇。《莊公十四年》：初，内蛇與外蛇鬥於鄭南門中，内蛇死。六年，而厲公入。公問於申繻，對曰：『人之所忌，其氣炊以取之。人無釁焉，妖不自作。人棄常則妖興，故有妖。』〔一〕注：妖由子儀畏忌厲公。定公元年，有九蛇繞柱。占，以爲九世廟不祀。乃立煬宮。《搜神記》。

五丁踏於一蛇，小蛇銜於大蛇。秦惠王獻美女五人，蜀王遣五丁迎女。还，至梓潼，見一大蛇，入山穴中。一人引尾不能出，五丁共引蛇。山崩壓五丁，五丁踏蛇而大呼。綿竹縣有玉妃溪。初，玉女與五丁力士同生，其母初生一包，父棄之溪。後聞哇哇聲，即歸養之。女爲蜀侯妃，男爲五丁。田成子去齊之燕，鴟夷子負傳而從，曰：『子不聞涸澤之蛇乎？涸澤，蛇將徙。有小蛇謂大蛇曰：「大蛇行而小蛇從，人以爲蛇之行者耳，必有殺子。子不如相銜負以行，人必以我爲神君也。」乃相負而行，人皆避之。今子美而我惡，以子爲我上客，千乘之君也。以子爲我使者，萬乘之卿也。子不如爲我舍人。』田成子負傳而隨之。至逆旅，逆旅之君遂待之甚厚。《韓子》。

楚舍人之畫蛇，越小女之斫蛇。昭陽伐魏，殺將，移師攻齊。陳軫見昭陽，曰：『楚有祠者，賜舍人酒一卮。舍人相謂曰：「數人飲之不足，一人飲之有餘。請畫地爲蛇，蛇先成

〔一〕今按：『公問於申繻』『人無釁焉』，《十三經注疏》本『公聞之，問於申繻曰：猶有妖乎』『妖由人興也。人無釁焉』。

者飲酒。」一人先成，引酒且飲，曰：「吾能爲之足。」未成，一人之蛇成，奪其卮，曰：「蛇故無足，子安能爲之足？」遂飲其酒。爲蛇足者，終亡其酒。今公攻魏，又將移師，戰勝不知止，猶爲蛇足也。』昭陽解而歸。《戰國策》東越閩中有庸嶺，有大蛇，長七八丈，大十餘圍。下縣李誕有六女無男，小女名奇，應募而行。請買好劍及咋蛇犬，將數斛餈，〔一〕用蜜灌之，以致穴口。而蛇夜出，頭大如囷，目如二尺鏡，先啖餈灌。放犬咋蛇，以劍斫之。蛇踊出而死，得九女髑髏。越王聘寄女爲後。《搜神記》。

隨岸蛇生而珠死，邛縣姥死而蛇生。隨縣溠水側，有斷蛇丘。隋侯出，見斷蛇，以藥封之。蛇乃能去，號爲斷蛇丘。歲餘，蛇啣珠以報。其珠徑寸，如月之照，謂之隋侯珠，亦曰靈蛇珠。庾信賦所謂『隋岸蛇生而珠死』是也。邛都縣有一老姥，輒有小蛇，頭上戴角。姥憐而飴之，後稍長大，遂長丈餘。今有駿馬，蛇遂吸殺。令怒，殺姥。蛇惑人以靈，言：『吾當爲母報讎。』比後，每夜輒聞，若雷若風，四十許日。方四十里城，一時陷爲湖。姥宅無恙，迄今猶存。《益州記》。

〔一〕今按：『奇』『將數斛餈』，中華書局《搜神記》分别作『寄』『將數石斛米餈』。

有餉放髯蛇，養小蛇。虞願爲晉安〔一〕太守，郡出髯，蛇，膽可爲藥，使送他處又複歸。有餉願者，願不忍殺，放三十里外，經宿，複來故處，論者以爲仁心所致也。《齊書》。武强縣有武强淵，邑人行途，見一小蛇，持而養之，名曰擔生。長而噬人，里中患之，遂捕繫獄。擔生負而奔，邑淪爲湖，長吏爲魚。《水經》。

寧方卜馮氏之祥，竇氏之祥。巴郡馮緄，字鴻卿，爲議郎，發綬笥，有赤蛇，可二尺許。寧方卜云：『此吉祥也，君後三歲當爲邊將，以東爲名。』後五年爲大將軍，拜遼東太守。《風俗通》。竇武母産武，並産一蛇，送林中。後母卒，葬未窆，大蛇自榛草而出，徑至喪所，以頭擊柩，涕泣〔二〕皆流，俯仰蛣屈，若哀泣之容，有頃而去，時人以爲竇氏之祥。《後漢》。

洛陽市令淳於翼曰：『蛇陽德殿之大蛇，趙王殿之大蛇。桓帝即位，蛇見德陽殿上。洛陽市令淳於翼曰：『蛇有鱗，甲兵之祥〔三〕也。見於省中，將有椒房大臣受兵甲之誅也。』乃棄官遯去。延熹二年，誅梁翼。《搜神記》。趙王倫簒位，殿上有大蟒及小蟒，耳間垂肉，似重孝幘。《晉書》。吴室内有蛇，如百斛船大，云：『是馬援之餘靈也。』《武陵語》。永嘉末，有蛇長十餘丈。

〔一〕今按：『晉安』，中華書局《南齊書》作『晉平』。
〔二〕今按：『泣』，中華書局（范曄撰）《後漢書》作『血』。
〔三〕今按：『祥』，中華書局《搜神記》作『象』。

猛曰：『蜀杜弢之將滅也。』《豫章記》。

大蛇見，以高仲密之反也；雌龍見，謂司馬消之反也：東魏孝靜帝武安元年，大蛇見武牢城上，高仲密以武牢反。後司馬消難之任武牢，蛇又見，消難亦叛，士人謂之雌龍。《魏書》。

傅縡去而國滅，薛浚來而家榮。後主末年，秘書監傅縡諫，死獄中。死後，惡蛇來，上靈床，去而複來，百有餘日，時時有彈指聲。俄而陳滅。薛浚幼戲澗濱，見黄蛇，有角及足。適有相僧曰：『此乃吉應。早有名位，然壽不過六七耳。』既而終於四十二。《隋書》。

蛇觸鼠而上馬，蛇見山而録囚。太宗與甲士登丘而睡，會有蛇觸鼠，鼠觸甲士，驚起上馬，爲賊所及。太宗射之，殪其驍將。《舊唐》。貞觀八年，大蛇屢見，以問虞世南。對曰：『漢靈帝時，青蛇見禦座。晋惠帝時，大蛇經市入廟。今見山澤，適其所居，恐有冤獄枉繫，宜省録囚徒。』

至相寺之蛇出而珠存，寧晋縣之蛇死而龜獻。長安至相寺賢者修道，佛堂座下有一蛇。開元中，賢者禮拜，堂中無燈，光燦滿堂。蛇出之後，如經〔一〕寸珠。胡人交市，定還百

〔一〕今按：『如經』，《太平廣記》作『得徑』。

萬。云：『蚌珠則貴，此乃蛇珠。』《廣異記》。建中二年夏，趙州寧晋縣有棠樹甚茂，民祠之爲神。有蛇數百千，趨北岸者爲二積，留南岸者爲一積。俄有徑寸龜三繞行，積蛇盡死，而後各登其積。蛇腹有瘡，若矢所中。刺史康日知圖其事，奉三龜來獻。

開成初之蛇，先化中之蛇。夜自寶庫出，遊於階庭，因睹領〔一〕下有阿麼字。阿麼，煬帝小字也。命取玻璃連環，係玉毚之前足，以毚能啗蛇也。《杜陽编》。楊守亮鎮襄，一蛇横斜谷，四面小蛇翼之無數。明年，楊伏誅。《北夢瑣言》。

華山六足之見，鱗山四翼之見。泰華山有蛇，名曰肥遺。六足四翼，見則天下大旱。《山經》。鱗山多鳴蛇，其狀如蛇，四翼，音如磬，見則大旱。上。

巳日，山中稱寡人者，社中蛇也。《抱朴子》。倒拖蛇不出，以針札其尾，則出。《瑣碎録》。以細歎〔二〕物停蛇着上，躁嬈者是雄，住不動者是雌。如律云：『白疊試蛇，去住不同也。』《六典》。種黍來蛇，燒羖羊角及頭髮，則蛇不敢來。《僉載》。蝮蛇秋月毒盛，嚙草木以泄其氣，草木即死。樵采，設爲此草木所傷刺者亦殺人。《博物志》。

〔一〕今按：『領』，《太平廣記》作『頷』。

〔二〕今按：『歎』當作『軟』。

蝮螫手而解腕，蛇螫手則斬手。劉曜率衆入馮翊，滑帝徵兵於南陽王保，保左右議曰：『蝮蛇螫手，壯士解其腕，且斷隴道，以觀其變。』郎中裴詵曰：『蛇已螫頭，頭可截不？』《晉・李靖傳》。齊王曰：『蝮螫手則斬手，螫足則斬足。何者？爲害於身也？』《田儋傳》。

《詩》：『維虺維蛇，女子之祥。』註：虺、蛇，陰物，穴處。柔弱隱伏，女子之祥。《易》：『龍蛇之蟄，以存身也。』《孟》：『驅蛇龍而放之菹。』《楚詞》：『雄虺九首，往來倏忽，吞人以益其心些。』屈原：『雄虺九首。』《天問》：『倏忽焉在？靈蛇吞象，厥大何如？』

赤帝子之斬蛇，劉寄奴之擊蛇。有老嫗哭曰：『吾子白帝子也，今赤帝子斬之。』劉邦事。群兒搗藥曰：『吾王爲劉寄奴所傷。』曰：『何不殺之？』曰：『寄奴王者，不死。』劉裕事。

劉安世之向蛇，孔道輔之擊蛇。遠謫嶺外，一日山中，扶母藍輿〔一〕憩樹下。大蛇冉冉而至，器之不動，蛇若相向者，久之乃去。村民羅拜器之，曰：『官異人也，蛇山神。神見官，喜相迎。』祥符年，寧州天慶觀有蛇妖，極怪異，人以爲龍。今龍圖待制孔公道輔，以手

〔一〕今按：『藍輿』，四庫全書作『籃舁』。

板擊其首，遂斃於前。《銘》曰：『至正之氣，天地則有。笏爲靈物，笏乃能受。笏之爲物，純剛正直。公惟正人，公乃能得。笏之不公，能破淫妖。公之在朝，讒人乃消。靈氣未竭，斯笏不折。正道未亡，斯笏不藏。惟公寶之，烈烈其光。』石守道《擊蛇笏銘》。

漢靈帝之青蛇，非瑞也，是妖也；范延光之夢蛇，是祥也，非災也。建寧二年四月，青蛇見禦座軒前，大風雨雹。張奂疏：『昔周公葬而不如禮，天乃動威。今武。蕃忠貞，未被明宥，妖眚之來，皆爲此也。宜急改葬，徙還家屬。』上不得從。武蕃：竇武、陳蕃。范延光夢蛇自臍入腹，以問張生。生曰：『蛇者，龍也，帝王之光。』延光由是有非望之志。馬援曰：『永州異蛇，嚙草盡死，後人來觸草，猶墮指、攣腕。』柳子曰：『永州之野産異蛇，黑質白章，觸草木盡死。以嚙人，無禦之者。』李德裕詩：『愁衝毒霧逢蛇草。』朱子《不自棄文》：『毒如蝮，而有和藥之需。』文山《策》：『懷袖之蛇蝎。』樊川詩：『常山蛇陣勢縱横。』

龍蛟

有鱗曰蛟龙。有翼曰應龙。有角曰虬龙。無角曰螭龙。《廣雅》。龙未升天曰蟠龙。《方書》。天有九龙，應龙有翼。《項岱》。蛟，水蟲之神者也。乘於水則神立，失於水則神廢，故曰：『蛟龙得水，而神可立也。』《管子》。龙被五色而遊，故神。欲小則化如蠶蠋，欲大則極於天下。欲上則淩公雲氣，欲潛則入於深泉。變化無日，上下無時，謂之神。上。山中辰日稱雨師者，龙也。《抱朴子》。有自然之龙，有蛇蠋化成之龙。上。龙之言萌也，陰中之陽，故言：『龙舉而雲興。』《元命包》。天用莫如龙，《索隱》曰：『《易》曰：「行天莫如龙。」』是也。《漢書》。

龙無尺木，無以升天。聖人無尺土，無以王天下。桓譚《新論》。『短書言：龙無尺木，無以升天，謂龙從木中升天也。蓋當雷電樹木擊之時，龙適與雷電俱在樹木之側。雷電去，龙從而上，故謂從樹木之中升天也。《論衡》。孫策教曰：『龙欲騰者，先階尺木〔一〕者也。』《江環傳》〔二〕。《雜俎》：『「龙頭上有一物，如博山形，名尺木。龙無尺木，不能升天。」蓋杜撰也。《雅翼》引之似誤。』羽嘉生飛龙，毛犢生應龙，介鱗生蛟龙，介潭生先龙。《淮・地形》。

管輅曰：『龙者，陽精，以潛於陰。幽靈上通，和氣感神，二物相扶，故能雲矣。』《别傳》。

夫龍之爲蟲柔，可狎而騎也。然其喉下有逆鱗徑尺，若人有嬰之者，則必殺人。人主亦有逆鱗，説者能無嬰人主之逆鱗，則幾矣。《韓非子・説難》。

〔一〕今按：『尺木』，《初學記》引趙曄《獻帝春秋》作『尺水』。
〔二〕今按：『江環傳』當作『江表傳』。

夫蛟龙伏潛於川，而卵剖於陵。 螣蛇雄鳴於上風，〔一〕雌鳴於下風而化成形，精之至也。《淮》。

人不見龙之飛，去〔二〕而高者，風雨奉之也。《説林》。 江湖見龙卵，主大水。玄珠。

夫玄龙，迎夏則陵雲而奮鱗，樂時也。 涉冬則淈泥而潛蟠，避害也。《張衡》。

泥蟠而天飛者，應龙之神也。 時暗而文章者，君子之貞也。班固。

龍瑞反

黄龍者，四龍之長，四方之正色，神靈之精也。 能巨細，能幽明，能短能長，乍存乍亡。

王者不漉池而漁，則應和氣而遊於池沼。 不衆行，不群處，必待風雨而遊乎青氣之中，遊乎

〔一〕 今按：『夫蛟龙伏潛於川，而卵剖於陵。 螣蛇雄鳴於上風』，諸子集成本《淮南子·泰族訓》作『夫蛟龍伏寢於淵，而卵割於陵；螣蛇雄鳴於上風』。《初學記》引此條，無『螣蛇』二字。

〔二〕 今按：『去』，諸子集成本《淮南子·説林訓》作『舉』。

天外之野。出入應明〔一〕，以時上下，有聖則見，無聖則處。《瑞應圖》。青龍者，大〔二〕辰之精，木官之瑞。魏繆襲《青龍賦》。『青龍，水之精。垂雨而下，不處深泉。有仁聖君子在位，不肖斥退，則見。』《瑞應圖》。

黄龍，青龍。漢公孫云：『黄帝得土德，黄龍地螾見。』《史・封禪書》。黄帝治天下，而青龍進駕。《淮南子》。

五龍舞河，應龍攻野。黄帝録圖，五龍舞河。《魏文帝雜事》。蚩尤作兵，伐黄帝，黄帝乃令應龍攻之冀北之野。應龍已殺蚩尤，又殺誇父，乃處南方，故南方多雨。不得複上，故下數旱。旱而爲應龍之象，乃得大雨。

堯火德而赤龍，夏木德而青龍。堯遊河渚，赤龍負圖以出。《元命苞》。堯火德，故赤龍應焉。《中候》。夏得木德，青龍止於郊。《史記・封禪書》。

伏羲受命之龍，帝舜即位之龍。伏羲受命，有龍馬負圖出，河之瑞。帝舜即位，黄龍負圖出，置舜前。

〔一〕今按：『明』，《藝文類聚》作『命』。
〔二〕今按：『大』，《藝文類聚》作『火』。

母媪龍交，母薄龍據。漢祖母媪，息大澤之陂，交龍其上，已而産季。降〔一〕准而龍顔，爲龍，成五采。文帝母薄氏，夢龍據胸而生帝。

伯禹治水，應龍畫地。見治。孔子生世，蒼龍下天。孔子生之夜，二蒼龍自天下。王勃《序》：『贇踞龍蹲，集風雲於地紀。』

僞端

元始二年之黄龍，永康元年之黄龍。元帝元始二年，越嶲郡上黄龍游江中。書法，上者何？疑辭也。桓帝永康元年，巴郡言黄龍見。書法，書曰言何？疑辭也。

黄龍二見，黑龍冬出。唐文宗開成三年，杜悰曰：『劉聰桀逆，黄龍三見，以此觀之，瑞豈在德？』上善之。漢成帝鴻嘉二年，谷永曰：『去年九月，龍見，日食，三代之末，未嘗有也。』陳湯言黑龍冬出，微行數出之應，免爲庶人。

漢黄龍之死，魏青龍之見。王莽天鳳三年，民訛言：『黄龍墮死黄山宫中。』走觀者萬數，莽捕繫之。魏青龍元年正月，青龍見摩陂井中。魏主叡往觀之。發明，龍在天之物，而見於井中，其殆芳、髦失位之兆乎？

〔一〕今按：『降』，中華書局《漢書·高祖紀》作『隆』。

僞瑞

黄龍二見，青龍二見。景耀二年，黄龍二見魏寧陵井中，群臣以爲祥。魏主髦曰：『龍者，君德也。上不在天，下不在田，而數屈於井，非嘉兆也。』作《潛龍》詩以自諷，司馬昭見而惡之。發明，叡以之改元，髦以之自諷，亦足以覘二人之識趣矣。後世以龍見爲祥者，可以觀矣。晋武太康五年正月，青龍二見武庫井中，帝觀之，有喜色，百官將賀。劉毅曰：『昔龍降夏庭，卒爲周禍。尋按舊典，無賀龍之禮。』乃止。

龍漦帝後，龍鳴宫中。夏後之世，二龍降於庭，卜藏其漦，周人發之。漦化爲黿，童女遇之而孕，生女棄之，是爲褒姒。班固賦：『震鱗漦於夏庭，雜〔一〕三正而滅姬。』駱賓王《代李敬業檄》：『龍漦帝後，識夏庭之遽衰。』梁武帝時，有龍鳴宫中，庾信賦《哀江南賦》。曰『北闕龍吟』是也。

龍見於絳郊，龍門於時門。《昭公廿九年》：龍見於絳郊，魏獻子曰：『吾聞之，蟲莫知於龍，以其不生得也。謂之知，信乎？』蔡墨曰：『人實不知，非龍實知。古者畜龍，故國有

〔一〕今按：『雜』，吉林人民出版社（清曾國藩原著，清李翰章編纂，清李鴻章點校）《足本曾文正公全集六》作『匝』。

豢龍氏，有禦龍氏。』獻子曰：『是二氏者，是何謂也？』曰：『昔有董父，實甚好龍，帝賜之姓曰董，氏曰豢龍。及有夏孔甲，擾於有帝，帝賜乘龍，河、漢各二。陶唐氏後，有劉累，學擾龍於豢龍氏，以事孔甲，賜氏曰禦龍。龍一雌死，潛醢，以食夏後。』獻子曰：『今何故無之？』曰：『夫物，物有其官。注：好是物者必有其官。官宿其業，其物乃至。宿，安。若泯棄之，物乃坻伏。坻，止。伏，匿。鬱湮不育。龍，水物也，水官棄矣，故龍不生得。』《昭公十九年》：鄭大水，龍鬥於時門之外洧淵。時門，城門。國人請爲禜焉，子産不許，曰：『我鬥，龍不我覿也。龍鬥，我獨何覿焉？吾無求於龍，龍亦無求於我。』乃止。

秦皇未召於温媪，漢武能致於王母。温氏媪，端溪人也。忽於水側遇一卵，大如斗，歸置器中。穿卵而出，逡巡而去。數年乃還，媪曰：『龍子今複來也。』始皇聞之曰：『此龍子也，朕德之所致。』以玄圭之禮聘媪，卒不能召媪。媪殞，瘞於江陰。龍子常爲大波，轉沙成墳，人謂之掘尾龍。今人爲船爲龍掘尾，即此也。《南越志》。王母來，乘紫雲之輦，又駕九色之斑龍。《漢武内傳》。

北地黃龍，泉陵黃龍。建武中，曹鳳字仲理，爲北地太守，政化尤異。黃龍應於九里谷高岡亭，角長三丈，大十圍，稍至十餘丈。天子嘉之，賜帛加秩。《水經注》。湘水去泉陵城七里，水上聚石曰燕室丘。建初三年，二黃龍見，長出十六丈，身大於馬。又見狀如駒馬，小大凡六，出水遨戲陵上，蓋二龍之子也。《論衡》。當陽南有龍川鳳川，云漢武時八龍五鳳常見於此，亦呼爲五鳳堆。《述異記》。

墮青龍於宫中，出赤龍於水上。元和元年大雨，一青龍墮於宫中。帝命烹之，賜群臣龍羹各一杯。李尤《七命》曰『味兼龍羹』是也。吴赤烏中曹不興之青溪，見赤龍出水上，寫獻孫皓。至宋朝，陸探微時，纍月抗旱，乃取不興龍置水上。應時蓄水成霧，纍日滂沛。《浙江志》。

金龍遺灰而築城，黑龍入夜而如堤。平陽府有金龍池。晋永嘉中，有韓媪者見卵，育之，得兒，名檝兒。劉淵築城，兒變爲蛇，令媪遺灰，識其後，憑灰築城，立就。涌泉出穴，匯爲此池。《紀異》。吕光伐龜兹，夜有一黑物，大如斷堤。光笑曰：『黑龍也。』杜進曰：『龍者神獸，人君利見之象。《易》曰「見龍在田，德施普也」，斯誠明將軍道合靈和，德符幽顯。』《晋・載記》。

龍鳴之城，以不祥而乃號。龍化之井，以酷妒而爲名。齊天統三年，行臺右丞盧潛屯兵於院，於時龍城内。潛以不祥，移軍在外，乃號龍鳴城。《寰宇記》。梁武帝郤皇后酷妒忌，終化爲龍，因册爲龍天王，井上立祠。《兩京記》。

騰躍升天，連接順流。梁元承聖二年三月，二龍自城西升天。父老或聚而悲，竊相謂曰：『地龍已去，國其亡乎？』《南史》。父老泣曰：『昔年龍出建康淮，而天下大亂。今複有焉，禍至無日矣。』隋師濟江，有五黄龍，驤首連接，順流而東。《陳書》。

龍吐物而得玄金，龍有女而與餅金。貞觀中，汾州言青龍、白龍見，白龍吐物在空中，至地陷二尺。掘之，則玄金也。〔一〕《舊唐》。俱名國商人放八牛於澤中。時有離居，捕得一龍，云食之。商人以八牛易致〔二〕，取放别池中。龍忽人語，邀入宫中。有龍女與八餅金，云：『此是龍金，截已更生。足汝父母眷屬，終身用之不盡。』《法苑》。

斧山立觀宇，道州與縑帛。魏崔挺，字雙根，爲光州刺史。西北有斧山，頂上立觀宇。故老曰：『相傳云是龍道。』挺曰：『人龍相去，何遠之有？虯龍倏忽，豈一路乎？』遂營之。數年間，果無風雨之異。挺既代，即爲風雨所毁，遂莫能立。衆以爲善化所感。《北史》。唐陽城出守道州，至襄陽，五老來迎，自云舂陵人，城與之縑帛。至則訪焉，惟有五龍井，縑帛尚存。因爲立廟，時貞元十九年也。《類要》。

〔一〕　今按：『青龍、白龍見，白龍吐物在空中，至地陷二尺。掘之，則玄金也』，中華書局《舊唐書·五行志》作『青龍見，吐物在空中，有光明如火。墮地地陷，掘之得玄金，廣尺，長七寸』。中華書局《舊唐書·五行志》作『汾州青龍見，吐物在空中，光明如火，墮地地陷，掘之得玄金，廣尺，長七寸』。

〔二〕　今按：『致』，《太平廣記》作『之』。

龍脯，龍骨。茅山龍池，龍如蜥蜴，而五色。貞觀中，敕取龍子以觀，禦制歌送歸。黄冠之徒，竟詫其神。李德裕恐其惑世，嘗捕而脯之，龍亦不能竟神也。《閒談》。咸通末，舒州刺史孔威進龍骨一具，表録其事狀云：『州之桐城縣善政鄉百姓胡舉，有青龍鬥，死於庭中。』《唐年補録》。

龍有雌雄，其狀不同。雄者角浪凹峭，目深鼻豁，須尖鱗密，上壯下殺，朱火煒煒。雌者角靡浪平，目肆鼻直，鬣圓鱗薄，尾壯於腹。《乘異記》。

龍門之下，每歲季春，有黄鯉二魚争來赴之，一歲中登龍門者，不過七十一。初登龍門，即有風雨，天人〔一〕自後燒其尾，乃化爲龍矣。《博物志》。鱣鮪出鞏穴，三月則上渡龍門，得渡爲龍，否則點額而還。《水經注》。交趾封溪縣，有堤防，龍門水深百尋。大魚登此門，化成龍。不得過，曝腮點額。《交州記》。

觀於龍門。有一魚，奮鱗鼓鬐而登乎龍門而爲龍。又一術士，凌波溯流而不陷，揺鈴行歌，飄浪於龍門，而終日栖遲而不化。彼同功而事異，迹一而理二，夫何哉？無乃魚以實應，而人以僞求乎？《苻子》。

〔一〕今按：『天人』當作『天火』。

春水時至，魚發龍門，則有化者。汾晋山大，龍蜕骨角，采以爲藥，有五色者。《國史補》。龍火得水而熾，人火得水而滅。《内典》。朝鮮扶蘇山下怪石上，有龍蹼之迹。唐高時，伐百濟，以白馬爲餌，釣得一龍。江曰白馬，岩曰釣龍臺。《朝鮮志》。龍之目，見百里纖芥。龍能變水，人能變火。龍不見石，人不見風。魚不見冰，鬼不見地。羊不見雨，狗不見雪。陰陽自然變化論。潛龍儉慶雲以騰竦，栖禽階勁風以凌虚。〔一〕《正郭篇》云：玄圃之栖禽，九淵之潛靈。《抱朴子》。范氏曰：『神龍或潛或飛，能大能小，其變化不測。然人得而畜之，若犬羊，然有欲故也。唯其可以畜之，是以亦得醢而食之。凡有欲之類，莫不可制焉。唯聖人無欲，故天地萬物不能易也。』杜詩：『天用莫如龍，有時繫扶桑。頓轡海徒涌，神人身更長。性命苟不存，英雄徒自强。吞聲勿複道，真宰意茫茫。』

老子之龍，葉公之龍。孔子問禮於老子，去，謂弟子曰：『鳥，吾知其能飛；魚，吾知其能遊；獸，吾知其能走；至於龍，吾不能知其乘風雲而上天。吾今日見老子，其猶龍耶？』

〔一〕今按：『潛龍儉慶雲以騰竦』『栖禽』，諸子集成本《抱朴子》分别作『潛龍俟慶雲以騰竦，栖禽階勁風以凌虚』『栖鴻』。

《史》。子張見魯哀公，七日而哀公不禮，託僕夫而去。曰：『君之好士也，有似葉公子高之好龍也。鉤以寫龍，鑿以寫龍尾〔一〕，室雕文以寫龍。於是天龍聞而下之，窺頭於牖，拖尾於堂。葉公見之，棄而還走，失其魂魄，五色無主。是葉公非好龍也，好夫似龍而非龍者也。君非好士也，好夫似士而非士者也。』《新序》。

《説文》：『龍，鱗蟲之長。能幽能明，能細能巨，能短能長。春分而登天，秋分而入淵。』《大戴禮》：『有鱗之蟲三百六十，而蛟龍爲之長。』《禮運》：『四靈以爲畜，何謂四靈？麟、鳳、龜、龍，謂之四靈。』《易》：『震爲龍。』『潛龍勿用，陽在下也。見龍在田，德施普也。或躍在淵，進無咎也。』《文選》曰：『龍躍天衢，飛龍在天，大人造也。』杜詩：『龍飛四十春。』亢龍有悔，盈不可久也。《文言》曰：『潛龍勿用，龍德而隱者也。見龍在田，龍德而正中者也。飛龍在天。雲從龍。亢龍有悔，貴而無位。龍戰於野，其道窮也。爲其嫌於無陽也，故稱龍焉。』《文言》。《繫辭》：『龍蛇之蟄，以存其身也。』杜詩：『南有龍兮在山湫，古木巃嵸枝相摎。木葉黄落龍正蟄，蝮蛇東來水上遊。我行怪跳〔二〕安敢出，拔劍欲斬且複休。

〔一〕四部叢刊無『尾』字。
〔二〕今按：『跳』，《全唐詩》杜甫《乾元中寓居同谷縣作歌七首》作『此』。

嗚呼六歌兮歌且遲，溪壑爲我回春姿。』龍蟄，指玄宗之居南内。蝮蛇，指史思明。

蛟

蛟，龍屬，無角，四足，細頸，大者十〔一〕數圍，卵如一二石甕。蛇化爲蜃，似龍無足。史。蛟，龍屬也，無角曰蛟。池魚滿三千六百，蛟爲之長，能率魚而飛。置笱水中，即飛去。《説文》。虺五百年化爲蛟，蛟千年化爲龍，龍五百年而爲角龍，又五百年而爲應龍。螻蛇目圓，蛟眉連生。《述異記》。

蛟妾，蜃郎。夏桀之末，宫中女子化爲龍，複爲婦人。桀命爲蛟妾，告桀吉凶之事。《述異記》。許真君遇一少年，自稱慎郎。真君曰：『乃是蛟蜃之精。』蜃精潛於龍沙洲，化爲黄牛。真君謂施太玉曰：『彼作黄牛，我爲黑牛。』果見黑牛奔赴黄牛，太玉以劍中其左股，投入井中，徑歸潭州。却化爲人，娶賈至女。真君求見賈史君，曰：『君有貴婿，略請見。』賈

〔一〕今按：『十』原脱，據北京聯合出版公司《山海經校注》補。

命慎郎出，慎郎託疾，真君曰：『蛟蜃老魁，焉敢逃形！』〔一〕蜃精複變本形，尋爲吏兵所殺。

靈銑生而有功，趙昱死而廟食。蛟湖蜃與吕湖蜃鬥，程靈銑夢蜃化人，曰：『吾爲吕湖蜃，厄，君共助吾，必報。束帛練者，我也。』明日，靈銑彎弓射之。靈銑隨陳武帝有功，爲佐命功臣。趙昱隱青城山，隋煬起爲嘉縣太守。楗爲潭中老蛟爲害，昱持刀入水，江水盡赤。左手持蛟首，右手持刀，汩波而出。隨亂隱去，不知所終。宋太宗封神勇大將軍，廟食灌江口。《方輿勝覽》。

子羽渡河而斬蛟。佽飛涉江而斬蛟。

灾丘欣之入神淵，殺蛟而出。魏武帝之浴譙水，退蛟而還：以勇猛聞於天下，遇神淵，曰：『飲馬。』其僕曰：『飲馬於此者，必馬死。』其馬果沉。灾丘欣去朝服，拔劍而入。三日三夜，殺三蛟一龍而出。雷神隨而擊，十日十夜，眇其左目。曹公幼而智勇，十歲浴譙水。有蛟來逼，自水奮擊，蛟乃潛退。畢浴而還，不之言也。後有人見大蛇奔逐，操笑之曰：『吾爲蛟所擊，而未懼，斯爲蛇而恐耶？』

任緒釣白蛟而爲鮓，王述見黑蛟之入溪。漢昭帝遊渭水，大夫任緒釣得白蛟，帝曰：

〔一〕　今按：『賈史君』『老魁』，《太平廣記》分別作『賈使君』『老魅』。

『此魚鮔之類，非珍祥也。』乃命太官爲鮓。《拾遺》。吴大帝赤烏三年，有王述者，忽見溪中有一青童，執青蒲，乘赤鯉徑入雲中，頃刻雷電。天霽，赤鯉小童入溪，乃黑蛟耳。《吴記》。

尋陽之蛟，董奉疏符而浮出；義興之蛟，周處執劍而血流。

蘇頲見人於水中，白某見人於潭底。唐蘇頲始爲烏程尉，暇日與同僚泛舟沿溪，醉後諷咏，因至道機寺。寺前霅溪，俗傳有蛟螭，代爲人患。頲乘醉步行，還自駱駝橋。橋破墮水，直至潭底。水中有人，令扶尚書出，冉冉至水上。《廣異志》。蜀先主時，白某至武休潭，見一婦人浮水而來，忽化爲大蛇，没入潭中。白公以爲不祥，因而致疾。愚爲誦岑參《招北客賦》云：『瞿塘之東，下有千歲老蛟，化爲婦人，炫服靚妝，游於水濱。』白公聞之，方悟蛟也，厥疾尋瘳。又内官俞昭，自言於柳州江岸，爲二三女人所招，里民呼而止之，亦蛟也。《北夢瑣言》。

唐陸禋《續水經》云：『蛇雉遺卵於地，千年而爲蛟龍。漢武親射蛟於潯陽江中，乃其蛇出殼之日，害於一方，洪水飄蕩，吴人謂之發洪。』余於杭州新城縣之伊山，忽見茂草中，一雌雄〔一〕飛起丈餘，翅羽零亂，又複入草，久而不出。一巨蛇，一雌雉，蟠結纏糾，津沫狼

〔一〕 今按：『雄』，中華書局《玉壺清話》（唐宋史料筆記叢刊）作『雉』。

藉。斯須，雉驚而飛，蛇入於草。始驗禋之説。《玉壺清話》。

周瑜：『蛟龍得雲雨，終非池中物。』蘇氏：『蛟龍之生，異於魚鱉。』杜詩：『蛟龍窟宅尊。』白詩：『蛟潛雲雨心。』杜詩：『蛟螭深作横。野水失蛟螭。』駱《啓》：『學異懷蛟。』仲舒《繁露》成，夢蛟集上。又筆下蛟龍，争投學海。左思賦：『比飾虯龍，蛟螭與對。』夷人雕額鏤身，與虯蛟之色相似。

螭

若龍，無角而黄，北方謂之土螻。《説文》。

孔子曰：『龍食乎清而游乎清，螭食乎清而游乎濁，魚食乎濁而游乎濁。今丘上不及龍，下不及〔一〕魚。』丘其螭耶？《吕覽》。

今夫赤螭、青虬之游冀州也，天清地定。嚼味含甘，步不出頃畝之區，而蛇鱓輕之，以爲不能與之争於江海之中。若乃至於玄雲之素朝，陰陽交争，降扶風，雜凍雨，扶摇而登

〔一〕今按：『及』，諸子集成本《吕氏春秋》作『若』。

之，威動天地，聲震海内，蛇鱓著泥百仞之中。《淮南子》。

揚雄《客難》云：『夫翠虬絳螭之將登於天，必聳身於蒼梧之淵，不階浮雲。翼疾風，虚舉而上升。不能撽膠葛，則騰九閑。』《漢書》。

崑崙山第三層有螭潭百里，多龍螭，皆白色，千歲一蜕其五臟。此潭左側有五色石，云是白螭之腸化爲石〔一〕。《拾遺記》。《涉江》：『駕青虬兮驂白螭。』《楚辭》。《高唐賦》：『乘玉輿〔二〕兮駟蒼螭。』

鯪鯉

鯪鯉，一名穿山甲，有四足，能陸能水。《本草》。左思賦：『陵鯉若獸。』鯪鯉，似鯉，四足。

屈原賦：『鯪魚何所。』鯪魚，鯉也，有四足，形似鼉而短小。

〔一〕今按：『石』，《太平御覽》作『後石』。

〔二〕今按：『輿』，《太平御覽》作『玉』。

鯉

三十六鱗，魚之貴者。《爾雅》釋魚，以『鯉』冠篇。《神農書》：『鯉最爲魚之主。』《淮南子》：『唐公釣千歲之鯉〔一〕，牛蹄之涔，必無尺鯉。』鯉魚，至陰之物也。其鱗，三十六鱗。《衍義》。

鯉魚最爲魚之主，形既可受，又能神變，乃至飛越山湖，所以琴高乘之山上。《本草》。

兖州謂赤鯉爲赤驥，青鯉爲青馬，黑鯉爲玄駒，白鯉爲白驥，黄鯉爲黄雉。《古今註》。

三十六鱗充使時，數番猶得裹相思。段成詩。

《詩》：『豈其食魚，必河之鯉。』猗與漆沮，鰷鱨鰋鯉。《唐律》：得鯉即放，號赤鯶公。《酉陽》。

夢鯉，化鯉。劉之詩〔二〕夢二人姓李乞命。明年仲夏，有遺生鯉二頭，放之。又夢來謝

〔一〕　今按：『唐公釣千歲之鯉』，諸子集成本《淮南子·説山訓》作『詹公釣千歲，千歲之鯉不能避』。『必無尺鯉』，諸子集成本《淮南子·俶真訓》作『無尺之鯉』。

〔二〕　今按：『詩』，《太平御覽》作『亨』。

曰：『當令君延算。』《南史》。晉王文淵中獲二鐵，化成鯉，治爲雙刀，破石即瓦解。史。

王祥之躍鯉，姜詩之躍鯉。繼母朱氏愛生魚，祥解衣，將割冰求之，雙鯉躍出。姜詩母好生魚，其舍中泉每日躍出鯉魚一雙，以供母。《本》。

楚僚得之而奉母，光淵取之而殺身。早失母，事後母至孝。母患腫癰，吮之，安寢。乃夢一小兒語母曰：『得鯉食之，其病即差。』母覺而告僚。時十二月，僚仰天嘆泣，脱衣上冰〔一〕。有一童子決僚臥處，冰開，送鯉一雙與僚。將歸奉母，其疾即愈，延壽一百三十三歲。至孝感天神，昭應如此。《搜神記》。杜詩所謂『白白江魚入饌來』者也。太和三年，文明太后馮氏，幸摩磷宮湯泉，釣得鯉魚一雙，以黄金鎖穿腮放池内。延光元年五月五日，其一浮天，化五色虹而去，一在池中。孝昌元年六月，元淵北伐，決池取魚。淵令殺之，得金二斤八兩。淵明年爲葛榮所殺。《冀州圖經》。

銜諸斷索，纔從羊續懸來，列在雕盤，便到馮驩食處〔二〕。羊續好食生魚，爲南陽太守。府丞侯儉貢鯉，續受而懸之。一歲復致一枚。出所懸枯魚示之，以杜其意。謝承《書》。王富

〔一〕今按：『脱衣上冰』，中華書局《搜神記》作『脱衣上冰臥之』。

〔二〕今按：『處』原脱，據四庫全書（宋陶岳）《五代史補》補。

知〔一〕遺推官黄魚，徐演代爲謝啓云云。

琴高乘鯉而周旋，子英乘鯉而上騰。左思賦：『琴高沉水而不濡，時乘赤鯉而周旋。』《仙傳》：『子英乘鯉上騰，或剖腹而得書，或剖腹而得刀。呂望釣鯉於渭，剖腹得書，文曰：「呂望封於齊。」』《藝文類》。

王昌齡誤投金錯刀水中，忽有赤鯉入舟，剖腹得刀。《博物志》。

李長史，孔伯魚。張洞爲淮南轉運，夢人通謁，云池州李長史後池中得大鯉，即夢也。《雜録》。孔伯生三日，有饋魚者，因名鯉，字伯魚。《左》：『名有五，取於物爲假。』是也。

古詩：『客從遠方來，遺我雙鯉魚，呼童烹鯉魚，中有尺素書。』杜甫：『池中足鯉魚。烹鯉問沉綿。』

鯉魚到龍門，洛鯉貴牛羊。鯉魚到龍門，登者化龍，不登者點額曝腮。杜甫詩『常曝報腮』是也。里語曰：『洛鯉河魴，美於牛羊。』《詩》：『魚麗于罶，魴鯉。』

郭璞賦：『龍鯉一角。』甯戚歌：南山矸，白石爛，中有鯉長尺半。

陶朱公之養鯉，齊涓子之得鯉。威王聘朱公曰：『家累億金，何術乎？』朱公曰：『治

〔一〕今按：『王富知』當作『王審知』。

生之法有五：水畜第一，所謂水畜者，魚池也。以六畝地爲池，池中有九洲。求懷子鯉魚長三尺者二十頭，牡鯉魚長三尺者四頭，二月上庚日納池中，令水無聲，魚必生。所以養鯉者，以不相食，易長，又貴也。』《陶朱公養魚經》。

魴鱮

魴，魚名，身廣而薄劣，細鱗。鱮，似魴，厚而頭大，或謂之鰱。鱮似魴，而大頭，魚之不美者。故里語曰：『買魚得鱮，不如啖茹。』徐州謂之鰱，或謂之鱅。《詩義疏》。蠡魚，一名鱧，是蛇所變。一名鮦，黑色無鱗，頭有星。《本草》。

《詩》：『魴魚赬尾，王室如毀。敝笱在梁，其魚魴鰥。敝笱在梁，其魚魴鱮。』笱不能制大魚，公不能防文姜。『九罭之魚，鱒魴。』『魚麗于罶，魴鱧。』鱧，鮦也。『其釣維何，維魴及鱮。維魴及鱮，薄言觀者。』川澤訏訏，魴鱮甫甫。』里語：『洛鯉河魴，貴於牛羊。』《樂府》：『枯魚過河泣，何時还復泣？作書與魴鱮，相教慎出入。』潘岳賦：『華魴躍鱗，素鱮揚鬐。』

楊晝送子賤曰：『投綸錯餌，迎而吸之者，陽鱎。若亡若存，若食若不食者，魴也。』比冠蓋，比耆老，江東呼魴爲鯿，一名魾。《雅言》。

魴，今伊洛濟潁魴也。遼東梁水魴，尤靈於中國。語曰『居就粮，梁水魴』也。《詩義疏》。

鱣鮪

鱣鮪，大魚也。鱣，當作鱓。鱣，似龍。鮪，似鱣而小，似蛇。

鵜胡飲水數斗而不足，鱣鮪入口若露而死。《淮南子・齊俗训》。

鱣，口在頷下，背上腹下皆有甲，可蒸爲臛，又可爲鮓。《詩義疏》。

長鼻，軟骨，謂之玉板。《埤雅》。江東呼爲黄魚，大者曰王鱣。《爾雅翼》。

堂下有三王公象之可想，棺頭得一一髮化之是瞻。楊震教徒生徒，堂下得三鱣，都講以爲有三公之象。取以進曰：『自此升矣。』駱賓啓曰：『祥鱣入夢，觀光上國。飛龍成卦，利見大人。』是也。杜詩：『求飽或三鱣。濟〔一〕潭鱣發發。』盧循以義熙五年自廣州下，人

〔一〕今按：『濟』，《全唐詩》杜甫《題張氏二首》作『霽』。

往蔡州皆死。泊船江西，衆多疫死。事平之後，人髮變而爲鱣。又司馬張逝瞻湖際有一棺，棺頭有鱣。試令撥看，即是髮。

生前泊船之後，死後改棺之餘。見上。一説云，生以秫潘沐髮，死即變髮爲䱉。又昔有人，食不能無䱉，死後改棺，䱉滿中。䱉即鱣也。《異苑》。

江陵兒之頭是鱓，徐肆人之吞以䱉。江陵劉氏以賣鱣羹爲業，後生一兒，頭是鱓，自頸以下方爲人耳。《顔氏家訓》。梁紹陵王綸輕險躁霍，肆行非法，遨遊市里，雜於柴隸。常謂賣䱉者，曰：『刺史何如？』對言：『其躁霍。』綸怒，令吞䱉以死。〔一〕《南史》。

釣人獻於至尊，天子祭於廟。貌山有穴，曰岫穴，在河南小平山。長老言：『王鮪之魚，由南方來，出此穴中，入河水見日，目眩，浮水流行八十里。釣人取，獻天子用祭。』《選》。《東京賦》曰『王鮪幽居』是也。《博物志》：『河陰岫穴，出鮪魚焉。』《詩義疏》：『形似鱣而青黑，頭小而尖，似鐵兜鍪。口在頷下，甲可摩薰〔二〕，大者爲王鮪，一名鮥，小者爲鮛鮪，人謂之尉魚，或謂之仲明。仲明者，樂浪尉也。溺死海中，化爲

〔一〕 今按：『躁霍』『柴隸』『其躁霍』，中華書局《南史》分别作『躁虐』『厮隸』『其躁虐』。原本『遨遊市』三字。

〔二〕 今按：『薰』，《十三經注疏》本作『薑』。

此魚。

《月令》：『季春，薦鮪於寢廟。』《天官・漁人》：『春薦〔一〕王鮪。』

《詩》：『匪鱣匪鮪，潛逃于淵。施罟濊濊，鱣鮪發發。猗與漆沮，有鱣有鮪。』

蜥蜴

在草曰蜥蜴，在壁曰蝘蜓。蝘蜓，守宫也。《説文》。石龍子山蜥蜴。《吴氏本草》。蛇師。《北户録》。

蛤蚧。《方言》。首如蟾蜍，背有細鱗，雌雄相隨，自呼名曰蛤蚧。《本草》。

一歲每鳴一聲，二歲每鳴二聲，有至十聲者，以老尤重之。《物類相感志》。蛤蚧大月三聲，小月兩聲。《海録》。

端州大斫〔二〕有蛤蚧。州吏云：有年多年，至今每鳴，或三聲，或一聲，不定也。《北户録》。

〔一〕今按：『薦』，《十三經注疏》本作『獻』。

〔二〕今按：『斫』，中華書局《北户録附校勘記》作『廳』。

置盂射之，以器養之。對：『冒以爲龍，又無角；謂之爲蛇，又無足；跂跂脉脉，善言壁，是非守宫，即蜥蜴。』〔一〕賜帛十匹。《漢書》。以器養之，食滿十斤，食以朱砂，治搗萬杵，點女支體，終年不滅。〔二〕《傳》云：『朔語漢武，試之有驗。』《博物志》。

魚跳，蜥蜴從，浮水，相合。魚还水底，蜥蜴还草中。《三教珠英》。

熙寧久旱，甕水泛蜥蜴，小兒呼曰：『蜥蜴，興雲吐雨，降雨滂沱，放汝歸去。』待以蝎虎，入水即死。小兒史曰：『冤哉！冤哉！我是蝎虎，似任昏沉，怎得甘雨？』

〔一〕今按：『冒』『言』，中華書局《漢書·東方朔傳》分别作『臣』『緣』。

〔二〕今按：『食滿十斤，食以朱砂』，《北户録附校勘記》作『食以真朱，重七斤』。《漢書·東方朔傳》顔師古注作『食以丹砂，滿七斤』。

卷之七

四曰金

四曰金。金，土子也，地四生金。

《説文》：『金，五色金也。黄金爲之，長久埋，不生衣。百鍊不輕，從革不違。西方之行，大於土，從土，左右，象金在土中形。』《釋名》：『金，禁也。氣剛毅，能禁制物也。』金起於汝漢，珠起於赤野。湯以杜山之金以贖民之賣子者；禹以歷山之金以贖民之賣子者。江陽之珠，天下一美。上有丹砂，下有黄金；上有慈石，下有銅金；上有陵石，下有鉛；上有赭，下有鐵。葛盧山發而出金，蚩尤取以爲鎧。雍狐山發而出金，蚩尤取以爲戟。《管子・地數第十七》。

金之優者，名曰紫磨，猶人之有聖也。孔融《優劣論》。山上有薤，下有金。《地境圖》。

金瑞反

神光照社，七世通顯。中興初，有應媪者，生四子而寡，神光照社，乃得黄金。諸子才名，七世通顯。《後漢書》。

少昊，孔子。少昊主西方，一名金天氏，亦名金窮氏。時金鳴於山，銀涌於地，或如龜蛇之類，乍似人鬼之形。《拾遺記》。孔子修《春秋》，製《孝經》，乃有赤虹，自上而下，虹化黄金，有刻文，孔子受而跪讀之。《搜神記》。

晋石碑之生，魏石碑之生。繁昌縣受禪石碑中生金，表送上，群臣盡賀。《魏志》。永嘉初，陳國項縣賈逵石碑中生金人，盗鑿取賣，賣已復生，此江東之瑞也。《晋書》。

銅生不消，鈴起如粟。咸寧三年《起居注》載燉煌郡言，言銅生金中，百陶不消，可以切玉。上。清河王覃敕，爲清河世子所佩金鈴，隱起如粟者。祖母陳大妃以爲不祥，毁而賣之。占者以金是晋行，大興之祥。粟〔一〕爲皇胤，是其瑞也。毁而賣之，象覃見廢不終之驗

〔一〕今按：『粟』，中華書局《晋書》作『覃』。

也。《晉書》。

穀城金枚，林邑金汁。廬江太守路永表，言於穀城北水岸，紫赤光，得金一枚，文如印齒。《晉起居注》。林邑有金山，金汁流於浦。《齊書》。

金車出，金人游。王者至孝，則金車出。王者有德，則金人游於後池。上。林邑之夜飛，敗墟之夜氣。山皆赤色，其中生金，夜則出飛，狀如螢火。《南史》。《史記・天官書》敗軍場，破國之墟，下積錢，金寶上有氣。杜甫詩曰：『不貪夜識金銀氣。』以不貪，故夜識氣象也。

禹時之雨，周時之雨。先儒説，禹時天雨金三日。古詩曰：『安得天雨金，使金賤如土。』是也。

周成王時，咸陽雨金。今咸陽有雨金原。

秦元年之雨金，漢二年之雨金。二世元年，宫中雨金，既而化爲石。惠帝二年，宫中雨黄金。

翁仲儒之十斛，張氏子之一世。翁仲儒家貧，力作，居渭川，一朝天雨金十斛於其家。長安有張姓者，獨處室，有鳩自入，止于對牀，張惡之，披懷祝曰云云。見鳩。

山南之寶，海中之金。吐蕃王山南有一寶山，土石皆黄金，取者即獲殃。《王玄策傳》。海中有金臺，臺内有金牛，金之精爲，《玄中》紀金之。《幽明録》。

辛公義之空中，有金石之響；殷仲文之地底，無珍寶之藏。爲并州刺史，山出黄銀，獲之以獻，詔水部郎婁𣆶就公義禱焉，乃聞空中有金石絲竹之響。《北史·循吏》。殷仲文性貪吝，桓玄敗，隨玄西走，珍寶玩好悉藏地中，皆變爲土。《晋書》。

武德殿之紫氣，岩穴中之雷聲。唐昭宗文德二年正朔御武德殿。紫氣出于昭德殿東，鬱鬱如烟。得金龍子一枚，長五寸許，群臣稱賀。帝曰：『朕不以金龍爲祥瑞，以偃息干戈爲祥瑞。卿等各宜盡忠，以體朕懷。』改文德二年爲龍紀元年。《大唐雜記》。方士趙歸真，寫御書置于岩穴中。俄有老人杖策而至，曰：『山川藏寶，蓋因有道出。』是夕有聲如雷，山礦忽開，數丈銀液坌然涌出。《劇談録》。

銀尺文之改元，白鳧歌之思惠。吴人掘地得銀尺，上有刻文，改元天册。《白鳧歌》曰：『平平白鳧，思我君惠，集我金堂。』

晋金德患孫皓虐政，而思從晋。得玄金於空裏，與餅金於宫中。見龍。

河平元年之鐵飛，垂拱三年之金雨。沛郡鐵官冶郡鐵，梅福《書》：『陰盛陽微，金鐵爲飛。』書法，鐵飛，何金失性也？

金不從革，金行不競。《伏勝傳》曰：『田獵不宿，飲食不享，出入不節。』《五行傳》曰：

『好戰攻，輕百姓，飾城郭，侵邊境，則金不從革。』劉峻《論》：『金行不競，天地杇蕩〔一〕。』金行晋也，不競微弱也。林駉《至論》曰：『商有銀山之祥，以爲尚金，欲以附會相勝之説。』

黄金

《廣雅》：『金神謂之清明。』

《易》：『乾爲金。』《噬嗑》：『六五，得黄金。』四輔以剛。《姤》：『初六，繫于金柅。』陰生將長。柅，止車之物。《繫辭》：『二人同心，其利斷金。』

《書》：『揚州厥貢，惟金三品。』三品，金銀銅也。《説命》：『若金，用汝作礪。』

《詩》：『有斐君子，如金如錫。』美武公之德。追琢其章，金玉其相。咏文王之德。憬彼淮夷。大賂南金。《泮水》。毋金玉爾音，而有遐心。《白駒》。』

陳臻問曰：『於齊，饋兼金一百而不受。於宋，饋七十鎰而受。於薛，饋五十鎰而受。前日之不受是，則今日之受非也。今日之受是，則前日之不受非也。』孟子曰：『皆是也。』

〔一〕今按：『天地杇蕩』，《文選・辯命論》作『天地板蕩』。《梁書・文學下・劉峻》作『天地版蕩』。

《周禮・秋官》：『職金掌凡金玉錫石丹青之戒令。受其入征者，卞其物之美惡與其數量，揭而璽之，入其金錫干〔一〕爲兵器之府。掌受士之金罰貨罰，入于司兵。』

却金反

竇嬰陳之廡下，廣漢得於土中。吴楚反爲大將，賜金千斤，陳之廡下，軍吏令爲用，金無入家者。《史》。廣漢以所受田地奴婢三百餘萬，悉與兄。裁留園地數十畝，起舍耕作，土中得金一器。俱擔金，送與兄嫂。

孫元慶之不取，李幼廉之不取。孫軌元慶爲軍司馬，太武平赫連昌，引諸帥入府藏，取金玉。諸將取之，軌獨不取，帝把手探金賜之。《後魏書》。齊李幼廉爲兒童時，授以金寶，終不取。後爲青州刺史主簿。徐乾富而暴横，因其有犯，收繫之。乾奉黄金百綎〔二〕，不受，殺之。

〔一〕今按：『干』，《十三經注疏》本分别作『於』。

〔二〕今按：『綎』，《北史》作『鋌』。

羅敷却金，牧者却金。延陵季子，遊於齊，見遺金，呼牧者取之。牧者曰：『子居之高，視之下，貌之君子，而言之野也。吾有君不君，有友不友，當暑衣裘，君疑取金者乎？』延陵子知其爲賢者，請問姓字。牧者曰：『子乃皮相之士也，何足語姓字哉？』《韓詩外傳》。羅敷嫁秋胡，五日而别。秋胡爲太守，桑婦却金，是其妻也。見桑。

蕃人饋金，邑令懷金。開元十二年，監察御史杜暹，按事至突騎施。蕃人饋金，暹固辭，左右曰：『君寄身異域，不宜逆其情。』乃受之，埋於幕下，出境，移牒令取之。虜大惊，度磧追之不及〔一〕。楊震爲郡守，屬邑令有懷金遺之者，曰：『暮夜無知者。』震曰：『天知，神知，我知，子知，何謂無知？』令慚而退。〔二〕

杜詩：『得近四知金。』

魯連笑於平原，田豫受於狄人。秦圍邯鄲，魯連説罷，平原君以千金爲先生壽，笑曰：

〔一〕今按：原本『大驚度磧追之不及』七字脱，當補。

〔二〕今按：『楊震爲郡守屬邑令有懷金遺之者』『令慚而退』，《藝文類聚》引《續漢書》分别作『揚震爲東萊太守，道經昌邑。初震爲荆州，舉茂才王密，密時爲昌邑令，謁見，至夜懷金十斤以遺震』『密愧而出』。

『商賈之事，連不忍爲也。〔一〕』孔德璋曰『芥千金而不盼』是也。田豫爲并州，乃密懷金三十斤，曰：『以此上公。』張袖受之，答其厚意。胡去之後，皆悉付外。詔褒之曰：『魏絳開懷以納戎賂，今卿舉袖以受狄金。』《魏略》。

仲宗悉還於賫金，彦回欲啓於將金。豫章張袖，字仲宗，爲廣陵太守。舉孝子吴奉爲孝廉，奉賫金。至廣陵還奉褚彦回爲吏部尚書，有人求官，袖中將一餅金，因請求閑，出金前〔二〕之曰：『人無知者。』彦回曰：『卿自應官，無假此物。若必見與，不得不相啓。』此人大懼，收金而去。《宋書》。

天子賜於翁歸之子，歐陽還於曇綬之家。尹翁歸卒，家無餘財，天子賢之，賜翁歸子黄金百斤，以奉祭祀。《漢書》。歐陽顔在嶺南，交州刺史袁曇綬密以金百兩寄顔。令以百兩還。顔尋爲蕭穀所破，貲財並進，惟所寄金獨存。曇綬亦尋卒。顔並還之，人莫不嘆服。紀昭遺金，路隨辭金。字嗣先，燉煌人。辟州主簿，志在理枉申滯。人有夜中報黄金

〔一〕今按：『平原君以千金爲先生壽』『商賈之事，連不忍爲也』，上海古籍出版社《戰國策》作『平原君乃置酒，酒酣，起前以千金爲魯連壽。魯連笑曰：「所貴於天下之士者，爲人排患、釋難、解紛亂而無所取也。即有所取者，是商賈之人也，仲連不忍爲也。」』

〔二〕今按：『前』，中華書局《南史・褚彦回傳》作『示』。

者，責而遺之。《前燕録》。路隨爲翰林學士，及兼金紫，有以金帛謝除制者，必辭之。曰：『吾以公事接私財耶？』終無所納。《唐書》。

貞儀之不受遺金，趙柔之呼還遺金。樂羊子出學，其妻貞儀截髮，供其費。後羊子得遺金一餅以與妻，貞儀曰：『君子不以利污行。』羊子慚而去之。《列女傳》。趙柔，字元順，嘗在路得人所遺金珠一貫，價直百縑，柔呼主還之。《後魏書》。

還五兩之金，投二錠之金。甄彬有行業，鄉黨稱善。嘗以一束苧就州長沙寺庫質錢，後贖苧還。於苧束中得五兩金，裹以手中[一]，送還寺庫。道人大驚云：『近有人以此金質錢，時有事不得舉而失。乃能見還。輒以金半仰酧。』往復十餘，堅然不受。曰：『五月披羊裘而負薪，豈拾遺金者耶？』梁武帝布衣時聞之。及踐祚，乃以彬爲益州録事參將，帶郫縣令。將行，同列五人，帝戒以廉慎。至彬，獨曰：『卿昔有還金之美，故不復以此言相勵。』《南史》。朝鮮國都中，兄弟二人偕行，弟得黄金二錠，以其一與兄。至揚花渡同舟以濟，投金于水，曰：『吾平日愛兄甚篤，今而分金，忽萌疑忌之心。此乃不祥之物，不若投諸江忘之。』兄曰：『汝言誠是。』亦投金于水。

[一] 今按：『中』，中華書局《南史・甄法崇傳附孫彬傳》作『巾』。

李勉置金於棺下，陳翼置金於棺下。李勉少貧俠，客梁宋，與諸生共逆旅，諸生疾且死，出白金曰：『左右無知者，幸君於此，爲我營葬，餘則君自取之。』既葬，密置餘金棺下。後其家謁勉，共啓墓出金付之。陳翼，字子初，到藍鄉，見馬。旁一人呼曰：『我長安魏了□，聞廬江樂來遊，今病不能前。』翼迎歸養之。有金十餅，素二十匹。既死，翼賣素買棺衣衾，以金置棺下。其兄見馬，告之吏。吏捕翼，具言，棺下得金。長公叩頭謝，以金十餅投其門，翼送還之。〔一〕

韋夏卿之攞袖，范文正之謝拒。韋執誼，從祖兄夏卿爲吏部侍郎，執誼爲翰林學士，受財爲人求科第，夏卿不應。執誼出懷中金納夏卿袖，夏卿驚曰：『吾與君賴先人德致名位，幸各以達，豈可如此自毁壞？』攞袖而去，執誼大慚。《唐書》。范文正爲人作銘，未嘗受遺。作范忠獻銘，其子欲以金帛謝，拒之。

置金痛哭，置金告云。隋仁壽元年，梁毗爲西寧州刺史，先是，蠻夷酋長皆以金多爲豪俊，遞相攻奪，略無寧歲，毗患之。後諸酋長以金遺毗，毗置金座側，痛哭而謂之曰：『此物

〔一〕今按：『其兄見馬，告之吏』『翼送還之』，《藝文類聚》引《廬江七賢傳》分别作『其兄長公見馬，告吏捕翼』『投其門中。翼送長安還之』。『魏了□』，《太平御覽》作『魏少公』。

饑不可食，寒不可衣。汝等以此相滅，不可勝數，今將此來，欲杀我耶？』一無所納。蠻夷遂不相攻。毗徵爲大理卿。《后》：王忳字少林，於京師見一書生，命將绝曰：『有金十斤相贈，死後乞藏骸骨。』忳鬻一斤營葬，餘置棺下。縣署忳大度亭長，有馬入亭中而止，大風飄一繡被，墮忳前，此陰德所致也。後告其家云，餘金具存。〔一〕

王陽金可服廉，行全金能懷禍。王陽雖儒生，自寒賤；然車馬衣服極爲鮮好，而無金銀錦繡〔二〕之物。天下服其廉而怪其奢，故俗傳王陽能作黄金。語曰：『金不可作，世不可度。』《風俗通》。僖宗二年，陳敬瑄遣高仁厚討阡能，平之。敬瑄榜賊黨皆釋不問。邛州刺史獲阡能叔父行全家，請准法。唐溪曰：『公已榜勿問，而刺史復捕之。』敬瑄問其所以然，果行全有良田，刺史欲貿，不與，故恨之耳。敬瑄召刺史按之〔三〕，刺史以憂死。

〔一〕　『餘置棺下。縣忳署大度亭長，有馬入亭中而止』『此陰德所致也』，《藝文類聚》引《益部耆舊傳》分别作『九斤置生腰下』『後署太度亭長』『到亭日，有大馬一匹入亭中』『後乘馬突入金彦門。彦父見曰：「真盗矣。」忳説狀。又取被示之。悵然曰：「此我子也。」以被馬歸彦父，不受，遣迎彦喪，金具存』。

〔二〕　『錦繡』，中華書局（應劭撰　王利器校注）《風俗通義》作『文繡』。《藝文類聚》引《漢書》曰：『王陽好車馬衣服。及遷徙，其載不過囊衣，不畜餘財，天下服其廉而怪其奢，故《風俗傳》云：「王陽能作黄金。」』

〔三〕　今按：『之』，四部叢刊本《資治通鑒》作『其罪』。

他日行全密餉溪金百兩，溪怒曰：『此乃太師仁明，何與吾事？汝乃懷禍相餉乎？』還金，斥逐使去。

齊人攫金，薛姓賂金。齊人有欲金者，適鬻金者之所，因攫其金而去。吏捕得之，曰：『取金之時，不見人，徒見金。』《列子》。張昌宗弟昌儀爲洛陽令，有選人姓薛，以金五千〔一〕兩，並狀賂之。昌儀受金，以狀授天官侍郎張錫。錫失其狀，問昌儀。昌儀曰：『我亦不記，但姓薛者即與之。』索在銓姓薛者六十餘人，悉留注官。

號爲金穴，獻之金蛇。郭況爲大鴻臚，賞賜金帛，京師號況家爲金穴。《東觀漢記》。永昌太守鑄黃金蛇獻之梁冀，益州刺史和𪒠發其事。《漢記》。

子猶一舸，王莽六十匱。馮子猶以豪俠聞，貞觀中入覲，載金一舸以隨。《白帖》。王莽敗，省中黃金萬斤一匱，六十匱。《漢書》。

滿樽，實穴。李元素爲武德令，刺史李文揀橫調民黃金造常滿樽以獻，元素固争。王鍔常請籍坊以廣第舍，作複坦洞穴，實金錢其中。

〔一〕今按：『千』，新世紀出版社《資治通鑒》作『十』。

主父偃之七甕，吴越王之十瓶。宋祖詣趙普第〔一〕，時吴越王俶遺普書及海物十瓶，列廡下。上曰：『此海物必佳。』命啓之，皆滿貯瓜子金。普頓首謝曰：『臣實不知。』

分其子，以二百金之産入其家〔二〕，以五六駝之金，陸賈使南越，儒芝破西域。

金銀不飾。堯。金玉無飾。陳霸先。

太宗之言，德宗之詔。太宗謂侍臣曰：『水旱不調，皆爲人君失德。朕德不修，天當責朕，百姓窮困，有鬻男女。』遣御史大夫杜淹巡關内諸州，出御府金寶，贖還父母。《唐書》。德宗詔：『朕聞王者不貴遠物，所寶惟賢，故堯設茅茨，禹卑宫室，光武捨去寶劍，順帝封還火珠。朕仰企前王，思齊太素。邕州所奏，金坑誠爲潤國。語人於利，非朕素懷。方不以貪爲寶，惟德是寶。山岂尚兹難得之貨，其可欲之心耶？其金坑任人採斸，官不得占。』上。

大武殿室皆金柱。《後趙録》。

懸千金於市，人不敢取者，分定也。委一錢於路，童子争者，分不定也。《傅子》。

〔一〕今按：『宋祖詣趙普第』，四部叢刊本《資治通鑒》作『帝因出，忽幸普第』。

〔二〕今按：『以二百金之産入其家』，《漢書・陸賈傳》作『分其子，子三百金，令其生産。』

總金

郭巨之金，蘇秦之金。郭巨，河内温人也。養子，則妨於供養。妻生男，謀曰：『當殺而埋焉。』鍤入地有黄金一斧，上有鐵券，曰：『黄金一釜，賜孝子郭巨。』蘇秦宅在洛陽利仁里，後魏高顯業，夜見赤光，掘得金百斤，詔曰：『蘇家金業，爲之造寺。』《郡國志》。

投金瀨，掘金宅。伍子胥伐楚還，漂溧陽瀨水之上，欲報自殺婦人百金。不知其家，投金瀨水中而去。〔一〕有一姥哭而來，言是女母，取金而去。《吴越春秋》。隗照善《易》，臨終書板，授其妻曰：『後五年春，當有詔使來頓此亭。姓龔，此人負黄金。以此板往責之。』刻期日，龔使果至，妻賫板責使者。取著而筮之，卦成，曰：『吾不負金，賢夫自有金。知吾善《易》，故書板寄意耳。金有五百斤，在堂屋東。盛以青鉼，覆以銅柈，去壁一丈，入在九

〔一〕今按：『漂溧陽瀨水之上，欲報自殺婦人百金』『投金』，《藝文類聚》引《吴越春秋》分别作『過溧陽瀨水之上，長嘆息曰：吾常饑，於此乞食，而殺一婦人，將欲報之百金』『遂投金』。『漂溧陽瀨水之上』，原本脱『之上』二字，當補。

尺。』妻還掘之，皆如卜焉〔一〕。《録異傳》。

牛潭之金，五嶺之金。州南十里有牛潭，見金牛自水出。張安得金鏁，尋之不已，有物從出，以刀斷之，數尺，安遂致富。其役儀典云斷其鏁二丈〔二〕，遂以財雄。《羅浮山記》。五嶺富州、濱州、澄州，皆産金，側近居人以陶金爲業。鄭玘《傷陶者》詩：『披沙辛苦見傷懷，往往分毫望亦乖。力盡半年尋水裏，陶金爲一鳳凰釵。』《嶺表録異》。

睢陽書生，京兆居士。張永德，并州人，初寓睢陽。有書生卧病，永德療之疾愈。一日書生就永德求録五兩，即置鼎中煮之，成金。永德懇求，生曰：『君當貴，吾不惜此，慮損君福。〔三〕』五代爲璐帥。寶曆中，京兆韋思玄求鍊丹之術。一日有居士辛鋭來謁，即止於舍。

〔一〕　今按：『隗照善《易》』『授其妻曰』『取著而筮之』『卦成，曰』『青餅』『入在九尺』『妻還掘之，皆如卜焉』，《藝文類聚》引《録異記》分别作：『隗照者，汝陰鴻壽亭民，善於易』『授其妻曰：「吾亡後，當大荒窮，雖爾慎莫賣宅也。」』『取著而筮之』『卦成，抵掌嘆曰：妙哉隗昭生！含明隱迹而莫之聞，可謂鏡窮達而洞吉凶者也。於是告昭妻曰』『青瓶』『入地九尺』。《搜神記》《晋書・隗照傳》《太平廣記》均有載。

〔二〕　今按：『以刀斷之，數尺，安遂致富。其役儀典云斷其鏁二丈』，《太平御覽》作『以刀斷之得數尺，安遂致富。其後義興周云斷其鏁得二丈』。

〔三〕　今按：『疾愈』『録』『惜』『捐』，中華書局《宋史・張永德傳》分别作『獲愈』『汞』『吝』『損』。

母視其溺，乃紫金液。解者曰：『居士，紫金精也。辛者，蓋西方庚辛金也。鋭字，兑從金，公〔一〕亦西方之正位也。』《宣室志》。

何文焚杵，蘇遏送木。魏郡張奮賣宅程應，程應家疾，賣於何文，文持大刀暮宿。北堂有人丈餘，呼細腰。及將曙，文下堂中，如向法呼之曰：『黄衣者金也，青衣者錢也，白衣者銀也，汝誰也？』曰：『杵也。』文掘之，得金銀各五百斤，錢千餘萬。取杵，焚之宅，遂安。天寶中，長安有凶宅，扶風蘇遏質以賤價。夕携一榻，當堂而寢。忽見一赤木，如人形，忽叫曰：『咄！』遏視之，不動。良久，又呼曰：『爛木！咄。』爛木曰：『可畏。』遏呼爛木，曰：『前害人者何在？』曰：『更無他物，只是金精。』明日西墻下，掘得一朽柱，於東墻下掘得一器，上有篆文曰：『夏天子紫金三十斤，賜有德者。』遏自思，其不能當也。爛木忽語曰：『何不改名爲有德？』明日掘得鐵甕，得紫金，送爛木于昆明池。《博異記》。

得婁敬之金，得王衍之金。建信侯婁敬晚得道，居明月山種金。其地曰種金平，今人往往得金云。同光中，莊宗平蜀得王衍金銀，悉命鎔之。爲金磚，約重三百斤，一磚開一竅，二人擔之，上有匠人名曰馮高。宋建隆中，金銀入京師，斤兩封緘如故。《續博物志》。

〔一〕今按：『公』，《太平廣記》作『兑』。

柹子金，印子金。滴成如乾坤，謂之柹子金。或曰：『此婁敬所爲。』藥金，印子金，世傳淮南王藥金，上有印子篆文。上。

鳥吐之金，瞿腹之金。魏明帝時，昆明國貢嗽金鳥，常吐金屑如粟，此鳥畏寒，處以辟寒臺。宫人以鳥吐之金，用飾釵佩，謂之辟寒金。宫人相嘲曰：『不服辟寒金，那得全人心？』《拾遺記》。歐陽脩有一玉罌。在潁州時，兵馬鈐轄鄧寶吉者，真宗老内臣也，識之，曰：『謂之翡翠。』以金環于瞿腹〔一〕，金屑紛紛而落，始知翡翠能屑金也。《歸田録》。

白金

《爾雅》：『白金謂之銀，其美者謂之鐐。』山上有葱，下有銀，又曰：『白銀見，爲雄鷄。』《地境圖》。白銀精變白雄鷄。上。

《書》：『梁州厥貢銀。』《漢志》：『犍爲郡朱提縣有朱提山出銀。每銀八兩爲一流，直一千五百八十。他銀一流，但直一千。是梁州之銀獨美於他州，故以爲貢。』

〔一〕今按：『以金環于瞿腹』，巴蜀書社《歐陽修集編年箋注 7》作『偶以金環於瞿腹』。

瑞銀反

銀尺文之改元。《白凫歌》之思惠。見金瑞。

殷得金德，銀山溢尖〔一〕。禹得金簡青玉字〔二〕。禹登委山，得五金簡，青玉爲字，編以白銀。《吴越春秋》。

玉甃淘銀錢得，白鳩出銀冶畢。舜爲父母淘井，將銀錢安罐中，與父母。史饒州德興

〔一〕今按：『銀山溢尖』，中華書局《史記·封禪書》作『銀山自溢』。

〔二〕今按：『禹得金簡青玉字』，江蘇古籍出版社（漢趙曄）《吴越春秋·越王無餘外傳第六》作『禹傷父功不成，循江，泝河，盡濟，甄淮，乃勞身焦思以行，七年，聞樂不聽，過門不入，冠掛不顧，履遺不躡。功未及成，愁然沉思。乃案《黄帝中經歷》，蓋聖人所記曰：在於九山東，南天柱號曰宛委，赤帝在闕。其岩之巔，承以文玉，覆以磐石，其書金簡，青玉爲字，編以白銀，皆瑑其文。禹乃東巡，登衡嶽，血白馬以祭，不幸所求。禹乃登山仰天而嘯，因夢見赤繡衣男子，自稱玄夷蒼水使者，聞帝使文命於斯，故來候之。「非厥歲月，將告以期，無爲戲吟。」故倚歌覆釜之山，東顧謂禹曰：「欲得我山神書者，齋於黄帝岩嶽之下三月，庚子登山發石，金簡之書存矣。」禹退又齋三月，庚子登宛委山，發金簡之書』。

有銀山，一名鄧公山。唐総章初，竇儼奏立銀冶場，讖云：『白鳩出，銀冶畢。』紹聖二年〔一〕，白鳩雙出，山穴傾摧，自後取無所得。貢課未除，范仲淹守郡，請罷于朝。

杻陽之山，其陽多白銀〔二〕。少陽之山，其下多赤銀。《山海經》。

東明山有宫焉，門有銀榜，題曰：「天地長男之宫。」閤明山有宫焉，門有銀榜，題曰：『天地中女之宫。』〔三〕《十洲記》。

曲江縣有銀山，山多素霧。《相州記》。

〔一〕今按：『紹聖二年』，范仲淹（989—1052），紹聖二年（1095），故此時范仲淹不可能再守郡。『范仲淹守郡，請罷於朝』，此事當在仁宗景祐三年（1036），范仲淹出知饒州。

〔二〕今按：『其陽多白銀』，嶽麓書社《山海經・南山經》作『其陽多赤銀，其陰多白銀』。

〔三〕今按：『東明山有宫焉，門有銀榜，題曰：「天地長男之宫。」《初學記》引《十洲記》作『東方外有東明山，有宫焉。左右闕而立，其高百尺，建有五色門，有銀牓，以青碧鏤，題曰天地長男之宫』。『閤明山有宫焉，門有銀榜，題曰天地中女之宫』，《藝文類聚》引《神異經》作『南方有宫，以赤石爲墻，赤銅爲門，有銀榜，題曰天地中女之宫，北方有宫，以黑石爲墻，題曰天地中男之宫』。

抵銀反

專言銀利，御史可出。争尚銀玩，有司宜毁。治書侍御史權萬紀言宣饒州銀采之，歲可得數百萬。唐太宗曰：『卿未嘗進一賢才，而專言銀利。』黜之。唐玄宗以風俗侈靡，金銀服玩，令有司消〔一〕毁，以供軍國之用。書法，書予之也。

天地人文，十三萬兩。漢武元狩四年，造銀錫爲白金三品：其一重八兩，圓之以象天，其文龍；其二重差小，方之以象地，其文馬；其三復擠〔二〕，而長之以象人，其文龜。書法，興利之端，日以益多。裴延齡撿閲左藏，於糞土中，得銀十三萬兩，請入雜庫，以供别支。太府少卿韋少華，抗表稱皆見在之物，請加推撿。上不許。

金銀不飾。堯。金銀不受。尉遲敬德。

明皇帝之禁，破國墟之讖。銀山與人共之，銀氣，以不貪也。孝明皇帝開恒州銀山之

〔一〕今按：『消』，中華書局《資治通鑒》作『銷』。

〔二〕今按：『復擠』，《漢書·食貨志》作『複小，橢之』。

禁，與人共之。《後魏書》。《史記・天官書》：敗軍場，破國之墟，下積，錢，金寶上，皆有氣，不可不察。以不貪故，夜識氣象也。杜甫詩《张氏隱居》曰『不貪夜識金銀氣』是也。

趙大殿之銀楹，魏中書之銀鏤。《後趙録》：太武殿室皆銀楹。太武皇帝和平二年，詔中書坊，黄金合銀，鏤以白銀，紐以玫瑰。《後魏書》。

高麗莫支離之貢，涇原節度使之進。貞觀中，鴻臚奏高麗莫支離貢白金。黄門侍郎褚遂良進曰：『莫支離虐殺其主，九夷所不容。陛下以之興兵，將事吊伐。若受其貢，何所致罰？』太宗納焉。上。元和十四年，涇原節度使王潛進銀三千兩。

韓約貯之而罹禍，文育勝之而獲福。韓約，唐太和中，爲安南都護。土産玉龍膏，南人化銀液。耆舊相傳，其膏不可齎往，犯者則爲禍耳。約不之信。貯之以歸。時爲執金吾，罹甘露之禍，乃貪利冒貨之所致也。《補録》。周文育出，至大庾嶺遇〔一〕卜者，卜之，曰：『君北下不過作令長，入則爲公侯，又當暴得銀二千兩。』其夕宿於逆旅，有賈人求與文育博，文育勝之，得銀二千兩。《陳書》。

劉季直之不取，范文正之見还。劉季直，宋廣州刺史。嘗以四函銀列置於前，令諸孫

〔一〕今按：『遇』，中華書局《陳書・周文育傳》作『詣』。

各取其一。季直時年四歲，獨不取，曰：『若有孫〔一〕，當先父伯，不應度及諸孫，故不敢。』《南史》。范文正，少與一術者遊，病甚，曰：『吾有煉水銀法，兒幼不足以付。』並白銀一斤，納文正懷中。後爲諫官，術者之子已長，還其方及白銀，封識宛然。

李勉出白金而付其家，劉敞得白金而賻其家。見却金門。梅聖俞與劉敞親且舊，既卒，其家不能自存。聖俞嘗欲書程丞相神道碑，病不果，劉公爲成之。程氏喜，餉白金五百兩，公發封付梅氏。

諸生銀若不遇於李勉，則無以置於棺下。書生銀若不遇於子都，則無以枕於頭邊。見上。司隸校尉上黨鮑子都，少時，上計遇一書生，卒得心痛，子都下車爲按摩。奄忽亡，不知姓名。有書一卷，銀十餅。即賣一餅，以殯斂。其銀以枕之，素書着腹上，哭之，曰：『若子魂靈有知，當令子家知子在此。』《列異記》。

〔一〕 今按：『若有孫』，中華書局《南史・孝義下・陶季直》作『若有賜』。

總銀

唐宗約李泌，當以銀而爲信； 魏主褒郭龍，亦以銀而爲賜： 代宗欲相李泌，元載忌之。帝出泌，約： 已入相矣。『後召當以銀爲信。』忽除銀青光禄大夫。 泌知載敗，果然。〔一〕 郭修手刃大將軍費褘，追加褒寵，子龍拜奉車都尉，賜銀千餅。《魏志》。

黄銀□□□□□□□不補□□之戒□入金□□□

君乘金而王，則黄銀見。 臣以德而化，則黄銀出。《禮・斗威儀》。

《隋書》： 『辛公義爲并州刺史時，山東霖雨，皆苦水災。 境無所損，山出黄銀，獲之以獻。詔水部郎婁則就公義禱，乃聞空中有金錫絲竹之響。

〔一〕 今按： 『帝出泌』『約』『泌知載敗』，上海古籍出版社《唐語林》分別作『帝不得已，出泌』『約曰： 後召當以銀爲信』『泌知載敗，己且相矣』。

帶既賜於玄齡，帶亦送於如晦。太宗嘗賜房玄齡黄銀帶，曰：『昔如晦與公同心輔政，今日所賜，唯獨見公。』因泫然流涕。《唐書》。『朕聞黄金多爲神鬼畏。』命取黄金帶遣玄齡，親送于靈所也。同上。

水銀

《廣雅》：『水銀，謂之汞。』

封君服鍊而騎牛，始皇爲川而發冢。封君達，隴西人，服鍊水銀，年百餘歲，〔一〕常騎青牛，世號青牛道士。《神仙傳》。秦始皇葬以水銀，爲百川。〔二〕《史》。關東賊，發始皇，中有水銀。《皇覽》。

煉水銀之法，賴文正而還子；然白金之方，由章乙而傳家。見抵銀門。宜都郡民章乙，其家以孝義聞。忽一日，有一美婦，詣門求宿。身體如水，命燭視之，乃一銀人，重可千百

〔一〕今按：『服鍊水銀，年百餘歲』，《藝文類聚》引《神仙傳》作『初服黄連五十餘年，又於中服水銀百餘年，還鄉年如二十者』。

〔二〕今按：『秦始皇葬以水銀，爲百川』，中華書局《史記·秦始皇本紀》作『以水銀爲百川江河大海，相機灌輸』。

斤。即以炬炭然之，乃真白金。《玉堂閑話》。

銅

金之二品。

山上有薑，下有銅。《地鏡圖》。張衡《南都賦》：『銅錫鉛鍇白鐵。』《書》：『揚州厥貢，惟金三品。』金银铜。賈誼《賦》曰：『萬物爲銅。』左思《吴都賦》：『銅鍇之垠。』垠，畔也。

銅額，銅柱。蚩尤作亂，其人銅鐵額〔一〕。諸侯有畔者，紂乃重刑辟，爲銅柱。馬援征交趾，立銅柱爲漢南界。庾信賦：『南極則鑄銅爲柱。』石晋天福五年，溪州刺史彭士思愁引群蠻，寇楚王。馬希範遣兵討平之。自謂伏波之後，以銅五千斤鑄柱，銘誓，立溪州狀於上。〔二〕《綱目》。杜甫詩：『南海殘銅柱。』

〔一〕今按：『其人銅鐵額』，《史記正義》引《龍魚河圖》曰作『蚩尤兄弟八十一人，並獸身人語，銅頭鐵額』。

〔二〕今按：『馬援征交趾，立銅柱』『馬希範銅柱立溪州』，中華書局（清屈大均）《廣東新語》卷二曰：『《林邑》云：建武十九年，馬援植兩銅柱於象林南界，與西屠國分漢之南疆，銘之曰：銅柱折，交趾滅。』又，『石晋天福。五年，楚馬希範平南蠻。自謂伏波子孫，立二銅柱於溪州』。

鑄銅山，賜銅山。吳有豫章銅山，吳王濞招致〔一〕天下亡命者，盜鑄錢。鮑照賦：『鏟利銅山。』杜牧詩『老濞即山鑄』是也。文帝使善相相鄧通當飢死〔二〕，於是賜通蜀嚴道銅山，得自鑄錢。景帝立，没入之，一簪不得着身，寄死人家。《史》。胡則得銅而爲餘，秦皇鑄銅而爲人。得吏所匿銅數萬斤，曰：『吾豈重貨而輕數人之罪，止籍爲羨餘。』

周世宗選彦卿而市銅，秦始皇使徐市而見銅色。遣水部員外郎韓彦卿，以帛數千匹市銅于高麗，以鑄錢。秦使徐福入海，还，爲〔三〕辭曰：『臣見海中大神，曰：「汝，秦王之神簿，得觀，而不得取！」從臣往蓬萊山，見芝城宫闕，有使者銅色而龍，形光上照天。』《史》。

錫

白鑞。《爾雅》：『錫，謂之鈏。』

〔一〕今按：『吳有豫章銅山，吳王濞招致』，中華書局《史記·吳王濞傳》作『吳有豫章郡銅山，濞則招致』。

〔二〕今按：『文帝使善相相鄧通當飢死』，中華書局《史記·佞幸列傳》作『使善相者相通，曰：「當貧餓死」』。

〔三〕今按：『爲』，中華書局《史記·淮南衡山列傳》作『僞』。

鉛錫之精爲老婢。《玄中記》。山上有有[一]薑，下有錫。《地鏡圖》。

《詩》：『有斐君子。如金如錫。美武公之德。』

《周禮》：『吴越之金錫，此材之美者也。』《周禮》：『金有六齊：六分其金而錫居一，謂之鍾鼎之齊；五分其金而錫居一，謂之斧斤之齊；四分其金而錫居一，謂之戈戟之齊；三分其金而錫居一，謂之大刃之齊；五分其金而錫居二，謂之削殺之齊[二]；金錫半，謂之鑑燧之齊。』鑑燧，取水火於日月之器也。《淮南子》：『明鏡之始照，未見其容也。及拭之以玄錫，磨之以白旃，則鬢眉可見。[三]』龍山多赤錫，濯山多白錫。《山海經》。赤堇山破而出錫。《越絶書》。

借百萬之錢，還百萬之錢。尹軌公度見一人仕郡，遇公事簿書未了，當備官錢百萬，見收繫。公度與富人曰：『子可以百萬錢借我，我欲以救人，後三十日當还。』富人即以百萬錢與公度。以與遇事者，曰：『能得一百二十斤錫否？』遇事者即具之。公度於鈁中消錫，以藥投沸錫中，皆成金，得錢百萬以还富人。《仙傳》。

[一] 今按：『有』字衍。

[二] 今按：『謂之削殺之齊』，《十三經注疏》本作『謂之削殺矢之齊』。

[三] 今按：『明鏡之始照，未見其容也。及拭之以玄錫，磨之以白旃，則鬢眉可見』，諸子集成本《淮南子·修務訓》作『明鏡之始下型，蒙然未見形容；及其粉以玄錫，摩以白旃，鬢眉微豪可得而察。』

張衡《南都賦》：『銅、錫、鉛、鍇。』相如《子虛賦》：『錫碧金銀。』《周禮》：『職金掌凡金玉錫石丹青之戒令。受其入征者，卞其物之美惡與其數量，揭而璽之，入其金錫于爲兵器之府，入其玉錫〔一〕丹青于守藏之府。旅于上帝，則共其金版，饗諸侯亦如之。』鉼金謂之版。

漢惠帝二年，宮中雨黑錫。《拾遺記》。《本草》：『臨賀産錫。』

鉛

鉛，青金也，一曰錫之類也。

《淮南子》：『鉛之與丹，異類殊色，而可以爲丹者，得其數也。』錫之類也，鉛生於蜀。《書》：『青州厥貢鉛。』

以鉛置筑，以鉛爲枕。荆軻客高漸離，秦始皇虐其目，使擊筑。漸離以鉛置筑中，舉筑撲始皇，不中，遂被誅。潘岳賦曰『狙潛鉛以脱臏』是也。《東觀漢記》：『曹操寢則枕鉛。』

〔一〕今按：『錫』，《十三經注疏》本作『石』。

燒十斤而成金，銷百斤而成銀。取鉛十斤燒之，三沸，投九轉丹華一銖於鉛中，立成黄金。《内傳》。尹公度，有一人遭父喪，當葬而貧窮。公度曰：『假求數十斤鉛得否？』乃具一百斤。公度將入山中，以藥投沸鉛中，火中銷鉛，皆成好銀，以與之〔一〕。《仙傳》。河門有雨鉛城，漢世天雨鉛。《述異記》。草青莖秀，下有鉛。《地鏡圖》。鉛錫之精爲老婢。《玄中記》。湖南地多鉛鐵，楚王殷用高郁策，鑄鉛鐵錢。《班固傳》：『鉛刀一斷。』〔二〕《晋記》〔三〕：『鉛刀一割。』駱賓王《啓》：『鉛刀冀一割之用。』張衡賦：『銅錫鉛鍇。』坡：『東坡先生無一錢，十年家火燒凡鉛。』李：『肯〔四〕攀六龍飛，今作百鍊鉛。』韩詩：『丹鉛事點撿。』

燒鉛，懷鉛。揚雄懷鉛〔五〕，提槧從計。吏訪四方，語作《方言》。《西京雜記》。龍録點勘

〔一〕　今按：『「假求數十斤鉛得否？」乃具一百斤。公度將入山中，以藥投沸鉛中，火中銷鉛，皆成好銀，以與之』，葛洪《神仙傳》作『君能得數十斤鉛否？乃具鉛數十斤。以神藥如棗大投，皆成銀。以與之曰：吾念汝貧困，不能營業，故以相與，慎勿言。』

〔二〕　今按：『《班固傳》：鉛刀一斷』，中華書局《後漢書·班超傳》作『况臣奉大漢之威，而無鉛刀一割之用乎？』

〔三〕　今按：《晋記》當作《東觀漢記》。

〔四〕　今按：『肯』，《全唐詩》李白《贈宣城宇文太守兼呈崔侍禦》作『昔』。

〔五〕　今按：『揚雄懷鉛』，中華書局《西京雜記》作『揚子雲好事。常懷鉛提槧。從諸計吏訪殊方絶域四方之語』。

事丹鉛。

妙筆染丹鉛。丹鼎卷成鉛。呼吸之中伏虎鉛。

鐵

鐵，柔鐵也。鐵，黑金也。尺鐵，寸鐵。心似鐵，顔如鐵。眼中鐵，來嚼鐵。《書》：『梁州厥貢璆、鐵、銀、鏤。』蔡沈曰：『言鐵而先於銀者，鐵之利多於銀也。後世蜀之卓氏、程氏以鐵冶富，擬封君，則果之利尤在於鐵也。』既與之而又盟，言霸者之遠略。《左·僖公十八年》：『鄭伯朝楚，楚與之金銅鐵之屬。既而悔之，與之盟曰：「無以鑄兵。」故以鑄三鍾。』楚金利。故《傳》言霸者遠略〔一〕。

貞資勁質心如鐵。梅。布衾多年冷似鐵。杜。腕促蹄跲一如鐵〔二〕。杜。真契當如磁石鐵。坡。

〔一〕今按：『《傳》言霸者遠略』，《十三經注疏》本作『《傳》言楚無霸者遠略』。

〔二〕今按：『腕促蹄跲一如鐵』，《全唐詩》杜甫《高都護驄馬行》作『腕促蹄高如跲鐵』。

鏤

鏤，剛鐵，可以刻鏤者也。《書》：『梁州厥貢鏤。』鏤白玉之牒，授青鏤之筆。韓湖州表功德，鏤白玉之牒。紀少瑜夢人授青鏤筆，受之，其文大進。

刻心鏤骨，頑質謝鐫。李義山云：『刻心鏤骨。』坡詩：『頑質謝鐫鏤。』

《詩》：『虎韔鏤膺。』《小戎》。鈎膺鏤錫。《韓奕》。』鏤金以飾馬當胸帶也。鏤刻金馬，眉上飾曰鍚。

金曰從革

《周禮》：『梁氏〔一〕，凡鑄金之狀，金與錫。黑濁之氣竭，黄白次之；黄白之氣竭，青白

〔一〕今按：『梁氏』，《十三經注疏》作『㮚氏』。

次之；青白之氣竭，青氣次之，然後可鑄也。』

從革者，從而又革也，從革以性言也。朱子曰：『金曰從革，一從一變，互相變而體不變。且如銀，打一只盆，便是从；要別作一件家事，從〔一〕是革。』

陳大猷曰：『从革之鎔範，用之於器用也。』《經》曰：『五行，金曰從革。』伏勝《傳》曰：『好戰伐〔二〕，輕百姓，飾城郭，侵邊境，則金不從革。』

都大提點

唐開元御史羅文信，充諸道鑄錢使。宋咸平，馮亮爲江南轉運兼都大提點。

鍾官，金部。玉殿疏恩，冶臺陟命。坯冶一陶，財不期而豊美。陰陽爲炭，道已長於泰交。

王夷甫恥而不言，自是清虚之論。賈洛陽以此進諫，未妨通達之稱。漢文帝除盜鑄

〔一〕今按：『從』，山東友誼出版社《朱子語類》作『便』。

〔二〕今按：『好戰伐』，班固據《尚書大傳》，並采董仲舒、劉向、京房等見解，著《五行志》，改『好戰伐』爲『好戰攻』。

令，賈誼曰：『事有召禍，法有起奸。』按南州寶冶之饒，佐縣官圜府之用。沿挾銅之令，以收七福〔一〕。因採山之法，用廣五銖。

馮亮以虞府而出使，鞏嶸用秘閣而因司。馮亮以虞府出使，歲鑄錢三十五萬貫，銅鉛皆有餘羨。真宗爲都大提點，江南福建鑄錢。鞏嶸權都大提點，坑冶公事，職事修舉直秘閣，因任治司。

《周禮》：『凡鑄金之狀，金與錫。黑濁之氣竭，黄白次之；黄白之氣竭，青白次之；青白之氣竭，青氣次之。然後可鑄也。』

錢

《周禮》：錢，泉也。其藏曰泉，其行曰布，取名流行無不遍也。

范金爲貨，鑄幣救民。《外紀》：『黄帝，范金爲貨，制金刁〔二〕，立五幣，設九棘之利，爲

〔一〕　今按：『事有召禍，法有起奸』『以收七福』，中華書局《漢書·食貨志》載賈誼《除盗鑄錢令》分别作：『夫事有召禍而法有起奸』『今博禍可除，而七福可致也』。

〔二〕　今按：『制金刁』當作『制金刀』。

輕重之法。』《管子》：『湯七年大旱，湯以莊山之金鑄幣，救民之命〔一〕。』分三品之利源，立九府之圜法。吴〔二〕夏商之世，幣金有三品，或黄，或白，或赤；或錢，或布，或刀，或龜貝。註：龜以卜占，貝以表飾。

《周禮》有『三夫之布』。《食貨志》：『貨布長二寸五分，首長八分，足枝長八分。』《食貨志》：『金刀龜貝，所以分財布利，源有無者也。〔三〕』《周官》：『太公立九府圜法，天官、王府、内府、外府、泉府、天府、職内、職金、職幣，皆掌財幣之官，故云九府，圜謂均而通也。』

鑄五分之錢，高祖。造四銖之錢。文帝。秦用八兩錢〔四〕。漢祖鑄莢，物價騰踊，米石萬

〔一〕今按：『救民之命』，諸子集成本《管子·山權數》作『而贖民之無糧賣子者』。

〔二〕今按：『吴』當作『虞』。

〔三〕今按：『金刀龜貝，所以分財布利，源有無者也』，中華書局《漢書·食貨志》作『金刀龜貝，所以分財布利，通有無者也』。《索隱》曰：錢本名泉，言貨之流如泉也，故周有泉府之官。及景王乃鑄大錢。布泉者，言貨流布，故《周禮》有三夫之布。刀者，錢也。《食貨志》有契刀、錯刀。契刀長二寸，直五百；錯刀以黄金錯，直五千。以其形如刀，故曰刀，以其利於人也。又古者貨貝寶龜，《食貨志》有十朋五貝，皆用爲貨，其各有多少。兩貝爲朋，故直二百一十六；元龜直十朋，故直二千一百六十。已下各有差也。

〔四〕今按：『秦用八兩錢』當作『秦用半兩錢』。

錢。漢文鑄四銖錢，除盜鑄令。賈山以爲：『錢者無用器也，而可以易富貴。富貴者，人主之操柄也。令民爲之，是與人主共操柄，不可長也。』莢錢，五分錢也。

元鼎禁郡國之鑄，元壽聽民庶之謡。元鼎元年，禁郡國鑄錢。桓帝元壽二年閏四月日食，或言民貧，宜鑄大錢。劉陶曰：『當今之憂，不在於貨，在乎民饑。民可百年無貨，不可一朝有饑。議者不達農殖之本，多言鑄冶之便。雖以陰陽爲炭，萬物爲銅，役不食之民，使不饑之士，猶不能足無厭之求也。夫欲民殷財阜〔一〕，要在止役禁奪，則百姓不劳而足。願陛下寬鍥薄之禁，後冶鑄之議，聽民庶之謡吟，瞰三光之文耀。』遂不改錢。

王莽四變，董卓更銖。書法，莽自居攝至傳首，十有八年爾，而錢貨凡四變。書法，自建武十五年復行五銖，至一百五十三年卓始壞之，更鑄大錢。書曰『卓壞五銖』，罪卓也。

蜀主憂於不足，劉巴請而有餘。軍用不足，劉備爲憂，劉巴請鑄直百錢。數月之間，府庫充實。

董卓壞之而復，文帝罷之而復。章武元年，魏復五銖錢。書法，書復何？卓壞之也。建興五年，魏復五銖錢。初，文帝罷五銖錢，而用穀帛。競以濕穀、薄絹爲市，嚴刑不禁，復之。

〔一〕今按：原本脱『阜』字，當補。

建興大錢，延熙大錢。建興十四年，吴鑄一當五百大錢。書法，書『鑄大錢』何？譏也。延熙元年，吴鑄當千大錢。書法，此其書『當千』何？非常也。

元嘉四銖，而孝建四銖；孝建四銖，而景和二銖。元嘉七年，宋鑄四銖錢。書法，宋三十七年，錢幣凡七變。孝建元年，鑄孝建四銖錢，盜鑄者衆，雜以鉛錫。顔竣以爲簡費去華，專在節儉。子業景和二年，鑄二銖錢。小無輪郭，聽民私鑄，謂之來子，千錢〔一〕長不盈三寸，謂之鵝眼錢，謂之綖環錢。

永明重輕之有議，太和輕重之得宜。齊永明八年，議鑄錢。孔覬上言曰：『重錢患難用，而難用爲累輕。更〔二〕錢弊盜鑄，而盜鑄爲禍深。』凡鑄錢，與其不衷，寧重無輕。『宜錢重五銖，一依漢法。』太祖然之，晏駕事寢。太和十九年，鑄太和五銖錢。書法，魏始用錢也，可謂得輕重之宜矣。

〔一〕今按：『來子千錢』，中華書局《南史·顔延之傳附子竣傳》作『末子錢』。
〔二〕『更』，中華書局《南史》卷三九作『輕』。

裁紙糊皮〔一〕甚矣，隋幣之惡也；環鑿鷄眼〔二〕允也。魏律之治，旃任城乞治於環鑿，崔亮請採於屋山。魏熙平二年。

梁普通之鑄鐵錢，魏永安之鑄大錢。書法，書『鑄鐵錢』，譏也。魏永安二年，始鑄永安五銖錢。高道穆表曰：『徒有五銖之文，而無二銖之實。宜改鑄大錢，一斤七十。』楊侃亦乞聽官民並鑄，使民樂爲而幣自改從之。

梁大同之禁錢，周保定之更錢。梁中大同元年，禁用短錢。自鑄五銖及女錢，二品並行，禁諸古錢。周邕保定元年，周更鑄錢，文曰布泉。書法，錢幣更變之極，王莽之外莫如周者矣。

陳大建之六銖，隋開皇之五銖。大建十一年，初用大貨六銖錢。徐氏曰：『謠言大貨六銖，有類人儀腰哭天子〔三〕。』未幾，宣帝崩，竟至陳亡。開皇元年，鑄五銖錢。書法，自是

〔一〕　今按：『裁紙糊皮』，中華書局《隋書・食貨志》作『裁皮糊紙以爲錢，相雜用之』。

〔二〕　今按：『環鑿鷄眼』指魏晋南北朝時期一種劣質小銅錢。將古錢（大錢）加以剪鑿而成。《魏書・食貨志》載：『謹尋不行之錢，律有明式，指謂鷄眼、環鑿，更無餘禁。』《資治通鑒・梁武帝天監十六年》引此文，胡三省注曰：『環鑿云者，謂鑿好以取銅，僅存其肉也。』

〔三〕　今按：『儀腰哭天子』，上海書店明董遹《錢譜》作『叉腰哭天子』。

終隋世，無書改鑄者，五銖爲輕重之中，信矣。

武德四年之行錢，開元六年之平價。武德四年，唐初行開元通寶錢，積十錢〔一〕重一兩。書法，後世錢文用『寶』字始此。開元六年，宋璟請太府錢二萬緡，以平價買百姓不售之物，可充官用，庶使良錢流布人間。其後，敕太府及縣府出粟十萬石糶之。斂人間惡錢，送少府消毀。

乾元元年之鑄當十大錢，乾元二年之鑄當五十大錢，文曰乾元重寶。從御史中丞第五琦之謀也，更鑄大錢，一當五十。書法，自大錢更鑄，而人始相食矣。惟唐幣之變七，至肅宗而居四。

既寶應之安民，亦建中之增稅。代宗寶應元年，敕大小錢皆當一。〔二〕書法，唐世錢幣七變，肅宗居四。至是，而民始安之。建中三年，詔增稅錢。淮南節度使陳少游奏：本道稅錢每千請增二百。詔他道皆增稅錢，視此又詔鹽每斗價皆增百錢。建中三年之括富商，

〔一〕今按：『積十錢』，中華書局《舊唐書·食貨志》作『積十文』。《新唐書·食貨志》作『積十錢』。

〔二〕今按：『代宗寶應元年，敕大小錢皆當一』，中華書局《舊唐書·食貨志》作『寶應元年四月，改行乾元錢，一以當三，乾元重稜小錢，亦以一當二；重稜大錢，一以當三。尋又改行乾元大小錢，並以一當一。其私鑄重稜大錢，不在行用之限。』

而括僦櫃。建中四年之税間架，而除陌錢。三年括富商，又括僦櫃質。僦，賃也。質，物相贅也。凡蓄積錢帛粟麥者，皆借四分之一。封其櫃窖，百姓爲之罷市。四年初，行税間架除陌錢法，每屋兩爲間，上税錢二千，中税錢千，下税錢五百。除陌錢者，公私給與及買賣官留五十錢，陌字只是百字。書法，書，譏重歛也。

貞元三年，以友直而爲錢帛之使；貞元四年，以錢帛而輸大盈之庫。三年以元友直爲諸道勾勘兩税錢帛使。四年以諸道税外錢帛輸大盈庫。書法，輸大盈庫，深譏之也。悉輸户部，民不堪命。詔已在官者，〔一〕輸京師；未入者，悉以與民。發明：作法於本，其弊猶末。

貞元九年之置别庫，永貞元年之罷别庫。九年置欠負耗賸染練庫〔二〕，户部侍郎裴延齡奏：『撿責諸州所欠負錢八百餘萬緡，收抽貫錢三百萬緡，呈様物三十餘萬緡，請置别庫以掌之。欠負貧人無償抽貫給用旋盡，呈染練左藏正物，徙置别庫虛張名數。』書法，德宗嘗書置瓊林大盈庫矣，於是再書，譏也。元年，罷裴延齡所置别庫。書法，書『罷』何？嘉憲

〔一〕　今按：『悉輸户部』『詔已在官者』，四部叢刊本《資治通鑒》分别作『悉輸户部』『詔今年已入在官者』。

〔二〕　今按：『置欠負耗賸染練庫』，中華書局《舊唐書・裴延齡傳》作『延齡奏：請於左藏庫中分置别庫：欠、負、耗、剩等庫』。

宗也。

李正己之獻錢，良有以也；崔祐甫之遣使，豈徒然哉。大曆十四年，德宗李正己畏上威名，獻錢三十萬緡。上欲受之，恐見欺，却之則無辭。崔祐甫請遣使慰勞淄青將士，因以賜之，使將士人人戴上恩，諸道知朝廷不重貨財。上悅，從之，正己慚服。

記得貞元際縱云四千餘之緡，奈於大旱中欲徵卅六年之欠。長慶六年，穆宗判度支張平叔奏徵遠年逋欠。江州刺史李渤言：『度支徵當州貞元二年逃欠户錢四千餘緡。當州今歲旱災，田損什九。陛下奈何於大旱中，徵三十六年逋欠？』詔悉免之。此曰貸民之錢，非貸民也，是取人也。舊制，告身之錢，非告身也，是責人也。書法，書貸富人錢穀矣，譏取民也。僖宗於是貸與民錢，其與之歟？强貸之錢，而使以賤估償絲，巧取亦甚矣。故書譏之。後唐莊宗同光二年，貸民之錢。舊制，吏部給告身，先責其人輸米膠民之錢。喪亂以來，貧者受職牒多，不取告身。明宗罷告身綾軸錢。〔一〕

後周顯德二年之始鑄錢，石晋開運三年之議鑄錢，聽民間銅器佛像五十日内輸官受

〔一〕　今按：『輸米膠民之錢』『告身綾軸錢』，四部叢刊本《資治通鑑》作『舊制，吏部給告身，先責其人輸硃膠綾軸錢。喪亂以來，貧者但受敕牒，多不取告身』。告身，委任官職的文憑。即官告，或作官誥，授官憑信，似後代任命狀。南朝稱除身。

直。司馬公曰：『若周世宗可謂仁矣，不愛其身而愛其民。若周世宗可謂明矣，不以無益而害有益。』吴越王弘佐議鑄鐵錢，以益將士禄賜。其弟弘億諫曰：『鑄鐵錢有八害。』乃止。

賈生七福之説，難回漢帝之聽；弘億八害之言，亦止越王之欲。南唐既鑄當十錢，文曰永通泉貨。又鑄當二錢，文曰唐國通寶。

《國語》：『周景王廿一年更鑄大錢，單繆公曰：「不可。古者天降災戾，於是乎量遠近、權輕重，以救民。民患輕，則作重幣以行之，於是乎有母權子而行。若不堪重，則作輕幣以行之，於是乎有子權母而行。今王費輕作重，民爲其資，能無匱？」〔一〕』《新序》：『魏文侯出，見路人反裘而負芻。明年，東陽上計錢布十倍，大夫畢賀。文侯曰：「譬無異夫路人反裘而負芻也，將愛其毛。人反裘而負芻也，知裹盡，毛無所恃也。〔二〕吾聞之下不安者，上不可居也。」』

賈、郭恣横，貨賂公行。魯褒作《錢神论》，以讥之曰：『錢之爲體，有乾坤之象。親之

〔一〕　今按：『天降災戾』『量遠近』『以救民』『則作重幣以行之』『民爲其資』，上海古籍出版社《國語・周語下》分别作『天災降戾』『量資幣』『以振救民』『則多作輕而行之，亦不廢重』『民失其資，能無匱乎？』

〔二〕　今按：『魏文侯出』『知裹盡』，天津古籍出版社《新序・雜事二》分别作『魏文侯出遊』『不知其裹盡』。

如兄，字曰孔方。無德而尊，無勢而熱。排金門，入紫闥。危可使安，貴可使賤。死可使活，生可使殺。〔一〕是故忿争非錢不勝，幽滯非錢不拔，怨讎非錢不解，令聞非錢不發。洛中朱衣，當塗之士，愛我家兄，皆無已已，執我之手，抱我終始。凡今之人，惟錢而已。』杜牧之詩曰『錢神任爾知無敵』是也。

林駉《至論》：堯鑄錢於歷山，以遭洪水而鑄也。湯鑄錢於莊山，以遭大旱而鑄也。嗚呼錢幣之來久矣，聖人特爲水旱權宜之設，未嘗倚之以爲經常之用也。

至周太公立九府圜法，而國家之經用始資焉，錢之爲用昉乎此歟。嗟夫！六府養民金居其一，利用厚生日用資焉，此天地自然之利，何暇夫鑄金爲錢而爲利哉？聖人財成輔相，貿遷貨居，鑄金以救民於水旱之餘，是亦因所利而利之，即斫木爲耟，以濟天下之義也。周之景王欲鑄大錢，繆公有權子之説，有權母之説，子母之説肇於繆公。後世有輕重之制，有直當之法。

錢質如周而秦用半兩之錢，幣重懲秦而漢鑄五分之錢。

〔一〕今按：『危可使安，貴可使賤。死可使活，生可使殺』，《藝文類聚》引《錢神論》作『錢之所在：危可使安，死可使活。錢之所去：貴可使賤，生可使殺』。《資治通鑒》作『危可使安，死可使活。貴可使賤，生可使殺』。

高后以大輕而有八銖之行，文帝以太重而有四銖之改。自是厥後，或輕而三銖，建元。或重而半兩。文帝。武帝破半兩而鑄五銖之錢，光武接漢緒而復武帝之舊，以其輕重適中故也。自五銖之行，多之不可輕，少之不可重，則三官之稱，至元始中積至二百八十億萬，平帝。五銖之制久而無弊。魏人或罷或立，然亦不能變五銖也。蜀之直百，吴之當千，愈變而愈重。晋之四分，宋之耒子，愈變而愈輕。有秤錢之令，有置之法。北齊、隋置秤於市，置樣爲准。當直之法，始於漢武京師赤仄之制。鑄赤仄一當五。自漢以後，以一當兩，宋元嘉。或以一當十，梁敬帝。甚至以一當千。周静〔一〕帝。夫物之不齊，物之情也。自天一地十生成之數既定，累一至十，累百至千，秩然之數，不可躐取。如舉一可以當十，則天地生成之道息矣。終唐之世，經費不給則議鑄，兵役不支則請鑄。或以一當二，或以一當三。代宗。當五十者有之，當十大錢者有之。嗚呼！考論歷代之變更，推究錢幣之始末，堯不可及也，湯不

〔一〕『静』，四庫全書林駉《至論》作『宣』。

可及也。由周而來僅有漢唐，而輕重之迭勝，當直之屢更。漢初有盜鑄之令，而文帝弛之。武帝禁郡國之鑄，而章帝罷之。

唐至玄宗錢禁未弛，九齡曰放鑄是。劉秩曰放鑄非。止詔禁惡錢而已。國家鼓鑄之權操之於上，而不縱之於下。饒之永平仍於唐，池之永豊置於至道，江之廣寧置於咸平，韶之通置於景德，而虔之鑄錢院，又置於大觀，此鼓鑄之地也。

國初平江南歲鑄七萬緡，天聖中歲鑄百餘萬緡，慶曆中至二百萬緡，熙寧中至六百萬緡，此鼓鑄之數也。國初錢文曰宋元通寶，淳化御書曰淳化通寶。嘉祐有折二之令，慶曆有當三之請。以陝西盜鑄大錢，以見行當三大錢，折小錢二，謂之折二錢。鄭戩請廢當十錢，以一當三。

蓋有利之源，有利之權。利源之消長在天地，利權之操縱在人主。自熙寧間一罷銅禁，中興以來止及十萬。究其所以，則滲漏之法，罪及主吏；鉟銷之禁，責及大夫，紹興之制可覆也。錢寶之泄以軍法論，銅器之禁刻之事板，乾道淳熙孝宗口之制可覆也。劉毅諫賣錢之失，程顥辨藏錢之訟。晋武太康三年，劉毅曰：『桓靈賣官錢而入官庫，陛下賣私錢而入私門。』〔一〕明道爲鄠縣令，程顥辨藏之訟。見主簿。漢武帝之算緡錢，宋神宗之賜壓錢。算賈人緡錢，賜王襄敏幼子壓驚金犀錢果。潤筆錢，買山錢：高穎戲鄭澤。于頔與符戴。天雨錢而致富，黄尋。杖掛錢而酌酒。阮宣。劉寵一錢，阮孚一錢。不用一錢買，留得一錢看。

禮錢，餐錢。《羊續傳》曰：『拜三公者，輸東園禮錢千萬。』〔二〕列侯賜餐奉邑，賜厨傳錢也。還姊飯錢，飲馬投錢。

山谷詩：『安用人間使鬼錢。』古詩：『萬選此青錢。』〔三〕謂文猶青銅錢，萬選萬中也。』杜詩：『無錢居帝里。春給水衡錢。』

〔一〕今按：《晉書・劉毅傳》載：『桓、靈賣官，錢入官庫；陛下賣官，錢入私門。』

〔二〕今按：『拜三公者，輸東園禮錢千萬』，中華書局《後漢書・羊續傳》作『時拜三公者，皆輸東園禮錢千萬，令中使督之，名爲左騶』。

〔三〕今按：中華書局《全宋詩》卷一九九劉宰《和劉聖與龍山約客韻》作『詩句萬選如青錢』。亦見《全宋詩》卷五七九，曾幾《和劉聖俞顧龍山約客韻》。

殖賜不散，謂守錢一虜耳。〔一〕馬援。

何曾日食萬錢，子劭日食二萬。〔二〕王尼曰：『居亂世而矜豪乃爾，其能免乎？』永嘉之末，何氏無遺種。通神原有錢貧，風燈不論錢遊。

銀器

銀胡瓶，銀酒鎗。楚庚反，鼎屬。太和中，尚書左丞王起，進亡兄播銀胡瓶〔三〕。齊武帝元日上壽，有銀酒鎗。齊主欲壞之，蕭穎胄曰：『朝廷盛禮，無若〔四〕三元。此器舊物，不足爲侈。』後遇曲宴，銀器滿席，穎胄曰：『陛下前欲壞酒鎗，恐宜移在此器。』齊主甚慚。書法，

〔一〕今按：『殖賜不散，謂守錢一虜耳』，中華書局《後漢書・馬援傳》作『凡殖貨財產，貴其能施賑也，否則守錢虜耳』。

〔二〕今按：『何曾日食萬錢，子劭日食二萬』，《資治通鑒》作『曾日食萬錢，猶云無下箸處。子劭，日食二萬』。《資治通鑒》載『綏及弟機、羨，汰侈尤甚；與人書疏，詞禮簡傲。河内王尼見綏書，謂人曰：「伯蔚居亂世而矜豪乃爾，其能免乎？」』

〔三〕今按：『進亡兄播銀胡瓶』，《太平御覽》作『進亡兄播銀胡瓶二百枚、玉及通犀帶刀劍器杖等』。

〔四〕今按：『無若』，《南齊書・蕭赤斧傳附子穎胄傳》作『莫過』。

書讖矯也，觀穎胄移在此器之言，矯可知矣。

建成贈銀器，楊子賣銀器。建成元吉密以銀器贈尉遲敬德，敬德不受。弘農楊子，蛇糞成碎銀，作器賣於市，得者尋以破滅。《異苑》。

出銀器，進銀器。王者享，不及醉；刑罰中，人不爲非，則銀器出。《瑞應圖》。杜甫詩曰『復道諸山得銀甕』是也。元和四年，山南節度使裴均，於德音後進銀器，李絳、白居易言：『均欲以此嘗陛下，願却之。』上命付度支。尋密諭進奏院，自今諸道進奉，無得申御史台。居易復以爲言，不聽。書法，書讖也，帝之幾微有以來之也。

賜銀器，賜銀鍾。長慶四年，韋處厚諫宴遊，賜銀器。太宗引杜淹爲學士，侍宴賦詩。淹爲稱首，賜以銀鍾。《唐書》。

半落銀缸午夜闌〔一〕。銀箭金壺漏水多。李白《烏栖曲》。

〔一〕　今按：廣陵古籍刻印社《續金華叢書》引《書舍寒燈》有『花落銀缸午夜香』詩句。

金器

《詩》：『我姑酌彼金罍，維以不永懷。』罍，酒器，刻爲雲雷之象，以黄金飾之。班固賦：『金釭啣璧。』

賜金筯，覆金甌。宋璟爲相，時春御宴，帝賜金筯，曰：『非賜汝筯，以表卿直也。』唐玄宗命相，御書其名，置案上。太子入侍，上置金甌覆名，告之曰：『相名也。誰耶？』肅宗曰：『崔琳、盧從願乎？』

金狄，金莖。始皇廿六年，有大十二人見於臨洮。〔一〕天戒若曰：『勿大爲，夷狄行將

〔一〕『始皇廿六年，有大十二人見於臨洮』，中華書局《史記·秦始皇本紀》作『二十六年，收天下兵，聚之咸陽，銷以爲鐘鐻。金人十二，重各千石。』《正義》引《漢書·五行志》云：『二十六年，有大人長五丈，足履六尺，皆夷狄服，凡十二人，見於臨洮，故銷兵器，鑄而象之。』謝承《後漢書》云：『銅人，翁仲其名也。』《三輔舊事》云：『聚天下兵器，鑄銅人十二，各重二十四萬斤。漢世在長樂宮門。』《魏志·董卓傳》云：『椎破銅人十及鐘鐻，以鑄小錢。』《關中記》云：『董卓壞銅人，餘二枚，徙清門里。魏明帝欲將詣洛，載到霸城，重不可致。後石季龍徙之鄴，苻堅又徙入長安而銷之。』《英雄記》云：『昔大人見臨洮而銅人鑄，至董卓而銅人毁也。』』。《索隱》曰：『二十六年，有長人十二見於臨洮，故銷兵器，鑄而象之。』

滅爾國。』始皇不知，反以爲瑞，銷兵器，鑄爲金人象之。』潘岳賦：『金狄遷於霸川。』李白詩『收兵鑄金人』是也。武帝作承露盤，上有仙人掌。〔一〕班固賦：『抗仙掌以承露，擢雙立之金莖。軼埃壒之混濁，鮮灝氣之清英。』杜甫詩曰『承露金莖霄漢間』是也。

金龍，金盤。梁武帝於襄陽起兵，時長沙寺僧鑄黃金爲龍數千，埋土，歷相傳付，稱爲下方黃鐵。穎胄因取此龍，以充軍實。《齊書》。上使王公已下射，王素爲第一。上手以外國所獻金精盤，價直巨萬，賜之。《隋書》。

金鐻，金鉢。羌胡遺屬國都尉張奐金鐻金銀器名八枚。奐以酒酹地，曰：『使金如粟，不以入懷。』悉還之。永昌太守劉君世，鑄黃金爲文蛇以獻。後將赤金鉢戛之，爲僞龍吟。

佩之金玦，不受金餠。《左·閔公二年》『晉侯使太子申生伐東山皋落氏，佩之金玦，狐突嘆曰：『佩，衷之旗表也。用其衷，則佩之度。今佩以金玦，棄其衷也。金寒玦離，胡可

〔一〕　今按：『武帝作承露盤，上有仙人掌』，《漢書·郊祀志》作『其後又作柏梁、銅柱、承露仙人掌之屬矣』。蘇林曰：『仙人以手掌擎盤承甘露。』師古曰：『《三輔故事》云：建章宫承露盤高二十丈，大七圍，以銅爲之，上有仙人掌承露，和玉屑飲之。蓋張衡《西京賦》所云「立修莖之仙掌，承雲表之清露，屑瓊蕊以朝餐，必性命之可度」也。』《資治通鑒》云：『春（指漢武帝元鼎二年，即前 115 年）起柏梁臺，作承露盤，高二十丈，大七圍，以銅爲之，上有仙人掌，以承露，和玉屑飲之，云可以長生。』

恃也？』罕夷曰：『金玦不復。』褚彦迴爲宋吏部尚書，有人求官，袖中將金一餅，不受。史。

付金環，贈金器。宋建炎元年，曹勛至自金，康王夫人邢氏脱所御金環，付勛曰：『幸爲我白大王，願如此環，得早相見也。』建成元吉，密以金器贈尉遲敬德，敬德不受。史。

鑄顔淵，鑄范蠡。《揚子》：或問：『世言鑄金，金可鑄歟？』曰：『吾聞覿君子者，問鑄人，不問鑄金。』曰：『人可鑄歟？』曰：『孔子鑄顔淵矣。』杜牧之詩曰『天上洪爐帝鑄顔』是也。范蠡去越王，以黄金鑄象。

銅器

見銅器而知齊桓之所陳，得銅器而認阮咸之所作。李少君見武帝，上有故銅器，問少君。小君〔一〕曰：『此器齊桓公十年陳於柏寢。』按其刻，果齊桓公器，一宫盡駭。史。有人得銅器，似琵琶，袁行冲曰：『阮咸所作也。』

毛遂捧銅盤，王莽鑄銅斗。毛遂捧銅盤器跪進曰：『王當歃血以定從。』王莽以五石銅

〔一〕今按：『小君』當作『少君』。

鑄威斗，二尺五寸，如北斗狀，欲以壓勝衆兵。

銅樞，銅渾。嗣聖十一年，武三思請鑄銅鐵爲天樞，刻武后功德，立於端門之外。銅鐵不足，賦民間農器以足之。其制若柱，高一百五尺，鐵山爲之趾，周百七十尺，每二丈用銅鐵二百萬斤。十二天樞成，三思爲文。太后自書其榜曰：『大周萬國頌德天樞。』書鑄書成譏勞民也。開元二年，毁天樞鎔其銅鐵，歷月不盡。銅渾，渾天儀也，張衡以銅爲之。王勃《序》：『撫渾〔一〕而觀變化，則萬之動不足多也。』蓋以渾儀比夫子也。

刁斗，銅瓶。刁斗，以銅爲之，晝炊夜擊。庾信賦『卧刁斗於滎陽』是也。銅瓶，所以汲水。杜甫詩『銅瓶未失水』是也。

明皇求雨，文琰爲詩。有龍入鉢，共打銅鉢。大風雨作，立響詩韵。

鐵器

鐵盎，鐵勒。後唐主昪性節儉，盥頮用鐵盎。魏孝文宏，鞍勒鐵木而已。

〔一〕今按：『撫渾』，廣西教育出版社（莫道才著）《駢文通論》引王勃《益州夫子廟碑》作『撫銅』。

刺史鐺脚之號，許子鐵耕之言。唐薛大鼎滄州刺史、鄭德本瀛州刺史、賈敦頤冀州刺史，皆有治名，號鐺脚刺史。《孟子》曰：『許子以鐵耕乎？』勝、廣自以鉏耰而亡秦，豪傑豈以無鐵而不起。張浚曰：『彼民間無寸鐵，中原豪傑不能自起。』史浩曰：『勝、廣以鉏耰棘矜亡秦，必待我兵，非豪傑矣。』王十朋劾浩乃罷。

鐵如意：石崇。鐵裝帶：隋文帝。

《詩》：『庤乃錢鎛，奄觀銍艾。』鎛銚、鎛鉏皆田器。銍，穫禾短鎌也。

陶淵明詩：『帶月荷鋤歸。』聶夷中詩：『鋤禾日當午。』

錡釜

䨇黄帝始造。錡，釜屬，又云三足釜。

《易》：『坤爲釜。』《詩》：『于以湘之，維錡及釜。』有足曰錡，無足曰釜。《左傳》：『錡釜之器，可薦於鬼神，可羞於王公。』誰能亨魚，溉之釜鬵。』鬵，金屬。黄金一釜。見黄金。

以粟易器。《孟子》曰：『以粟易械器者，不爲厲陶冶。陶冶亦以其械器易粟者，豈爲厲農夫哉？』械器，釜甑之屬。

破釜，鉌釜。項羽渡河，破釜甑。示士必死，無还心。高祖丘嫂佯爲羹盡，鑠釜。客去，高祖視釜，尚有羹。

范丹〔一〕，萊蕪長。語曰：『甑中生塵范史雲，丹字。釜中生魚范萊蕪。』

曹植詩：『豆在釜中泣。』張載詩：『瓦釜泉甘〔二〕豆粥新。』杜甫詩：『紫駝之峰出翠釜。』

鼎鼐

《説文》：『鼎三足兩耳，調和五味之彝，鼎也。〔三〕』鼐，大鼎。

《易》：『鼎，元亨。』《象》曰：『鼎，象也。以木巽火，烹飪也。聖人烹以享上帝，而大烹以養聖賢。』註：鼎，大器也。制作形模，重寶也，法象尤嚴。《象》曰：『木上有火，鼎。君子以正位凝命。』取其端正之象，則正其位。取其安重之象，則凝其命。『初六，鼎顛趾，利出否。』上應於四，趾而向上，顛之象。傾出敗惡，致潔取新。《象》曰：『鼎顛趾，未悖也。

〔一〕今按：『范丹』，《後漢書・范冉傳》作《范冉》。
〔二〕今按：『甘』，吉林出版集團有限公司《欽定四庫全書薈要》作『乾』。
〔三〕今按：『調和五味之彝，鼎也』，天津古籍出版社《説文解字》作『和五味之寶器也』。

利出否，以從貴也。』『九二，鼎有實，我仇有疾。』以剛居中。仇，對也。有實之象，謂初也。《象》曰：『鼎有實，慎所之也。我仇有疾，終無尤也。』自守以正。『九三，鼎耳革，其行塞。』耳，五也，三五非應，未得於君，變革爲異。《象》曰：『鼎耳革，失其羹〔一〕。』『九四，鼎折足，覆公餗，其形渥。』不勝任而敗事，猶鼎之折足。《象》曰：『覆公餗，信如何也。』

唐史：『元載誅。贊曰：《易》稱「鼎折足，其刑剭。」諒哉！』《新唐书》。『六五，鼎黄耳，金鉉，利貞。』五有中德，故云黄耳。鉉，加二者也。《象》曰：『鼎黄耳，中以爲實也。』『上九，鼎玉鉉，大吉，無不利。』鼎以上出爲用。《象》曰：『玉鉉在上，剛柔节也。』

《詩》：祭而飲酒，『鼐鼎及鼒小鼎』。《孟》：『前以三鼎而後以五鼎歟。』

《左》魯公之納鼎，楚侯之問鼎。《桓公二年》：取郜大鼎于宋〔二〕。戊申，納于大廟。杜預註：始欲平宋之亂，終於受賂，故備書之傳，非禮也。臧哀伯諫曰：僖伯子。『君人者，將昭德塞違，以照臨百官，猶懼或失之。今滅德立違，而致其賂器於大廟，以明示百官。百官象之，其又何誅焉？誅，責也。國家之敗，由官邪也。官之失德，寵賂章也。寵臣受賂。郜鼎在廟，章孰甚

〔一〕今按：『羹』，《十三經注疏》本作『義』。

〔二〕今按：『宋』脱，當補。

焉？武王克商，遷九鼎于洛邑，義士猶或非之，而况將昭違亂之賂器於大廟，其若之何？』公不聽。註：章，明也。《宣公三年》：楚子伐陸渾之戎，觀兵於周疆。定王使王孫滿勞楚子，楚子問鼎之大小輕重焉。對曰：『在德不在鼎。昔夏之方有德也，遠方圖物，貢金九牧，鑄鼎象物，百物而爲之備，使民知神姦。故民入川澤、山林，不逢不若。順也。魑魅魍魎，莫能逢之。用能協于上下，以承天休。桀有昏德，鼎遷于商。〔一〕商紂暴虐，鼎遷于周。德之休明，雖小，重也。其姦回昏亂，雖大，輕也。天祚明德，有所底止。底，致也。成王定鼎于郟鄏，河南。卜世三十，卜年七百，天所命也。周德雖衰，天命未改。鼎之輕重，未可問也。』

鑄鼎，銘鼎。《昭公六年》：鄭人鑄刑書。註：鑄刑書於鼎。叔向使詒子産書，曰：『始吾有虞於子，今則已矣。吴度也。昔先王議事以制，不爲刑罰〔二〕，懼民之有争心也。今吾子鑄刑書，將以靖民，不亦難乎？』士文伯曰：『火見，鄭其火乎？火未出而作火，以鑄刑器。火如象之，不火何爲？』火未出而用火，相感而致災。《昭公七年》：正考父鼎銘曰：『一命而僂，再命而傴，三命而俯，循墻而走，亦莫余敢侮。饘於是，粥於是，以餬余口。』

〔一〕今按：《十三經注疏》本『桀有昏德，鼎遷于商』下有『載祀六百』。

〔二〕今按：『不爲刑罰』，《十三經注疏》本作『不爲刑辟』。

魯之賄鼎，晉之鑄鼎。《襄公十九年》：晉侯先歸，伐齊。公賄荀偃吴壽夢之鼎。吴獻鼎於魯。《昭公廿九年》：晉趙鞅、荀寅賦晉國一鼓鐵，以鑄刑鼎，著范宣子所爲刑書焉。仲尼曰：『晉其亡乎，失其度矣，民在鼎矣。』而爲刑鼎，民知争端皆在鼎。

象九州，法三光。《外紀》：『禹收天下美銅，鑄爲九鼎，以象九州。』胡一桂曰：『左氏以爲鼎者，圖象百物而爲之備，使民知神姦者。愚竊以爲誣矣，魑魅魍魎，自古不以爲天下患，惟鄙夫、鄙婦則或言之，搢紳先生不道也。王者協于上下，以承天休。乃以此爲事，而庸鑄之於鼎乎？然則禹所鑄者何也？始除洪水之害，又鑄爲鼎，以爲萬世准耳。』春秋之時，晉、鄭鑄刑書，則知古人創立制度欲傳久者，必於鼎矣。《史》：『收九牧之金，鑄九鼎。』三足象三德。正直、剛柔。《韓非子》曰：『背私曰公，象鼎足也。數三者，法三光。』

黄帝鑄於荆山，夏后鑄於荆山。李白詩：『黄帝鑄鼎於荆山，鍊丹砂。丹砂成黄金，騎龍飛上太清家。鼎湖流水清且閑，軒轅去時有弓劍，古人傳道留其間。』杜詩：『鼎湖瞻望遠。幽人拜鼎湖。』《拾遺》：『禹鑄九鼎於荆山中，以象九州之物，乃三代傳國之寶。』

楚子欲求而誰與，秦王欲取而蔑聞。《左・昭公十二年》：『楚子靈王：「今吾使人於周，求鼎以爲分。以爲有國之寶。王其與我乎？」右尹子革曰：「與君王哉！」』秦昭王取之，一飛入泗水，八入秦中。始皇定鼎而周鼎蔑聞。

器待人而後寶，毛重趙於九鼎。《揚子》：或問：『周寶九鼎，寶乎？』曰：『器寶也。器寶，待人而後寶。』杜牧詩：『鼎重山難轉。鴻毛鼎便移。』平原君定，從歸曰：『毛先生一至楚，使趙重於九鼎大呂。』

汾陰得大鼎，維山得寶鼎。漢武帝元鼎四年，汾陰得大鼎。迎至甘泉，薦之郊廟，群臣皆賀。漢明帝永平六年，王維山得寶鼎〔一〕。

詔禁章奏浮辭，書法，書禁浮辭，何特筆也！世祖書封事不得言，又此書禁章奏浮辭，皆特筆也。班固《寶鼎》詩：『岳修貢兮川效珍，吐金景兮歊浮雲。寶鼎見兮色紛紜〔二〕，焕其炳兮被龍文。登祖廟兮享聖神，昭靈德兮彌億年。』

唐之九鼎，宋之九鼎。嗣聖十一年，鑄銅爲九州鼎。宋徽宗鑄九鼎，鼎成，以九州水土納鼎中。及奉安，北方寶鼎忽水漏于外。〔三〕北方鼎漏，北方土地當失之兆也。

〔一〕今按：『王維山得寶鼎』，四部叢刊本《資治通鑒》作『王洛山出寶鼎』。

〔二〕今按：『紜』，《後漢書·班彪傳附子固傳》作『緼』。

〔三〕今按：中華書局《宋史·五行志》作『崇寧四年三月，鑄九鼎，用金甚厚，取九州水土内鼎中。既奉安於九成宫，車駕臨幸，遍禮焉，至方之賓鼎，忽漏心水溢於外。劉炳謬曰：「正北在燕山，今寶鼎但取水土於雄州境，宜不可用。」其後竟以北方致亂』。

《韓詩外傳》：『不大鍾鼎，非無金錫也。』

杜詩《上韦相》：『調和鼎鼐新。』又：『數見銘鍾鼎。』

楊巨源詩：『鍾鼎勳庸大。』韓詩：『荥公鼎軸光〔一〕。』

王仁格《傳相國》詩：『便調金鼎佐無爲。〔二〕』

任希古詩：『玉鼎升黄閣。』魏野詩：『有官居鼎鼐。』

王融《序》：『遷鼎，息大坰之慚。』成湯遷于亳，至大鼎而有慚德〔三〕。

江淹《别賦》：『鍊金鍾而方堅。〔四〕』鑄金琢玉。百斛萬鈞。

鄭鑄衛銘，雲覆螭蟠，百神駭，八卦分。周朝遷洛邑，漢室得汾陰。革物信能調五味，承君應可象三公。萬神共駭規模遠，八卦潛分嘆息明。

〔一〕今按：『光』，國際文化出版公司（啓功等主編）《唐宋八大家全集・韓愈集》作『老』。

〔二〕今按：『王仁格《傳相國》詩』當作『王仁裕《賀王溥入相》』，見《全唐詩》。元李獻卿《劉寓叔先生挽詩》載：『便調金鼎佐無爲，鳳池坐數　汾陽考。』

〔三〕今按：『至大鼎而有慚德』，吉林人民出版社（任繼愈）《中華傳世文選　昭明文選》作『湯即天子位，遂遷九鼎於亳，至大坰，而有德』。

〔四〕今按：『鍊金鍾而方堅』，上海辭書出版社（王海遠等撰）《古文一百篇》引江淹《别賦》作『煉金鼎而方堅』。

李綱之筮，武氏之銘。李綱仕隋官不進，筮之得鼎，唐禮部尚書。開元二年，以武氏鼎銘頌告中外。太子賓客薛謙光以武后鼎有『上天〔一〕降監，方建隆基』，爲上受命之符獻之，姚崇表賀。書法，書讖訣也。

吴明國之貢鼎，佛肸庭之置鼎。吴明國貢常然鼎，每修飲食，不熾火而熟。《杜陽編》。佛肸置鼎於庭，曰：『不吾與者烹。』田單曰：『義死不避斧鉞之誅〔二〕，義窮不受軒冕之服。無義而生，不仁而富，不如烹。』褰衣將就烹，佛肸脱屨而生之。《新序》。

不有晋侯之病間，實無莒鼎之致貽。《左·昭公七年》。

鏡

《釋名》：『鏡，景也，有光景也。』《廣雅》：『鑒謂之鏡。』『尹壽作鏡。』『鏡者，所以照物也。盲者得鏡，則以蓋卮。不知所施之也。』（《淮南子》）『聖人之心若

〔一〕今按：『天』，《全唐詩》卷五《則天皇後》作『玄』。四部叢刊本《資治通鑒》亦作『玄』。《舊唐志·禮儀志》作『天』。

〔二〕今按：『誅』，四部叢刊初編本《新序·義勇》作『罪』。

鏡，不將不迎，應而不藏，故萬化而無傷。』

容成侯金炯《博物志》。壽光先生。《六帖》。

吴殿方鏡，秦臺方鏡。吴亡後，仁獸殿有方鏡六尺。庚信賦曰『仁獸之鏡徒懸』是也。咸陽宫有方鏡，廣四尺，高五尺九寸。人直來照之，影則倒見。以手捫心而來，則見胸腹五臟。有病掩心而照之，則知病所在。女子有邪心，則膽張心動。秦皇照宫人，膽張心動則殺之〔一〕。

杜甫詩：『秦臺鏡欲臨。』杜牧詩：『照膽常懸鏡。』

劉仁軌之下殿，王希默之作亭。唐開耀元年，少府監裴匪舒爲上作鏡殿。劉仁軌驚趨下殿，上問其故，對曰：『天無二日，土無二王。適視四壁有數天子，不祥孰甚焉。』上令剔去。王希默惟以對鏡爲娱，以杜子美有「勳業頻看鏡」之句，遂作策勳亭，自號勳叟。結親友之蓄異鏡者，鄉人目曰鏡社。各出鏡傳玩評品抵掌。言鏡者，成二十卷，號《仙銅傳》。《清異録》。

〔一〕今按：『則見胸腹五臟。有病掩心而照之，則知病所在。女子有邪心，則膽張心動。秦皇照宫人，膽張心動則殺之』，中華書局《西京雜記》作『則見腸胃五臟，曆然無硋。人有疾病在内，則掩心而照之，則知病之所在。又女子有邪，則膽張心動。秦始皇常以照宫人，膽張心動者則殺之』。

知人者如鏡，獨孤公猶鏡。《管子》：『知人者如明鏡，自知者如淵蚌鏡〔一〕。鏡以曜明，故鑒人。蚌以含珠，故内照。〔二〕』隋文帝謂高熲曰：『獨孤公猶鏡也。每被磨瑩，皎然益明。』《隋書》。

賜金背之鏡，得合面之鏡。高季輔兼吏部侍郎，凡所銓叙，時稱允當。太宗賜金背鏡一面，以表其清鑑。《舊唐》。元相國之鎮江夏也，秋夕登黄鶴樓，遥望江濱，有光若殘星。適獲一鯉，乃携鯉而來。腹中得古鏡二，如大錢大，以面相合，背則隱起雙龍。及相國薨，鏡亦亡去〔三〕。《舊聞》。

人爲鏡，别有鏡。魏徵卒，上曰：『以銅爲鏡，可正衣冠；以古爲鏡，可見興替；以人

〔一〕　今按：『鏡』脱，當補。

〔二〕　今按：『鏡以曜明，故鑒人。蚌以含珠，故内照』，見《符子》。『知人者如明鏡，自知者如淵蚌鏡。鏡以曜明，故鑒。蚌以含珠，故内照』，《太平御覽》引《符子》作『知人者如明鏡，知者如淵蚌鏡。鏡以曜明故鑒人，蚌以含珠故内照』。

〔三〕　今按：《太平廣記》所載與此條文字略有不同。《太平廣記》引《三水小牘》作『唐丞相元禎之鎮江夏也，常秋夕登黄鶴樓。遥望其江之湄，光若殘星焉，遂令親信一人往視之。其人棹小舟，直詣光所，乃釣船中也。詢彼漁者，云：『適獲一鯉，光則無之。』其人乃攜鯉而。既登樓，公命庖人剖之。腹中得鏡二，如錢大，而面相合。背則隱起雙龍，雖小而鱗鬣爪角悉具。精巧且澤，常有光耀。公寶之，内巾箱之中。及相國薨，鏡亦亡去。』

爲鏡，可知得失。徵没，朕亡一鏡。』唐世五月五日，揚州於江心鑄鏡以進，故宋朝翰苑撰端午帖子，多用其事。白樂天詩：『太宗常以人爲鏡，監古監今不監容。乃知天子别有鏡，不是揚州百鍊銅。』〔一〕趙彦若詩：『揚子江中百鍊金，寶奩疑是月華沉。争如聖后無私鑑，明照人間萬善心。』蘇子由詩：『揚子江中寫鏡龍，波如細縠不摇風。宫中驚奉〔二〕秋天月，長照人間助至公。』

感鏡，悲鏡。漢宣帝被囚繫郡邸獄，臂帶史良娣合綵寶鏡一枚。舊傳此鏡照見妖魅，佩者爲天神所福，故宣帝從危獲濟。及即大位，每持此鏡，感咽移辰。帝崩，不知所在。《西京雜記》。謝玄暉《文》『哀日隆於撫鏡』是也。漢明帝謁原陵，從席前伏御牀，視太后鏡奩中物，感動悲涕，左右皆泣。

飛龍，化鵲。五月五日，鑄鏡以進。白樂天詩：『背有九五飛天龍，人人呼爲天子鏡。』昔有夫婦將别，破鏡執半爲信。妻與人通，其鏡化鵲，飛至夫前。後人因鑄鏡爲鵲安背上。《神異經》。

〔一〕　今按：『太宗當以人爲鏡，監古監今不監容』『不是揚州百鍊銅』，《全唐詩》白居易《百煉銅》分别作『太宗常以人爲鏡，鑒今不鑒容』『不是揚州百煉銅』『乃知天子别有鏡』上有『四海安危居掌内，百王治亂懸心中』。鍊同煉。

〔二〕　今按：『奉』，内蒙古人民出版社（蔡磊主編）《傳世私家藏書　卷十二》作『捧』。

紂失玉鏡，秦失金鏡。紂失玉鏡，用其噬虎。《尚書帝命期》。鄭玄註：『鏡喻清明之道，虎喻暴也。』秦失金鏡，魚目入珠。《尚書考賓曜》。〔一〕金鏡，喻明道也。始皇，不韋子，言亂真也。

拔鏡爲母灌，奉鏡獻梁帝。劉敬宣八歲喪母。四月八日，見衆人灌佛，乃拔頭上金鏡，以爲母灌，因悲泣不勝。沈約《宋書》。王珍國武帝起兵，密遣郤纂奉明鏡獻誠於梁帝，帝〔二〕斷金以報之。後侍宴，帝曰：『明鏡尚在。』珍國曰：『黄金謹在。』《梁書》。

孟宗磨鏡，徐子磨鏡。楊真孟宗，周覽求師，資用將乏，磨鏡自給。《益部耆舊傳》。徐孺子嘗事黄公。黄公薨，往會其葬，貧無以自致。賫磨鏡具，賃磨取資，然後得前。即至，祭而退。《海内士品》。

背有公字，影成相字。綦母珍之有一銅鏡，背有『三公』字。常語人云：『徵祥如此，何患三公不至。』《齊書》。宋璟未第時，日中覽鏡，鏡影忽成『相』字，因此自負。《天寶遺事》。

引鏡明目，撫鏡知刑。公孫述稱帝，任永託目盲。述誅時，任永引鏡自照，曰：『目則

〔一〕今按：『尚書考賓曜』，《太平御覽》作『尚書考靈曜』。
〔二〕今按：『帝』，中華書局《梁書・王珍國傳》作『高祖』。

明也。〔一〕』王融《序》：『引鏡皆明目。』劉峻《論蜀》：『張裕撫鏡，知其將刑。』

分鏡，引鏡。陳太子舍人徐言，尚後主妹□公主。陳衰，乃破鏡，各分其半，約曰：『正月望日，賣於成都市。』及陳亡，其妻果爲楊素所得。德言至成都，見有蒼頭賣半鏡。德言引至其居，設食，具言其故，出半鏡合之。題詩曰：『鏡與人俱去，鏡歸人不歸。無復嫦娥影，空餘明月輝。』陳氏見之，泣涕不食。素知之，乃召德言，還其妻。《詩話》。朱浮《與彭寵書》：『引鏡窺影，何施眉目。』

沮渠火齊之鏡，方丈百鍊之鏡。周穆王時，渠國貢火齊鏡，廣三尺六寸，闇中視物如晝，人向鏡中則響應之。《拾遺記》。方丈山泥百鍊成金鏡，色青，可照魑魅。上。

仲文將戮，而照一鏡，不見其面。《宋書》。甘卓將破而引鏡，不見頭。蕭方《春秋》。

陸慧曉之心如照鏡，王宗受之得一古鏡。曉遷太子洗馬，廬江何點常稱：『慧曉心如照鏡，觸物，朗照。』《齊書》。王宗受〔二〕，建之族子，得一古鏡，鏡下有篆文十二字。忽照見一

〔一〕今按：漢語大詞典出版社（趙應鐸主編）《中國典故大辭典》載《文選・王融〈三月三日曲水詩序〉》：『引鏡皆明目，臨池無洗耳。』李善注引三國蜀譙周《考史》：『公孫述竊位於蜀，蜀人任永乃託目盲。及述誅，永澡盥引鏡自照曰：「時清則目明也。」』後因以指時世清明。

〔二〕今按：『王宗受』，中華書局（宋張唐英）《蜀檮杌》作『王宗壽』。

青衣小兒，曰：『吾失此百年，此神物也，終當化去，不若還我。』宗受與之，青衣剖腹納鏡而去。傳辟穀吐納之術。《外史檮杌》。

青金鏡，紫玲鏡。元光年中，祇國獻此鏡。照見魑魅，百鬼不能隱形。《洞冥記》。隋御史王度，家有寶鏡，云是蘇綽家舊物也。大業中，胡僧云：『宅上常有碧光連日，絳氣屬月，此寶鏡氣也。』蒲使間疾甚，度令小史張龍駒持鏡照之。病者皆驚起，云：『龍駒持一月未〔一〕相照。』夜龍駒夢一人，朱冠紫服，曰：『我即鏡精也，名曰紫玲。』〔二〕《隋唐嘉話》。

照鏡，趙王石虎；引鏡，梁王蕭察。初衣衮冕，將祀南郊。照鏡無首，自貶爲王。《魏書》。引鏡照面不見其頭，爲元帝所殺。《南史》。

夷則之鏡，水心之鏡。天寶中，陳仲躬居洛陽清化里。一日，有敬元穎請謁。飾鉛粉，衣緋緑衣，曰：『此井有毒龍，請命匠淘之。』仲躬命匠入井，獲古銅鏡。夜見元穎，謝曰：『某本師曠所鑄，貞觀中爲許敬宗所墮。』鏡背科斗書云『惟晋新公二年七月七日午時，首陽山白龍潭鑄』，於鼻題云『夷則之鏡』。《博異志》。天寶中，揚州進水心鏡，清瑩曜日，背有盤

〔一〕今按：『未』，《太平廣記》引《異聞集》作『來』。

〔二〕今按：此條未見《隋唐嘉話》有載。『紫玲』，《太平廣記》引《異聞集》作『紫珍』。

龍。許中元詩：『江中今日成龍鑑，合照乾坤共作鏡。』東坡詩：『揚子江心空百鍊，只將《無逸》鑑興亡。』先是老人稱龍護，小童曰玄冥。至鏡所，云老人解造真龍。令玄冥入鑪所，扃閉户牖三日。開户，俱失所在。鏡匠呂暉移鑪置船，以五月五日揚子江心鑄之。《異聞集》。

蘇威有鏡，法善有鏡。蘇威有鏡，日食，鏡亦昏。有聲如磬，乃鏡聲也。其子夔死，後更有聲。無何而敗，不知所在。《隋唐嘉話》。葉法善有一鐵鏡，鑒物如水。人有疾病，以鏡照之，盡見臟腑所滯之物。以藥療之，竟至痊差〔一〕。《天寶遺事》。

張芸叟之家鏡，任仲宣之家鏡。張芸叟家畜鏡，傳爲楊妃故物。徑尺許，厚七分，背文精古。有銘略曰：『粉壁交映，珠簾對看。潛窺聖淑，麗則常端。』聖淑字若，有並后之象。明皇八月五日，千秋節，藩鎮進鏡。《畫鏝録》。長安任仲宣，家有寶鏡，謂之飛精。後有八字，乃近籀篆，『水銀陰精，百鍊成鏡。』後仲宣南牧，洞庭風浪泊舟。夢一道士，赤衣乘龍，持鏡而去。且云：『此鏡水府之寶，出世有期，今當歸我。』夢覺視，已失所。《龍城録》。可見十餘里，可照數十里。安陸村夫得一鏡，光明瑩然，可見十餘里外。三人破三段，

〔一〕今按：『差』，《開元天寶遺事十種》作『瘥』。

猶照數里。《塵史》。何蘧楚言，幼隨父宦河朔。有人持古鏡，謂之云可。《閑談》。洞見遠近，光照室寢。李士寧道人得陶氏〔一〕所藏軒轅山鏡，洞見遠近。《李壁詩話》。蜀軍校張敵，得一古鏡，光照室寢。敵得鏡，举家無疾病。

金花，黑色。盧彦緒得寶鏡，背是金龍，持以照日，花如金輪。《廣異記》。元豐中，東坡黄州獲一鏡，其銅黑色如漆，其背銘曰：『汉有善銅出自白陽。白水之陽。取鑄爲鏡，清明而光。左龍右虎，輔之兩旁。』《筆記》。

王勃《序》：『握瑶鏡而臨事業，則萬機之湊不足大也。』以瑶鏡比夫子。

《韓子》：『古之人目短於自見，故以鏡觀面。智短於自知，故以道正己。鏡無見疵之罪，道無明過之惡。目失鏡，則無以正鬢眉。身失道，則無以知迷惑。』

《淮南子》：『明鏡之始，矇然未見於容也。及拭之以玄錫，磨之以白氈，則鬢眉微毛可得而察。』

《抱朴子》：『萬物之老者，其精皆能假託人形以炫人。於鏡中，亦能易其真形。是以入山，道士以明鏡，徑九寸，懸於背者，老魅未敢近。』

〔一〕今按：『陶氏』，元張鉉《至大金陵新志》作『塗氏』。

朱衣吏之導從，十餘人之蒲博。長興于相琮與裴丘善，丘有一古鏡。琮布素時，曾一照之，分明見有朱衣吏導從。《玉泉子》。郅伯夷宿林慮山亭，忽有十餘人，因共蒲博。以鏡照之，乃是群犬。懷刀殺一人，遂死成犬。餘悉走去。《搜神记》。

杜《上韋左相》詩：『持衡留藻鑑。』見素。天寶吏部侍郎。《送薛明府》：『鑑澈劳懸鏡。』

衛瓘見樂廣，曰：『此人之水鏡也。』青銅鏡。符丕遺謝玄。

菱花鏡，魏武帝菱花鏡。李白《美人愁鏡》：『美人贈此盤龍之寶鏡，燭我金鏤之羅衣。天寶揚州。時將紅神〔一〕拂明月，爲惜普照之餘輝。槁砧一別若箭弦，去有日，來無年。狂風吹却妾心斷，玉筯並墮菱花前。』

吴伯宗詩：『龍蟠光瑩曉寒生，水鑑懸臺撤底明。青女臨妝欣欲語，素娥對面笑無聲。巧梳蟬鬢雲鬟繞，淡抹魚腮秋水清。憂喜天然分影像，纖毫洞澈豈容情。』

《詩》：『我心匪鑑，不可以茹。』宜鑑于殷，駿命不易。文王。殷鑑不遠，在夏后之世。』《蕩》。

天奪之鑑，光可以鑑。《左・僖公二年》：『虢公敗戎于桑田。晉卜偃曰：「虢必亡

〔一〕今按：『神』，《全唐詩》李白《代美人愁鏡二首》作『袖』。

矣！亡下陽不惧，而又有功，是天奪之鑑，而益其疾也。」』驕則生疾。叔向母曰：『昔有仍氏生女，黰黑而甚美，光可以鑑。』黰，髪美。

千秋金鑑，上聖龜鑑。千秋節，群臣進寶鏡，張九齡進《千秋金鑑》。劉蕡《策》：『上聖之龜鑑。』

唐宗三鑑，宋祖四鑑。武王鑑銘，太宗鏡銘：見爾前，慮爾後。

藏古鑑，得古鑑。吕蒙正爲相，有朝士藏古鑑，能照二百里。欲因弟獻，以求知。公曰：『吾面不過楪子大，安用照二百里外？』熙寧末，南陵耕者破冢，得古圓鑑，大小二，徑六七寸，明撤驚人，非他鑑比。其詞曰：『陰陽合配，日月兩相會。白玉芙蓉匣，翡翠瓊瑶帶。同二人，心相親。照照膽保千春。煉形巧冶，瑩質良工。如珠出匣，似月停空。當扉寫翠，對臉傅紅。綺窗綉幌，俱含影中。』

見貂蟬，照兔形。嘉祐中，吴僧寶鑑：『齊戒照之，見前途吉凶。』沈括伯兄爲京寺丞，衣緑，照之仿佛。見□。不數月，以英宗恩賜绯衣。蔡景繁爲御史，見着貂蟬。不旬日，攝官奉祠，遂假貂蟬。《筆談》。慶曆中，宦者謫維揚，藏一古鑑，圓徑尺餘，鑑背鑄兔形。月滿夜，持鑑當月照之，則兔形在鑑中。《揮犀》。

荀悦《申鑒》：『君子有三鑒。夏商之衰，不鑑於湯禹也；周秦之敝，不鑑於民下也；

側弁垢顔，不鑑於明鏡也。』

杜甫詩：『朗鑑存愚直。』《送魏》：『明白山濤鑒。』

釵

釵，枝也，因形名之也。爵釵者，釵頭施爵也。

玉燕釵，銀黿釵。元鼎元年，起招仙閣。有神女留一玉釵，帝以賜趙婕妤。昭帝元鳳中，謀欲碎之。明朝視匣中，白燕升天去。改名玉燕釵，言其吉祥。〔一〕《洞冥記》。靈帝時，江夏黄氏母浴，而化爲黿。後人猶見簪一銀釵，猶在其首。《續漢書》。

刮釵拂創，拔釵乞恩。漢獻爲李傕所敗，帝傷指。伏后以綉紱拭血，刮玉釵以拂於創，即愈。《拾遺記》。吴郡有徐君者〔二〕。長山縣吏季瑫，義熙中，遭事在都。婦過廟乞恩，拔銀

〔一〕　今按：『起招仙閣』『有神女留一玉釵，帝以賜趙婕妤。昭帝元鳳中，謀欲碎之。明朝視匣中，白燕升天去。改名玉燕釵』，《太平御覽》卷七一八引《洞冥記》分別作：『元鼎元年，起招靈閣。有神女留一玉釵與帝，帝以賜趙婕妤。至昭帝元鳳中，宮人猶見此釵，共謀欲碎之。明旦視之匣，唯見白鸗直升天，故宮人作玉釵，因改名玉鸗釵』。

〔二〕　今按：『吴郡有徐君者』，《太平御覽》作『吴郡有徐君廟』。

釵爲願。未至富陽，白魚跳婦前，剖腹所願釵。夫事尋解。《異苑》。

龍鸞釵，鳳冠釵。魏文納女靈壽芸，有獻火珠龍鸞釵。帝曰：『珠翠尚不能勝，况龍鸞之重乎？』《拾遺記》。石季倫愛婢翔風，刻玉鸞倒龍之佩，瑩金爲鳳冠之釵〔一〕。上。

飾屑釵，盤龍釵。魏明帝時，昆明國貢嗽金馬，常吐金屑，用飾釵佩，謂之辟寒金。宫人相嘲曰：『不服辟寒金，那得聖人心。』上。盤龍釵，梁冀婦所制。崔豹《註》。

魚釵在渚边，金釵在户上。潯陽參軍夢一婦人，自称：『先葬近水，淪没。』答曰：『何以爲誌？』婦人曰：『君見渚边上有魚釵，即我也。』明朝果見其上有釵。移置高燥處。却十餘日，行至東橋，牛奔直趨水，垂墮，忽轉正，得無恙。《迷明録》。吴人季客賈去家，與諸賈人語曰：『吾臨行，就婦求金釵。婦與之，吾乃置户楣上，忘向婦説。』妻夢見季死，金釵在户上。妻取，得發哀。一年，季却還。《録異傳》。

駭鷄釵，金雀釵。黄香《七宫賦》：『剥駭鷄以爲釵。』駭鷄，犀也。《美人篇》：『頭載金雀釵。』

合歡釵，輝首釵。《美女篇》：『頭戴合歡釵。』致釵一雙，可以輝首。淑曰：『未奉光

〔一〕今按：『靈壽芸』『刻玉鸞倒龍之佩』，《太平御覽》分别作『薛靈芸』『别玉聲金色爲鸞倒龍之佩』。

儀，寶釵不設。』秦嘉《與婦淑書》。

頭上着釵，夜卧墮靴履中者，婦人與外夫殺之也。《神仙占》。

釧

《通俗文》：『環臂謂之釧。』

夫人一雙，徐女一雙。延安中，河間太守劉照夫人卒於府。後太守夢見婦人就爲室家，與一雙金鐶，太守不能名。婦人曰：『此鏤鐶。』鐶者，狀如紐，珠大如指，屈伸在人。太守得置枕中。前太守迎喪，言有鏤鐶。開棺，視夫人臂果無鏤鐶。《志怪》。樂安章沉病死，未殯而蘇，云被録到天曹，主者是外兄，斷理得免。一女同時被録，乃脱金釧一雙，託兄，亦得還。遂共讌接。女云家在吴，姓徐，名秋英。沉尋問遂得女。父母以妻英。〔一〕《異苑》。

君看篋中之金釵，令買市上之異書。交河王昭好學，有鬻異書於市者，其母搜索家財，

〔一〕今按：『女云家在吴，姓徐，名秋英。沉尋問遂得女。父母以妻英』，四部叢刊三編本《太平御覽》作『乃説金釧二雙。記沉以與主者』『女云家在吴，姓徐，名秋英。沉後尋問，遂得之。女父母因以女妻沉』。

不足其價，唯篋中有金釵數枚。既嘆曰：『何愛此物，令吾子不有異聞。』遂促令貨易此書。昭後位司膳卿，頗以詩咏流譽。《唐書》。

指環

不惜金環，贈以金環。傅暢五歲，父友戲，解暢衣，取其金環與左右。暢不惜，以此賞之。後選入侍講東宫。《晋書》。丁貴嬪。武帝鎮樊城，登樓望，漢濱五采如龍，丁有女子〔一〕，贈以金環，納之，時年十四。《梁書》。

金環與壽，金環賜兒。咸陽王禧弟壽，位宗卿。奔梁，武帝器之，後復歸魏。初辭梁，其愛妹玉兒以金指環與壽。着之，寄以还梁，表必还之意。朝廷知之，俄而賜死。《後魏書》。戚姬以百鍊金爲環，照見指骨。上惡之，以賜侍兒。《西京雜記》。

𤢖母令而賣環。以父言而得環。劉寵喪母，時危，墓發。寵乃𤢖母令：『家貧無財，唯有手上金環，賣造墓，免發掘。』《耆舊傳》。王詡，仕梁爲記室。亡後數年，妻子困於衣食。歲

〔一〕今按：『丁有女子』，中華書局《南史・梁后妃傳》作『下有女子』。四部叢刊本《太平御覽》作『丁有女子』。

暮，諿見形，妻因與之酒，别而去。諿曰：『我若得財物，當以相寄。』後日〔一〕，小女探得金指環一隻。《集靈記》。

小女與指環，邪氏付金環。沛郡秦拊，義熙中至曲阿村。遠見火光，屋有小女，因寄宿。臨别，女與指環。迴顧，乃是冢。《甄異傳》。建炎曹勛至自金，康王夫人邢氏，脱所御金環，付勛曰：『幸爲我白大王，願如此環，得早相見。』

鑷

鑷，攝也。攝取髮也。《釋名》：『拔減鬚髮謂之鑷。』《通俗文》：『鑷魚長七尺。鑷子，頭如鑷。』

施安上懷鐶，義康餉銅鑷。縣令施安上懷鐶，令郭璞射之。璞曰：『此是鏡物，有兩岐。』《洞林》。彭城王義康餉沈熙光銅鑷。沈約《宋書》。

東坡詩：『白髮更慚霜滿鑷。』

〔一〕　今按：『後日』，《太平御覽》作『後月』。

隆昌王，高祖之孫。帝令左右拔白髮，曰：『兒言我是誰？』答曰：『太翁。』帝即擲去鏡鑷。《齊書》。

鈴

似鍾而小。

夢鈴，説鈴。梁任昉母，晝夢五綵旗，蓋四角懸鈴，自天而墜，一鈴入懷，心悸有孕。占曰：『必生才子。』《文中子》：『好説而不要諸仲尼，説鈴也。』

鴉挽鈴，神撼鈴。温彰爲京兆尹，聞挽鈴聲，乃鴉也。曰：『必訴其人採子。』令吏視之，得採雛者。神鈴撼索，神撼引鈴索。

枕大鈴，護花鈴。《天寶遺事》：『唐甯王春紐紅絲爲繩，綴金鈴，繫花梢上，以警鳥，省號「護花鈴」〔一〕。』吴越王錢鏐，自少在軍中，夜未嘗寐，倦極則或枕鈴。

〔一〕　今按：『唐甯王春紐紅絲爲繩，綴金鈴，繫花梢上，以警鳥，省號「護花鈴」』，浙江古籍出版社（明張岱撰　劉耀校注）《夜航船》卷一『天文部·護花鈴』作：『寧王春時紉紅絲爲繩，綴金鈴，繫花梢。有鳥雀翔集，則令園吏掣鈴索以驚之，號護花鈴。

矛下鈴，塔上鈴。史：『後魏宗室陳留王虔，武力絶倫。以矛細長〔一〕，大作之，尤患其輕，復綴鈴於刃下。』坡《金山》、《北風》。晋圖澄能聽鈴音言吉凶。石勒末年，無風，而塔上一鈴自鳴。李淵曰：『此可謂掩耳盗鈴，然逼於時事，不得不爾。』《詩》：『和鈴央央。』《左》：『錫、鸞、和鈴，昭其聲也。』鶯逐護花鈴。鏘然殿角鈴。鏗鏗聞異鈴。詞鋒破説鈴。趨蹌合前鈴。夜雨聞鈴空斷腸〔二〕。

劍

劍，撿也，所以防撿，非常也。《周禮》：『鄭之刀，宋之斤，魯之削，吴越之劍，遷乎其地而不〔三〕能爲良，地氣然也。』

〔一〕今按：『長』，中華書局《北史·陳留王虔傳》作『短』。
〔二〕今按：『夜雨聞鈴空斷腸』，《全唐詩》白居易《長恨歌》作『夜雨聞鈴腸斷聲』。
〔三〕今按：『不』，《十三經注疏》本作『弗』。

『築氏爲削刀，長尺博寸，合六而成規。欲新而無窮，敝盡而無惡。』『桃氏爲劍，臘兩刃廣二寸有半寸，兩從半之，以其臘廣爲之莖圍。長倍之，中其莖，設其後，三分其臘廣，去一以爲首廣而圍之。』

《詩》：『鞞琫有珌，鞸琫容刀。』鞸，刀鞘也。琫，上飾。珌，下飾。身長五其莖長，重九鋝，謂之上制，上士服之。身長四其莖長，重七鋝，謂之中制，中士服之。身長三其莖長，重五鋝，謂之下制，下士服之。

曰是無厭也，欲吴王我乎。《左·桓公十年》：『吴公又求其寶劍。吴叔曰：「是無厭也。」遂伐吴公。吴公〔一〕出奔。』《定公十年》：叔孫武叔使侯犯殺公若。其圉人曰：『吾以劍過朝，公若必曰：「誰之劍也？」吾稱于以告〔二〕，必觀之。吾僞固而授之末，則可殺也。』使如之。固陋不知禮，以劍末授之。公若曰：『爾欲吴王我乎？』遂殺公若。專諸刺吴王。

子路舞劍，子路好劍。子路見孔子，拔劍而舞之，曰：『古之君子固以劍自衛。』孔子曰：『古之君子忠以爲質，仁以爲衛，何待劍乎？』《家語》。子路見孔子。孔子曰：『汝何好

〔一〕今按：『吴公』，《十三經注疏》本作『虞公』。
〔二〕今按：『吾稱于以告』，《十三經注疏》本作『吾稱子以告』。

樂？』五教切。對曰：『好長劍。』子曰：『吾非此之問也。』上。

指日之劍，入楚之劍。《淮南子》：『吴公與夏戰，日欲落，以劍指日，日还不落。』《越絶書》：『吴王無道，湛盧劍飛去入楚。』庾信賦曰『湛盧去國』是也。

畫彩、騰空，龍泉、大阿。高陽氏，畫彩〔一〕、騰空二劍。四方有兵，此劍飛越，指其方則克。吴斗牛間常有紫氣。張華問雷焕。雷焕曰：『寶劍之氣，上達于天爾，在豊城。』華補焕爲豊城令，掘獄得石函，有寶劍，題曰龍泉、大阿。送一與華，留一自佩。曰：『靈異之物，終當化去。』華誅，失劍所在。焕卒，子華持劍經延平津，忽於腰間躍出墜水。但見兩龍光彩照水。王勃《滕王閣序》曰：『物華天寶，龍光射牛斗之墟。』是也。李白詩：『張公兩龍劍，神物合有時。』

吴之二劍，楚之三劍。《吴越春秋》：『楚王使風胡子，吴見干將，越見歐冶。闔廬使造二劍，一曰干將，一曰鏌鋣。鋣者，干將之妻也。夫婦斷髮剪爪，投於爐中〔二〕，乃濡爲劍。陽干將，作龜文。陰鏌鋣，作縵理。』

〔一〕今按：『畫彩』，百家出版社（羅立群著）《談劍録》作『畫影劍』。

〔二〕今按：『夫婦斷髮剪爪投於爐中』，上海古籍出版社《吴越春秋》作『於是干將妻鏌鋣乃斷髮剪爪，投於爐中』。

蛟劍，魚劍。唐開元末，静雷公逐一黄蛇，盤繞灘上，視之得一銅劍，文曰：『許旌陽斬蛟弟二劍。』《廣異記》。專設諸〔一〕置劍魚腹中，以進，刺吴王。《左傳》。

季札掛劍，朱雲請劍。季子帶寶劍過徐，徐君不言而色欲之。使还，徐君已死於楚，乃以劍帶墓樹而去。徐人歌曰：『延陵季子兮不忘故，脱千金之劍兮帶丘墓。』杜甫詩：『欲掛留徐劍。』朱雲上書，請借尚方斬馬劍，斷佞臣一人頭以厲其餘。

陳平杖劍，韓信杖劍。陳平封金，歸項王，杖劍亡。《漢書》。項梁渡淮，信乃杖劍從之。《漢書》。

項籍學劍，李白好劍。少時，項籍又不成，去。梁怒之。籍：『劍一人敵，不足學。』李白詩曰：『學劍翻自哂。劍非萬人敵。』是也。

李白《與韓荆州書》：『十五好劍術，徧于〔二〕諸侯。雖長不滿七尺，而心雄萬夫。』

吴王僭稱，百姓多擊劍；匈奴衰困，二子求逞劍。《馬傳》曰：『吴王好劍客，百姓多瘡瘢。』北匈奴衰困，臧宫、馬武上書：『請鳴劍抵掌，馳志於伊吾之北。』林之奇曰：『臧、馬二子必欲求逞於，嗟乎一劍用，而吾民之命殘矣。』

〔一〕今按：『專設諸』《十三經注疏》本作『鱄設諸』。

〔二〕今按：『于』，浙江古籍出版社（許建平，周掌勝等譯）《古文觀止譯注　下册》作『干』。

藏宫請鳴劍，而光武告以包桑。異國獻寶劍，而光武賜以騎士。墜劍，進劍。《列子》：『古人墜劍水中，刻舟而取之。』太和中，尚書左丞王起進亡兄播刀劍，鮫函玉飾。鮫函，以鮫皮飾刀。左思賦曰：『扈帶鮫函，拔投屬鏤〔一〕。』是也。平原君使人於春申君，欲誇楚刀劍室飾以珠。孟子撫劍，疾視曰：『彼惡敢當我哉！』世子曰：『我好馳馬試劍。』

《詩》：『執其鸞刀，以啓其毛。』鸞刀，刀有鈴也。

留刀與其母，拔刀乞賀蘭。南燕主備德仕秦，爲張掖太守。從堅寇淮南，留金刀與其母公孫氏別。備德與燕主垂舉兵張掖。收備德兄納及諸子，殺之。公孫氏以老免。納妻段氏，方娠。逃羌中，生超。十歲而公孫氏卒，以金刀授超。佯狂行乞。超以金刀獻備德，備德封超爲北海王。南霽雲之乞救於賀蘭也，拔所佩刀斷一指，血淋漓。

武庫半夜之火，皆焚纍代之寶。《晋書》：『斬蛇劍，王莽頭。』

備德十年之刀，還封一日之王。見上。

馮驩《彈劍歌》曰：『長鋏歸來乎？食無魚。』又歌曰：『長鋏歸來乎？出無輿。』又歌

〔一〕今按：『拔投屬鏤』，《歷代賦選》作『扶揄屬鏤』。

曰：『長鋏歸來乎？無以爲歌。』

武王《劍銘》曰：『帶之以爲服，動必行德。行德則興，倍德則崩。劍之爲服，以示威武。然德是威本，威乃德輔。』

江淹《别賦》：『劍客慚恩，少年報士。方銜感於一劍，非買價於泉裏。李君降北，拔劍擊柱。』

曹植《表》：『車右伏劍於鳴轂，雍門刎首於齊境。若此二子者，豈惡生而尚死哉？誠忿其慢主而陵君也。』

齊成王出獵，車左轂鳴。車右曰：『鳴吾君也。』越甲至，齊雍門狄曰：『甚於轂鳴也。』

杜詩《蕃劍》：『致此自假遠，又非珠玉裝。如何有奇怪，每夜吐光芒。虎氣必登上，龍身寧久藏。風塵苦未息，持汝奉明王。』

豐城劍氣上撤斗牛，喬墓劍騰龍吟虎吼。

《趙公大食刀歌》：『白帝寒城駐錦袍，玄冬示我胡國刀。壯士短衣頭虎毛，憑軒拔鞘天爲高。天爲之聳避。鐫错碧罌鸊鵜膏，鋩鍔已瑩虚秋濤。碎罌礱刀，烏膏塗刃。翻風轉日木怒號，冰翼雪淡傷哀猱。刀色之白。鬼物撇捩亂坑壕〔一〕，蒼水使者捫赤條。龍伯國人罷釣鰲。妖腰亂領敢欣喜。不似長劍垂天倚。』必斬逆亂。『風塵三尺劍。龍泉必在腰。』龍泉佩斗文。學劍白猿翁。

李白詩：『寶劍雙蛟龍，雪光照芙蓉〔二〕。』

嘗觀《廬山記》，沛水出雙劍。

杜詩：『左將呂虔刀。鬱鬱星辰劍。』呂虔有刀，贈王祥曰：『有公輔之量，故相與也。』失所如，寶劍埋豊城。

周穆王之昆吾，魏太子之流彩。《列子》：『周穆王得昆吾劍，照人如照水，切玉如切泥。』魏太子劍名流彩，色似彩虹。《遺典論》。

唐汝楫詩：『千年神物號干將，凛凛寒光耀三霜。好遇勇雄多激厲，不應塵土久埋藏。斬蛇已到三湘水，破虜曾歸百戰場。向日不逢雷煥識，斗牛空自吐龍光。』

水斷蛟龍，陸剸犀革。

〔一〕 今按：『鬼物撇捩亂坑壕』，《全唐詩》杜甫《荆南兵馬使趙公大食刀歌》作『鬼物撇捩辭坑壕』。
〔二〕 今按：『雪光照芙蓉』，《全唐詩》李白《古風》作『雪花照芙蓉』。

剪刀

斷决堅剛，並股交鋒，哲匠美人。

李：『那堪把剪刀。』張説：『離腸恐逐金刀斷。』

坡：『深院無人剪刀響，應裁白紵作春衣[一]。』

『雙鋌曲折蜂腰細，兩股交加燕尾分。』

瞿荐齋詩：『巧製工夫百鍊剛，特來閨閣共行藏。雙環對展魚腸快，兩股齊開燕尾長。針綫有功憑制造，綺羅無價任裁量。隨機鏤出新花搽[二]，長在佳人玉指傍。』

[一] 今按：『應裁白紵作春衣』，商務印書館（王雲五主編，嚴既澄選注）《萬有文庫第一集一千種蘇軾詩》作『應將白紵作春衣』。

[二] 今按：『搽』當作『樣』。

針綫

五色千絲，裁紉補綴，密縫細刺，仙針玉指。

穿針乞巧，穿針得巧。天寶宫中七夕，以錦綵結成樓殿，高百尺，陳花果酒炙，設坐具以祀牛、女，穿針乞巧。《歲時記》：『七夕婦人結綵縷，穿七孔針，或以金銀鍮石爲針，陳瓜果於庭中以乞巧。有蟢子網於瓜上，以爲得巧。』

古詩：『玉綫争穿七孔針。』

陳禾〔一〕詩：『七孔穿針可得過。』

杜：『刺繡五紋添弱线。』

李：『素手抽針冷。』

朱淑真詩：『坐綉日高花影移，天涯人忽動遐思。珠珠淚似針紉處，丁丁腸如綫結時。』

〔一〕今按：『陳禾』當作『陳與義』。

欲咽非酒使，沉吟端的是心痴。鴛鴦一對團花巧，解語應須爲我悲。』〔一〕此咏倦綉有感。

獨守紗窗刺綉時，紫荆枝上轉黄鸝。欲知無限傷春恨，盡在停針不語時。

指下生寒影，針端奪〔二〕化工。慣把金針穿緑綫，懶將玉指理殘茸。欲拈針綫腸先結，忍看蘇家織錦圖。

《箴賦》：荀卿。『有物於此，生於山阜，處於室堂。山阜，錦所出也。無知無巧，善治衣裳。不盜不竊，穿窬而行。日夜合離，以成文章。以能合從，又善連横。下覆百姓，上飾帝王。功業甚博，不見良賢。時用則存，不用則亡。臣愚不識，敢請之王。王曰：此夫始生巨，其成功小者耶？長其尾而鋭其剽者耶？頭銛達而剽趙繚者耶？趙，讀爲掉。趙繚，長貌。一往一來，結尾以爲事。無羽無翼，反覆甚亟。尾生而事起，尾邅而事已。尾邅迴盤結，則箴功畢也。簪以爲父，管以爲母。簪形似箴而大，故曰爲父。管所以從箴，故曰爲母。既以縫表，又以連裏。夫是之謂箴理。』義理也。

〔一〕　今按：『朱淑真』『忽』『丁丁』『咽』，新華出版社（周道榮編選）《中國歷代女子詩詞選》引北宋盼盼《倦繡有感》分别作『盼盼』『怨』『寸寸』『困』。

〔二〕　今按：『奪』，西泠印社出版社（周積寅，史金城選注）《中國歷代題畫詩選》引宋楊萬里題，陳叔虎繡《梅花扇》作『即』。

鋒刃

白刃可蹈也，中庸不可能也。《中庸》。

『殺人以梃與刃，有以異乎？』曰：『無以異也。』『以刃與政，有以異乎？』曰：『無以異也。』《孟子》。

屠牛坦一朝解十二牛，而芒刃不鈍者，其排擊剥割，皆衆理解也。夫仁義恩厚，人主之芒刃也。《賈誼策》。

庾信賦：『血漬鋒鏑。〔一〕』

杜詩：『銛鋒行愜順，無不欣然。願聞鋒鏑鑄。』

《淮南子》：『夫以刃相戲，必爲過失。過失相傷，其患必大。無蹀血之讎争忿門，而以小事自納於刑戮〔二〕，愚者所不知忌也。』

〔一〕今按：『血漬鋒鏑』，中州書畫社（庾信著，舒寶章選注）《庾信選集》作『沾漬鋒鏑』。

〔二〕今按：『無蹀血之讎争忿門，而以小事自納於刑戮』，《淮南子·氾論訓》作『無涉血之仇争忿門，而以小事自内於刑戮』。

斧斤

《易·旅》九四《象》曰：『得其資斧，心未快也。』《巽》上九《象》曰：『喪其資斧，正乎凶也。』

權勢法制，人主之斤斧也。今諸侯王，皆衆髖髀也。釋斤斧之用，而欲嬰以芒刃，臣以爲不缺則折。《賈誼策》。

《詩》：『析薪如之何，匪斧不克。伐柯如何，匪斧不克。既破我斧，又缺我斨。隋巠曰斧，方巠曰斨。既破我斧，又缺我錡。錡，鑿屬。既破我斧，又缺我銶。』軍士荅周公。

《孟子》：『斧斤以時入山林。斧斤伐之。』

《詩》：『斧以斯之，取彼斧斨。』

齊斧，授斧。凡將帥出，必齊戒於廟，受斧，故云齊斧。《魏志》。遣將軍親操斧，持頭，授將軍柄。曰：『閫以外，將軍裁之。』

持斧，賜斧。暴勝之爲直指使，衣綉，持斧，威振州郡。諸侯有功，賜斧鉞。任昉

《表》：『持斧作牧。』皓齒蛾眉，命曰伐性之斧〔一〕。蘇軾詩曰『眉斧親自伐』是也。

左思賦：『斧斨以時。蕭斧戩柯以柙刃。』

有僧得佛牙，趙鳳以斧斫之。

錐

錐，利刀也。

毛遂自薦，平原君曰：『士處世，若錐處囊中，其末立見。』遂曰：『使遂得處囊中，乃脱穎而出，非特末見而已。』〔二〕

曹植《表》：『毛遂趙之陪穎〔三〕，猶假錐囊之喻，以寤主立功。』又：『伏自惟省，無錐刀之用。』

〔一〕今按：本條諸子集成本《吕氏春秋・本性》作『靡曼皓齒，鄭衛之音，務以自樂，命之曰伐性之斧。』

〔二〕今按：『遂曰：使遂得處囊中，乃脱穎而出，非特末見而已』，《史記・平原君虞卿列傳》作『毛遂曰：臣乃今日請處囊中耳。使遂早得處囊中，乃穎脱而出，非特其末見而已』。

〔三〕今按：『穎』，《全三國文》卷十五《曹植集》作『隸』。

《左》：『叔向曰：「錐刀之末，將盡争之。」』杜詩：『市人日中集，於利競錐刀。』筆如沙畫錐。進趨何必利如錐。『君利如錐，我鈍如權〔一〕。』晋祖納。李錐，毛錐。李壯哲傾巧，號李錐。五代洪肇曰：『安朝廷，定禍亂，直須長槍大劍，毛錐子安足用哉？〔二〕』囊中脱穎錐。脱穎露囊錐。居囊未脱錐。囊中尚處錐。安事此毛錐。横江用鐵錐。英雄何必事毛錐。安能久事此毛錐。

鍛鍊

《詩》：『篤公劉，取厲取鍛。』厲砥，鍛鐵。杜詩：『中散山陽鍛。』『名賢隱鍛鑪。』嵇康、向秀共鍛於大木下，以自給。鍾會聞嵇康名而造之，康箕踞而鍛，不爲之禮。遂

〔一〕今按：『我鈍如權』，中華書局《晋書・祖納傳》作『君汝潁之士，利如錐；我幽冀之士，鈍如槌』。

〔二〕今按：『直須長槍大劍，毛錐子安足用哉』，中華書局《新五代史・漢臣傳・史弘肇》作『直須長槍大劍，若「毛錐子」安足用哉？』

深銜之。

從革作辛

朱子曰：『從革作辛，是其氣辛辣。』

辛味

《吕氏》曰：『大臣之位，百職所萃。辛甘燥濕，欲其調齊。』

《周禮·食醫》：『秋多辛。』元日食五辛練形，辛菜所以助發五藏。《封氏見聞》『尉佗因使者獻桂蠹一器。』顏師古曰：『此蟲食桂，故味辛，而漬之以蜜食之也。』

多食辛者，有益於筋而氣不利。《意林》。

西北荒中有小人焉，長一寸，圓[一]如長，朱衣玄冠，乘輅車，導引有威仪。人遇其乘

[一] 今按：『圓』，《太平御覽》作『圍』。

車，並食之，其味辛楚，不爲蟲豸所咋，並識萬物名字。殺腹中三蟲。《神異經》。

或説曰：梁武帝築浮山堰，頻有缺壞。乃以鐵數萬斤填積其下，堰乃成。知遠即依其言而塞穴。堰之將壞也，輒聞其下隱如雷聲。至是其聲移于上數里。蓋金鐵味辛，辛能害目，蛟龍護其目，避之而去，故堰可成。

『讀罷君詩何以似，食〔一〕殘薑桂有餘辛。』謂多辣也。東坡厭曾子固詩，往復不已和之云。樂天詩：『笑勸迂辛酒，閑吟短李詩。』杜甫詩：『殘杯與冷炙，到處潛悲辛。』左思《魏都賦》：『蓼忠忘辛。』

辛苦

風霜自〔二〕苦辛。捫虱話酸辛。燕臺求劇辛。千載爲悲辛。窗下久艱辛。懷故愈悲

〔一〕　今按：『食』，中華書局（清王文誥輯注）《蘇軾詩集》作『擣』。

〔二〕　今按：『自』，《王船山詩集・雁字詩》（鄧目作爲薑齋詩集卷九，刻本卷首題夕堂戲墨卷五）作『挾』。

辛。金盤玉指破芳辛。猶把詩詞話苦辛。鏤骨抱酸辛。役役常苦辛。辛苦事和親。辛苦賊中來。相遇益愁辛。萬事益酸辛。含凄話苦辛。萬古共悲辛。定知深意苦。辛苦三城戍。直爲心厄苦。高秋心苦悲。